지혜를 주는
서양의 철학과 사상

− 소크라테스에서 푸코까지 43인의 철학과 사상 −

지혜를 주는 서양의 철학과 사상

초판 인쇄 | 2008년 4월 20일
초판 발행 | 2008년 4월 30일

지은이 | 가나모리 시게나리(金森誠也)
옮긴이 | 이재연
펴낸이 | 이재연
펴낸곳 | 다른생각

주 소 | 서울 종로구 원서동 103번지 원서빌라트 302호
전 화 | 02-3471-5622
팩 스 | 02-395-8327
이메일 | darunbooks@naver.com

등 록 | 제300-2002-252호(2002. 11. 1)

ISBN 978-89-92486-06-4 93160
값 12,000원

* 잘못된 책은 바꿔드립니다.

지혜를 주는
서양의 철학과 사상

– 소크라테스에서 푸코까지 43인의 철학과 사상 –

가나모리 시게나리(金森誠也)

이재연 옮김

다른생각

머리말

"나는 생각한다, 고로 나는 존재한다", "인간은 생각하는 갈대다" 등등, 철학자들의 말에는 그때그때 등장하는 유명한 것들이 있다. 그러나 그 말들을 보거나 듣기는 하는데, 그 참뜻은 무엇이냐고 물으면, 대개는 거기까지는 통찰하지 못한 경우가 많을 것이다.

그래서 이 책에서는 '어렵다' 혹은 '이해하기 힘들다' 라고들 말하는 철학과 사상에 관하여, '이것만은 꼭 알아두기 바라는' 내용을 소개하려고 한다. 고대 그리스의 소크라테스부터 20세기 후반의 푸코까지, 긴 서양의 철학과 사상의 역사 속에서 걸출한 43명을 선별하여, 그들을 소개하고 해설하려고 노력할 예정이다.

철학자나 사상가라고 하더라도 다양하다. 종교에서 과학까지, 인간의 인식능력을 다루었던 칸트, 식물학·화학·물리학 등 당시의 최신 데이터로 철학을 증명하려고 했던 쇼펜하우어, 이른바 사회주의 사회 성립의 기본 정신이 되었던 마르크스, 철학을 비롯하여 문학·연극·문예비판의 분야에서까지 활약했던 사르트르, "인간 존재란 무엇인가"라는 심각한 질문을 던졌던 하이데거 등 탐구의 길은 넓고도 깊다.

원래 철학의 어원은 그리스어인 필로소피아에 있다고 전해진다. '필로' 는 '사랑', '소피아' 는 '지혜', 즉 필로소피아는 '지혜를 사랑한다' 는 의미이다.

그렇다면 지혜를 사랑한다는 것은 어떤 것일까? 그것은 사색하는 것이다.

갖가지 철학자들의 말에 접하고, 인생에 대해 두루 생각할 때, 인간은 자신이 살고 있는 의미를 묻고, 산다는 것의 가치관을 깊이 있게 하는 것은 아닐까?

이 책의 각 항목은, 각 철학자의 생애와 당시의 사회 상황, 저작이 완성되는 과정과 내용의 소개, 후세에 미친 영향 등으로 구성되어 있다. 또 이 책은 가나모리 시게나리(金森誠也)와 오카자키 히로시(岡崎博之)가 분담하여 집필했기 때문에, 그 꼭지를 누가 담당했는지에 관해서는 각 항목의 끝부분에 K나 O의 기호로 표시해 두었다.

덧붙여, 이 책의 출판에 즈음하여, PHP연구소 문고 출판부의 네모토 키요시(根本騎兄) 씨, 나카무라 유지(中村悠志) 씨에게는 커다란 신세를 졌다. 여기에 글로 감사를 표하고 싶다.

마지막으로 이 책이 철학이나 사상의 입문서가 되고, 지적 세계에 대한 안내자 역할을 할 수 있다면 기쁘겠다.

가나모리 시게나리

차 례

Contents

소크라테스
Socrates | B.C. 470경~B.C. 399년

– 욕망의 절제를 설파한 그리스 최고의 현자

생애와 사상

그리스 최고의 철학자 중 한 사람으로, 로마, 중세 유럽, 이슬람권, 나아가 중국을 비롯한 동양 각국의 사상에도 큰 영향을 미친 사람, 그가 바로 소크라테스이다. 조각가인 아버지와 조산원인 어머니 사이에서 태어난 그는, 펠로폰네소스 전쟁 후 문화적으로 최전성기에 있었던 아테네에서 처음에 병사로 활동하였고, 이어서 궤변을 왕성하게 늘어놓는 변론가들인 소피스트들과 논쟁하는 한편, 많은 젊은이들을 교육했다.

펠로폰네소스 전쟁 | B.C. 431년에 시작되어 B.C. 404년까지 27년 동안 고대 그리스의 주도권을 둘러싸고 계속된 전쟁이다. 당시 고대 그리스는 아테네가 주도하는 델로스 동맹의 도시국가들이 주도권을 잡고 있었는데, 이에 대해 스파르타가 주도하는 펠로폰네소스 동맹에 참여한 도시국가들이 주도권을 차지하기 위해 전쟁을 일으켰는데, 결과는 펠로폰네소스 동맹군의 승리로 끝났다.

그런데 그는 소피스트뿐만 아니라 유력 정치가들의 원한을 사, '신들을 믿지 않고, 젊은이들을 현혹시켰다'라는 이유로 고발되어, 재판을 받아 스스로 독약을 마시는 사형에 처해졌다.

그렇다면 소크라테스의 철학은 어떤 것이었을까? 그는 우선 세간에서 지식으로 간주되는 많은 것들이 거짓이라는 것을 증명함으로써, 사람은 스스로 사고하지 않으면 안 된다는 점을 주장했다.

그는, 사람은 자기 자신이 무지하다는 것을 깨달아야만 한다고 강조하였고, 잘못된 정보나 잡념에 사로잡히지 말고, 합리적이고, 더 나아가 절도를 분별하고 학습에 힘써야만 한다고 주장했다. 특히 도덕적인 사항에 관심을 갖고, 사람은 선(善)을 올바로 이해하고, 자기의 안에 있는 영혼의 목소리를 듣고 행위를 해야만 한다고 강조했다.

소크라테스의 생활과 주장에 관해 옛날부터 전해오는 중요한 문헌으로는, 크세노폰의 《소크라테스의 추억》과 플라톤의 대화편 《향연》, 그리고 아리스토텔레스의 《형이상학》 등이 있다. 그 중 크세노폰은 주관을 개입시키지 않고, 자신의 눈에 비친 대로 객관적으로 소크라테스의 생애와 사상을 전했다고 알려져 있기 때문에, 여기에서는 주로 그의 저술에 기초하여 소크라테스의 일면을 전달해 가려고 생각한다.

소크라테스는 젊은 시절, 그리스 자연철학자들의 여러 주장을 배웠는데, 탈레스처럼 만물의 기원이 물이라고 한 것처럼 자연현상에 얽매이는 사변은 인간생활의 향상에 아무런 도움도 되지 않는다는 것을 깨

크세노폰(B.C. 430?~B.C. 355?) | 아테네에서 태어나 소크라테스의 제자가 되었다. B.C. 401년에 페르시아왕 아르타크세르크세스의 동생 키로스가 형을 모반하여 바빌론으로 쳐들어가기 위해 군대를 모집하자 스승의 충고를 뿌리치고 이 군대에 참가하였다. 바빌론 부근에서 키로스가 전사하자, 1만여 명의 용병을 이끌고 천신만고 끝에 2년 만에 귀환하였다. 그 과정을 기록한 수기가 《아나바시스(*Anabasis*)》이다.

이후 스파르타 왕 아게실라오스의 호감을 사 스파르타 군에 입대하였기 때문에 조국 아테네로부터 추방선고를 받았다. 그 후 스파르타 왕으로부터 넓은 영지를 받아 저술에만 전념하였다. 《가정론(家政論)》, 《수렵론(狩獵論)》, 《마술(馬術)》 등의 작품에 그의 생활이 잘 나타나 있다.

그리고 B.C. 370년에 에리스 군에 의해 스파르타가 점령되자 코린토스로 피난한 뒤 그 곳에서 생을 마쳤다.

닫고, 오로지 도덕의 연구에 몰두했다. 이에 관해 로마의 철학자 키케로는 다음과 같이 서술하고 있다.

"소크라테스의 철학은, 그 때까지의 철학자들이 현명하게 몰두해왔던 자연 속에 숨겨진 수수께끼의 해명에서 이탈하여, 오로지 사회생활에서 인간 의무의 본연의 모습을 추구했다. 그의 연구대상은 미덕과 악덕, 그 각각의 특징을 연구하는 것이다. 천계(天界)의 비밀 따위는 우리의 탐구능력의 한계를 넘어서 있어, 우리의 일상생활을 개선하는 데에 아무런 지침을 줄 수 없는 것이다."

소크라테스는 오로지 거리에 나가 젊은이들과 토론하고 교육하고, 더구나 그 때 일절 사례를 받지 않았다. 그러나 이런 생활방식은 가정생활을 파탄시키고 만다. 전해지는 바에 의하면, 소크라테스는 두 번 결혼하여 자식도 있었다고 한다. 두 번째의 아내인 크산티페는 대단한 악처였는데, 소크라테스가 명상하고 있는 모습이 마음에 들지 않으면 머리에 물을 끼얹었다고 한다. 또 히스테리를 일으켜 식탁을 뒤집어엎었다든가, 소크라테스가 입고 있는 겉옷을 사람들이 보는 앞에서도 개의치 않고 벗겨버렸다고 전해진다. 그러나 소크라테스는 태연히, "나는 처의 나쁜 성격에 단련되어 있다. 따라서 어떤 것에도 참을 수 있다"라며 대수롭지 않게 넘어갔다.

그는 평소 소박한 의복과 음식에 만족했으며, 무욕이 최대의 처세법이라고 했다. 제자의 한 사람인 안티온에게, "어떤 것을 정말로 맛있게 먹을 수 있는 사람은 진수성찬이 필요없고, 정말로 맛있게 마실 수 있는 사람은 진귀한 술을 탐낼 필요가 없다"라고 말하고, 또 "자네도 알다시피, 옷이라는 것을 바꿔 입는 것은 덥고 춥기 때문이고, 신발은 발을 다쳐 보행을 방해받지 않도록 하기 위하여 신는 것이다"라고 말하여, 필요 이상으로 음식과 옷에 사치를 부려서는 안 된다고 주장했다.

소크라테스는 개인 수양의 첫걸음으로서 욕망의 절제를 제안했다. 소박한 음식과 소박한 옷에 만족하는 것은 물론이려니와, 아름다운 사람에 대한 성욕에 관해서도 냉엄하게 훈계했다. 그의 제자의 한 사람으로부터, 어떤 남자가 알키비아데스라는 정치가의 아름다운 아들과 키스를 했다는 소문을 듣고 다음과 같이 말했다.

"미소년과 키스했다면, 어떤 꼴을 당할 것 같은가. 자유로운 인간이 갑자기 노예가 되고, 많은 자산을 헛된 쾌락에 탕진하고, 고상하고 유익한 것에 쓸 대부분의 시간을 잃어버린다."

그 무렵의 그리스에서는, 남녀 간의 연애보다도 오히려 소년과의 사랑이 세련된 것으로 인정받고 있었던 것 같은데, '미소년'을 '미소녀'로 바꾸면, 소크라테스의 이 말은 현대에도 일반적으로 널리 통용되는 경구가 될 것이다.

물론 소크라테스는 여성에 의한 유혹의 위험도 알고 있었다. 그가 아테네의 미녀 테오도티와 만났을 때, 그녀로부터 "애인이 될 남성을 소개받고 싶다"라고 요청받았을 때에도, 그 요청을 온화하게 물리쳤다. 그녀는 또 소크라테스 자신을 유혹할 작정으로, 자주 방문하고 싶다고 요청했다. 이 때도 그는 "나에게는 그럴 틈이 없다. 사랑스런 여인들이 많아, 밤낮을 가리지 않고 나로부터 최음제를 만드는 법과 주문의 노래를 부르고 있기 때문"이라고 그 제의를 잘라 거절했다.

이것은 물론 비유적인 말이다. 실은 그로부터 철학을 배우려고 하는 많은 청년들이 있다는 것을 암시했던 것이다.

이처럼 아테네 제일의 미녀도 강직한 소크라테스를 공략할 수는 없었다.

정치에의 관여

중국의 고전인 《대학》이, 군자가 나아갈 길로서 '수신, 제가, 치국, 평천하'(내가 몸을 수양하고, 가정을 바로 다스리고, 나라를 안정시키고, 천하를 통일한다)를 가르치고 있듯이, 소크라테스가 청년 교육에서 강조한 점도, 개인으로부터 출발하여 사회생활을 해가는 데에서 실천에 기여하는 지식의 양성이었다.

특히 국가 관료의 양성에는 많은 관심을 기울였다. 그리고 제자들에게 "재물을 빼앗고, 사람들을 탄압하고, 사치에 빠진 권력을 유지하기 위하여 국가의 요직에 오르고 존경과 지배의 위치에 서려고 하는 자는 부정하고, 비열하고, 타인과 화합할 수 없는 자라고 해야 할 것이다"라고 전제하고, 정치가라는 사람은 조국을 위하여 현명하게 선행을 행할 각오가 필요하다고 주장했다.

분명히 당시의 아테네에서는 과두제가 시행되고 있어서, 30명의 참주(패자)가 있었는데, 그 중에는 폭정을 마음 내키는 대로 자행하는 자가 있었다. 특히 크리티아스라는 참주는 폭군으로, 정책에 반대하는 수많은 아테네 시민을 사형에 처했다.

이에 반발한 소크라테스가 언젠가 이렇게 말했다.

참주제 | 일부 소수의 특권층에 의해 통치되는 정치체제로, B.C. 404~B.C. 403년의 펠로폰네소스 전쟁에서 아테네가 스파르타에 패하자 민주제 대신 30명의 참주에 의한 과두제가 실시된다. 이들 참주 가운데에는 강경파와 온건파가 있었는데, 온건파인 테라메네스가 물러나고 강경파인 크리티아스가 정권을 잡자, 민주파 시민 1,500여 명을 살해하고 수많은 시민을 추방하여 재산을 몰수하는 등 강력한 공포정치를 실시하였다.

"소치기가 된 남자가 소의 수를 감소시키고 질을 떨어뜨렸음에도 자신이 부족한 소치기라는 사실을 인정하지 않는다면 기가 막히는 이야기인데, 만약 국가의 지도자가 된 자가 시민의 수를 감소시키고 질을 떨어뜨리고, 그것을 부끄러워하지도 않고, 또 자신이 저열한 국가 지도자라고 생각하지도 않는다면 더더욱 기묘한 이야기다."

소크라테스의 이 발언을 전해들은 크리티아스와 그의 측근인 칼리클레스는, 자신들이 비난의 대상이 되고 있다고 생각하고, 아테네에서 공식적으로 변론술을 가르치는 것을 금지시켰다. 이것은 소크라테스가 국가 본연의 자세를 포함하는 도덕적인 사항에 관해 말하는 것을 금지하기 위해 취한 조치였다.

그것에 고삐를 당기기라도 하듯이, 아테네의 지도자는 "소크라테스는 국가의 신들을 믿지 않고 새로운 신을 끌어들이고, 또 청년들에게 좋지 않은 것을 가르쳐 나쁜 길로 유혹했다"라고 고소하여, 그를 재판에 회부하였다. 평소부터 그리스의 신들에게는 깊은 존경의 마음을 품고, 젊은이들을 선도해 왔다고 믿고 있는 소크라테스에게는 이 죄목은 너무나 부당한 것이었다.

태연한 최후

그러나 소크라테스는 태연하게 재판에 응하여 부당한 판결을 받았다. 판결은, 70세의 철인에게 독약이 든 액을 마시도록 명령하는 내용이었다. 아테네에서는 중대한 범죄자에게만 부과했던 사형 방식이다.

법정에서 소크라테스의 태도는 참으로 침착하고 차분했다. 그는 죽음을 두려워하지 않았다. 제자인 플라톤의 대화편의 하나인 《소크라테스의 변명》에 의하면, 그는 법정에서 저승에 가는 것을 즐겁게 생각하고 있다며 다음과 같이 말했다고 전해진다.

"…(저승에 가면)…—모든 재판관이여—트로이 공격에 참가했던 자와 오디세이, 게다가 지옥에서 고통받고 있는 시시포스의 모습을 볼 수 있습니다. 그뿐만이 아니라, 다른 수천 명이 넘는 남녀와도 실제로 대

▶ 소크라테스가 독배를 들기 전 최후의 모습(1787년 프랑스 화가 다비드의 그림)

화할 수 있다는 것은 최대의 행복일 것입니다. 더구나 저승에 들어가면 죽는 일도 없습니다. 만약 세간에서 일반적으로 전해지는 것이 사실이라면, 선한 영혼은 미래에 영구불사이므로, 이 현세에서의 생활보다 훨씬 행복할 것입니다."

이리하여 소크라테스는 죽었는데, 그의 생전의 가르침과 함께, 그 의연한 죽음의 모습은 후세 사람들에게 깊은 감동을 주었다.

개인생활로부터 출발하여 국가 사회에 애쓴다는 사람들은 일상생활에서도 이성과 절도에 따라 행동하지 않으면 안 된다는 그의 가르침은, 오늘날에도 그리스의 뛰어난 지혜로 받아들여지고 있다.

니체의 비판

소크라테스의 분별 있는 냉정한 태도에는 반드시 찬동하지 않는 사람도 있다. 특히 니체는, 소포클레스 등 그리스 비극의 근저에 있는 인간의 도취의 극치와 디오니소스적 환희에 대하여, 소크라테스가 대단히 냉소적인 태도를 취했다고 비판하고 있다.

분명히 그리스 정신의 근저에는 해맑고 이성적인 태도를 중시하는, 이른바 서사시적인 아폴론 정신에 대항하여, 본능에 따른 도취의 경지

소포클레스(Sophocles, B.C. 496~B.C. 406) | 아이스킬로스, 에우리피데스와 더불어 고대 그리스 3대 비극시인의 한 사람으로 불린다. 부유한 가정에서 태어나 훌륭한 교육을 받았으며, 정치가로서도 탁월한 식견을 지니고 있었고, 델로스 동맹의 재무장관을 지냈다. 애국심이 강하여 외국에는 나가지 않고 아테네에서만 평생을 살았다고 전해진다. 모두 123편의 작품을 쓴 것으로 알려져 있으나 현재 〈아이아스〉, 〈안티고네〉, 〈오이디푸스왕〉, 〈엘렉트라〉, 〈트라키스의 여인〉, 〈필로크테테스〉, 〈콜로노이의 오이디푸스〉 등 7편이 전해지고 있다.

에우리피데스(Euripides, B.C. 484?~B.C. 406?) | 고대 그리스의 3대 비극시인의 한 사람으로 그리스 비극의 발전에 크게 기여했다. 주로 인간의 정념(情念)을 주제로 작품을 썼는데, 여성의 심리 묘사가 뛰어났다. 사티로스극인 〈키클로프스〉 등 19편의 작품이 전해지고 있다.

아이스킬로스(Aeschylos, B.C. 525?~B.C. 456) | 고대 그리스의 3대 비극시인의 한 사람으로 90여 편의 비극을 썼다고 알려져 있다. 오늘날은 〈오레스테이아〉, 〈페르시아인〉 등 7편의 비극이 전해지고 있다.

를 예찬하는 입장인 디오니소스적 정신이 있다.

니체에 따르면, 소크라테스는 같은 그리스의 비극이라도, 세속적이고 냉정한 태도를 강하게 제안했던 에우리피데스를, 그 외의 디오니소스적인 아이스킬로스나 소포클레스보다도 선호하였고, 에우리피데스의 비극을 즐겨 보고 있었다고 전하면서, 소크라테스적 정신이 인간의 심오한 정열을 표현한 비합리적인 디오니소스적인 정신을 부정했다는 것을 비난하고 있다.

분명히 너무나도 분별과 이성을 강조하는 생활태도는 많은 현대인에게도 삭막한 인상을 주지 않을 수 없다고 말할 수 있을 것이다.

플라톤
Platon | B.C. 427~B.C. 347년

‒ 국가에게도 개인에게서도 미와 선을 추구한 이념주의자

학자에서 정치가로

플라톤이라고 하면 누구나 생각하게 되는 것이, 육체에 구애되지 않는 정신적인 순수한 사랑인 '플라토닉 러브'이다. 하지만 플라톤은 유명한 《향연》에서 연애론을 전개한 것 외에, 도덕론, 국가론, 법률론을 집필하고, 나아가 '아틀란티스 대륙'을 탐구하는 등 인간 생활의 각 방면에 관해 깊은 통찰을 보여주었다.

그는 아테네의 명문가에서 출생하여, 처음에는 시인을 지망했다. 하지만 일찍이 소크라테스의 제자가 되어 철학의 길에 들어섰다.

플라톤이 소크라테스를 만난 것은 스무 살 때였다. 그 만남이 있기 전날 밤, 소크라테스는 가슴에 백조 새끼가 앉아 있는 꿈을 꾸었다. 그 백조는 곧 날개가 자라 아름다운 소리로 노래를 부르며 하늘 높이 날아올랐다. 소크라테스는 처음 플라톤을 만났을 때, 그 꿈속의 백조야말로 이 청년을 상징하고 있다고 깨달았다. 그리고 이 청년이야말로 장래에 뛰어난 인물이 될 거라고 예상했다.

소크라테스가 죽은 뒤인 B.C. 399년에 스무 살의 플라톤은 다른 철인의 가르침을 원했지만, 소크라테스를 사모하는 마음을 평생 잊지 않고, 모든 저술에서 소크라테스를 대신하여 그 사상을 수많은 대화편 속에서 소개했다. 다만 그 모든 것이 소크라테스의 사상이라는 의미는 아니고, 플라톤의 독자적인 견해가 강하게 묻어나는 것이 많다.

플라톤은 철학의 학습과 제자의 교육에 몰두한 것 이외에, 각지를 여행하고, 또 정치에 깊이 관여했다. 그 무렵의 아테네에서는 30명의 참주가 통치하였고, 그 중 2명은 그의 친척이었다. 그러나 그들의 과두정치가 실패하고 민주정치의 시대에 들어서자, 여러 가지 폐해가 드러났다. 게다가 소크라테스의 처형은 플라톤에게 커다란 정신적 타격을 주었고, 아테네의 국정에 참가할 의욕을 잃게 했다. 그는 그 대신 그리스의 한 도시국가이자 코린트의 식민지인 시칠리아 섬의 시라쿠사에, 평생 세 번 건너가서 국왕의 자문에 응했다.

하지만 처음 건너갔을 때의 국왕인 디오니시오스 1세는 매우 거만한 인물로, 플라톤과 그를 지지하는 국왕의 의제(義弟)인 디온이 합리적이고 냉정하게 정치적으로 맞서는 것을 거북하게 여겼다. 그래서 국왕은 아테네의 적인 스파르타의 사절에게 플라톤을 시라쿠사로부터 납치하도록 했다. 플라톤은 그 후 노예로 팔려갈 뻔한 적도 있었지만, 천신만고 끝에 아테네로 돌아와 다시 탐구 생활에 들어갔다.

그리고 디오니시오스 1세가 죽고, 그의 아들인 디오니시오스 2세가 즉위하여 플라톤을 초빙하자, 마

디오니시오스 1세(B.C. 405~B.C. 367)
| B.C. 405년에 고대 시칠리아 시라쿠사의 참주가 되어 군사적·외교적으로 뛰어난 수완을 발휘하였으며 문예를 애호하였다. 카르타고가 시칠리아를 침공할 것을 우려하여 세 번의 전쟁을 벌였다. 대함대를 꾸려 이탈리아 반도로 진출하였으며, 지중해 일대에 식민지를 거느렸다.

음을 바꿔먹고 다시 시칠리아 섬으로 건너가 새로운 왕의 교육을 맡았다. 그러나 새 왕은 그의 올곧고 진지한 태도에 싫증을 느껴 그를 추방해버린다. 그러나 디오니시오스 2세는 마음을 고쳐먹고 플라톤을 다시 초대했지만, 충신 디온이 살해되어 플라톤은 결국 아테네로 돌아와, 이후 여든 살까지 학문 교육에 전념했다.

> **디온(B.C. 408 ?~B.C. 354)** | 디오니시오스 1세의 의동생으로 그의 밑에서 재상(宰相)으로 일했다. 플라톤의 친구이자 찬미자로, 플라톤의 영향을 받아 철인정치(哲人政治)의 실현을 꾀하였다. 디오니시오스 2세의 교육을 위해 플라톤을 초빙했으나, B.C. 366에 디오니시오스 1세는 그를 플라톤과 함께 추방하자 아테네로 망명하였다. B.C. 357년에 군대를 동원하여 시라쿠사를 공격하여 디오니시오스 2세를 몰아내고 이듬해에 국왕이 되었지만, 친구인 칼리포스 일파에 의해 암살되었다.

플라톤의 다채로운 대화편

플라톤의 작품은 크게 세 가지로 구분할 수 있다. 30대 중반의 초기 대화편에는 《소크라테스의 변명》, 《크리톤》(둘 다 처형 전의 소크라테스의 의연한 태도를 묘사하고 있다), 《고르기아스》 등이 있다. 이어서 40~50세의 중기 대화편은 이데아론을 주로 다루면서, 플라토닉 러브로 유명한 《향연》 외에 《파이돈》, 《파이도로스》 등을 포함하고 있다. 《국가》도 이 시기의 작품이다. 후기 대화편은 플라톤의 50대 중반 이후의 것인데, 그 중에는 《파르메니데스》, 《테아이테토스》, 《티마이오스》, 그리고 아틀란티스 대륙에 대해 언급한 《크리티아스》, 또한 색다르게 대화편이 아닌 대작 《법률》이 있다.

이들 저작에서 보여지는 플라톤 사상의 핵심은 이데아론이다. 플라톤에 의하면, 끊임없이 변화하고 생성·소멸하는 감각의 세계(현상계)로부터 독립하여 오로지 지성에 의해서만 파악되고, 완전하고 이성적이며 영구불멸인 세계가 이데아계(사물의 본질의 세계)이다.

인간의 인식에는 두 길이 있다. 하나는 감각에 의한 인식인데, 이것은 끊임없이 유동적이고 변화하기 때문에 정확하다고 할 수는 없다. 또 하나는 지성에 의한 인식인데, 이것이 파악하는 것은 이데아(이념)이고, 항상 변함이 없고 확실한 원형이고 모델이다. 플라톤은 이러한 지성이 파악한 이데아야말로 진정으로 실존하는 것이고, 감각으로 받아들였던 것은 불충분한 현상이라고 생각했다.

그는 삼라만상에 관해 이데아론을 전개한다. 그에 의하면 인간의 영혼은 불멸이다. 그리고 영혼은 저승에서는 사물의 영원한 본질인 이데아를 파악하고 있지만, 이승에서의 탄생에 의하여 영혼은 육체 속에 갇혀버리고 만다. 그러나 사후에 영혼은 다시 저승의 이데아의 세계로 돌아간다. 그리고 윤회가 되풀이된다.

하지만 영혼은 이승의 감각의 세계를 경험할 때마다, 과거에 저승에서 보았던 이상인 이데아를 상기하고, 이데아를 동경한다. 특히 선과 미의 이데아를 추구한다. 예를 들면, 아름다운 육체를 동경하는 에로스(성애)의 욕구는 이내 아름다운 정신을 추구하고, 궁극적으로는 선과 미 그 자체를 추구하게 된다. 육체를 떠나 사랑의 정신을 추구하고 있는 플라토닉 러브가 그것이다.

이상국가와 아틀란티스

플라톤은 개인의 도덕뿐 아니라 국가 내부에 대해서도, 선과 미의 이데아의 실현을 추구했다. 국가라고 하지만, 플라톤 시대의 그리스의 국가는 아테네와 스파르타와 같이 작은 도시국가였다. 그가 《국가》에서 서술한 이상국가는, 통치계급, 방위계급, 생산계급의 세 가지로 나누어 진다. 그래서 그들의 분업이 올바로 이루어지면, 국가의 질서가 유지되 고 정의와 행복이 실현된다는 것이다. 이것은 동양 중세의 사농공상(士農工商)의 신분제 사회를 연상시키는 것이다.

나아가 통치자는 이데아를 인식한 철인왕(哲人王)이며, 국가 전체의 질서를 위해서는 가족이 공유되고 사유재산이 부정되는 등, 전체주의적 인 경향도 보여지고 있다.

그렇지만 국가 내의 계급 중 국가의 방위에 전념하는 계급, 즉 초급 병사의 교육에 대해 플라톤은 매우 열성적이었다.

"국립 병영에서 생활하는 소년들은, 일단 전쟁이 일어나면 성인 병사 들과 함께 전장에 나가야 한다. 마치 수공업자의 도제가 장래 훌륭한 직 인이 될 것을 결심하고, 스승이 지휘하는 수공업의 모든 것을 보고 배우 는 것과 마찬가지다"라고 말하여, 병사는 젊어서부터 부모의 국가를 지 키기 위하여 실전에 참가해야 한다고 말하고 있다. 그뿐만이 아니라 여 성에게도 실전의 훈련을 시켜야 한다고 주장한다.

방위계급도 그럴진대, 세 계급의 최고 위치에 있는 통치(문관)계급의 육성에 관해서도 플라톤이 열정을 쏟았다는 것은 말할 필요도 없다. 문 관은 학문에 적합한 사람으로부터 선발하여, 30세까지 엄격한 교육을 받게 하고, 그 후에 비로소 실무에 종사하게 되어 있다. 문관 중에서도 특별히 뛰어난 사람은 다시 최고 교육을 시켜, 50세가 되어야 비로소 최고 통치자에 임명된다. 그들은 기하학, 변증학, 특히 철학에 능통하지 않으면 안 된다.

그 최고 통치자가 철인왕이 되는 것이다.

플라톤은 말한다.

"왕은 훌륭한 철인으로서, 정치적 권력과 철학을 동시에 받아들여야 한다. 만약 정치나 철학 가운데 한 가지로밖에 수행할 수 없는 자가 왕위에 오르게 되면, 국가의 불행, 아니 인류 전체의 불행은 끝이 없을 것이다. 이미 우리가 머릿속에 그리고 있는 국가의 기본법이 이른 시기에 실현될 수는 없을 것이다."

플라톤은 최고 통치자가 정치적 권력을 가짐과 동시에 철인이기를 바랐다. 그것은 그가 폭군의 등장을 마음으로부터 두려워하고 있었기 때문이다. 폭군이란 사유재산이든 공적 재산이든, 모든 재산을 자신의 수중에 넣어 폭정을 펴는 인물이다. 폭군이 일단 권력을 행사하면, 많은 주민이 그를 예찬하고, 그가 말하는 대로 하여 나라는 혼란해진다. 플라톤은 시칠리아에서의 경험한 바도 있었기에 《국가》에서, 폭군을 반복하여 비판하고 있다.

그런데 플라톤의 《국가》에서는, 의외로 예술가, 특히 시인이 국익에 해가 된다고 강조하고 있다. 시인은 신들의 부덕을 묘사하고, 허구의 이야기를 지어냄으로써 사람들을 현혹시키는 한, 반드시 그들을 국외로 추방하지 않으면 안 된다는 것이다. 플라톤 자신이 예술가적 소질을 겸비하고 있었음에도 불구하고, 이와 같이 주장한 것은 기이하게 생각되지만, 그것은 당시의 저급한 많은 시인들이 야비한 작품을 대량생산하여 민중을 기만한 것에 대한 반발이었다고 볼 수 있다.

플라톤은, 일반대중의 미적 능력을 믿지 않았다. 《국가》에서 제자의 한 사람이, "일반 대중은 아름다운 개개의 사물이 아니라, 아름다움 그 자체를 진정으로 이해할 수 있습니까?"라고 질문하자, 소크라테스는 "결코 그렇지 않다"라고 답하여 대중의 예술적 감각을 부정하고, 오히려 그들이 예술 등에는 손을 내밀지 말고, 본연의 생업에 힘쓸 것을 권유하고 있다.

그렇지만 플라톤의 작품에는 예술적 감각이 넘쳐나며, 이상(理想)의 꽃이 활짝 피어 있다. 그 하나의 발로가 《크리티아스》와 《티마이오스》 속에 묘사된 아틀란티스 대륙의 전설이다.

아틀란티스는, 지금으로부터 1만 수천 년 전에 대서양에서 사라졌다고 전해지는 섬인데, 일찍이 훌륭한 왕국이 있고, 삼림자원이 풍부하고, 농업도 번창하고, 수공업도 발달해 있었다. 평야는 운하로 온통 둘러싸여 있고, 교통은 편리하였고, 군대도 강력하여 해외에도 원정군을 파견할 정도였다고 한다.

그렇지만 거대한 지진과 홍수가 발생하여, 단 한 차례의 불행한 낮과 단 한 차례의 불행한 밤 동안에, 바다 속으로 가라앉아 소멸되었다고 한다.

아틀란티스 대륙에 대해서는, 우선 플라톤의 제자에 해당하는 아리스토텔레스가 현실주의의 입장에서 '단순한 플라톤의 몽상'이라고 기록하는 등 부정론이 유력하다. 그러나 오늘날에도 플라톤이 묘사한 이 이상국이 다시 부상하기를 바라고 있는 사람이 있다.

아리스토텔레스

Aristoteles | B.C. 384~B.C. 322년

―만학의 아버지라 불리는 현실주의자

복잡한 사제(師弟)관계

플라톤의 제자이며, 고대 그리스 최고의 철학자의 한 사람이 아리스토텔레스이다. 그는 플라톤의 이상주의와 달리 현실주의 철학을 주장하여, '만학(萬學)의 아버지'로 일컬어진다.

아리스토텔레스는, 마케도니아의 스타게이로스에서 태어났다. 대대로 의사의 집안이었으며, 아버지는 마케도니아 왕의 주치의였다. 17세 때 아테네로 나와 플라톤의 아카데메이아 학원에 입학하여, 거기에서 20년 동안 연구를 계속했다. 현실주의의 아리스토텔레스는 일찍이 플라톤의 너무나도 고매한 이데아론에 비판적이었다. 그러나 학원에서는 뛰어난 학생이었던 아리스토텔레스의 의견은 존중되었고, 여러 가지 사안의 결정에 대해서는, 예컨대 플라톤의 의견과 일치하지 않을지라도 그의 의견이 종종 아카데메이

> **아카데메이아(Akadémeia)** | B.C. 385년 경에 플라톤이 아테네의 서쪽 교외에 설립한 철학 학원. 여기에서는 스승과 학생이 공동생활을 하며 매우 절제되고 금욕적인 생활을 하였다. 철학뿐 아니라 음악과 수학 등도 공부하였다. 아리스토텔레스와 크세노크라테스를 비롯하여 스페우시포스, 에우독소스 등 많은 인재가 배출되었다.

아의 방침으로 채택되었다. 그랬기 때문에 아리스토텔레스는 '플라톤의 후계자는 나다' 라고 자신감에 고취되어 있었는데, 반대로 플라톤은 아리스토텔레스에게 반감을 갖게 되었다.

그런데 아리스토텔레스가 아테네의 정치문제를 협의하기 위하여 일시적으로 마케도니아 왕인 필립포스 2세에게 건너간 것이 계기가 되어 사정은 복잡해졌다. 마케도니아 왕과의 협의는 순조롭게 끝나고, 그가 아테네로 돌아오자 뜻밖에도 플라톤 학원의 후계자가 결정되어 있었다. 그것은, 분별 있고 성실한 인격의 소유자였지만 그에 비해 뛰어난 철인은 아니었던 크세노크라테스가 아닌가. 아리스토텔레스는 분노하여, "크세노크라테스가 강단에서 장광설을 늘어놓을 때, 단지 침묵을 지킨다는 것은 나에게 최대의 치욕이다" 라는 말을 남기고는 학원을 떠났다.

스승인 플라톤의 사후, 아리스토텔레스는 마케도니아 왕인 필립포스 2세의 부탁으로 당시 13세인 알렉산드로스의 가정교사가 되었다. 알렉산드로스는 아버지가 세상을 떠난 후인 20세에 즉위하여, 무력으로 그리스를 정복했다. 대왕이라고 불렸던 그는 페르시아 왕 달레이오스 3세의 군대를 격파하고, 이어서 시리아, 이집트, 페르시아를 정복했다. 나아가 인도를 공격했는데, 바빌론으로 돌아온 다음해인 B.C. 323년에 사망했다.

알렉산드로스 대왕의 원정에 의해, 그리스 문화는 멀리 동방의 각

크세노크라테스(B.C. 396?~B.C. 314?) | B.C. 380년경에 아테네로 가서 플라톤의 제자가 되어 아리스토텔레스 등과 함께 수학하였다. 아리스토텔레스와는 달리 스승인 플라톤의 학설에 대해 무비판적으로 충실히 받아들여 후계자가 되었다. B.C. 339년부터 죽을 때까지 아카데메이아의 제3대 학원장을 지냈다. 그 후 피타고라스학파의 영향을 받아 철학에 수학을 도입하였으며, 최초로 철학을 논리학, 자연학, 윤리학으로 구분하였다.

▶ **알렉산드로스 대왕(B.C. 356~B.C. 323)** | 고대 그리스어 공식 이름은 알렉산드로스 트리토스 호 마케돈으로, 필리포스 2세를 이어 마케도니아의 아르게아드 왕조를 통치하였다. 10여 년 동안의 동방 정복을 통해, 유럽과 아프리카, 아시아에 걸쳐 인류 역사상 유례를 찾기 힘든 대제국을 건설하였으므로, 그를 대왕으로 부른다.(이 그림은 페르시아를 원정하는 모습을 표현한 모자이크다.)

나라들로 전해지게 되었는데, 거기에는 8년 동안 알렉산드로스를 교육했던 아리스토텔레스의 영향이 컸다고 할 수 있다.

아리스토텔레스는 알렉산드로스의 교육 외에도 마케도니아의 발전을 위하여 대왕과 협력했다. 예를 들면, 전란으로 인해 폐허로 변해버린 자신의 고향 스타게이로스의 부흥에도 힘을 쏟았다.

그러나 사제관계란 좀처럼 원만하지 않은 법이다. 아리스토텔레스는 플라톤과도 반목했지만, 제자인 알렉산드로스와의 관계도, 특히 제자가 대왕이 되었기 때문에 자연스러울 수 없었다.

아리스토텔레스는 대왕이 젊었을 때, 물리학과 생물학을 실험을 해가면서 열심히 가르쳤다. 그렇지만 훗날 아리스토텔레스가 자연학과 형이상학에 관한 저술을 출판했다는 것을 전해 들은 대왕은, 늙은 스승이 자신과 상의도 하지 않고 대왕만이 알고 있는 비전(秘傳)의 지식을 공개했다며 분노했다.

대왕은 "노스승은 짐에게만 전수했던 것을 왜 공개했는가? 짐이 이론철학에서는 어느 누구보다도 깊은 지식을 갖고 있다는 것을 잊었단 말인가?"라고 편지를 써서 꾸짖었다. 이에 대해 노스승은, "심려하지 마십시오. 저는 폐하 이외의 누구도 이해할 수 없는 책을 출간했을 뿐입니다"라고 변명했다.

이것은 사소한 사건일지도 모른다. 하지만 아리스토텔레스가 파견한 친족의 한 사람인 칼리스테네스가 대왕을 페르시아인처럼 신으로서 숭상하지 않고, 더구나 대왕 암살의 음모에 가담했다고 하여 처형당하는 사건이 발생했다. 또 대왕은, 아리스토텔레스와 학문적으로 숙적이라 할 수 있는 크세노크라테스에게 거액의 자금을 지원했다. 이런 일들 때문에 두 사람의 관계는 단절되었다.

그런데 아리스토텔레스는 대왕의 가정교사를 그만두고 아테네로 돌아와서 학원을 열고, 페리파토스 학파를 이루었다. 이 학원에서의 강의가 저작으로서 남겨진 것이다. 그는 플라톤과는 달리 결혼하여 가정도 이루었고, 칼키스에서 사망했다(B.C. 322년).

현실주의 철학

아리스토텔레스는, 학문이란 개개의 사물처럼 애매하고 무한정한 것이 아니라, 보편적이고 모범적인 이념에 몰두해야 한다고 했다.

그러나 그는 플라톤이 연구하여 그려냈던, 현실의 세계를 떠나 독립적으로 존재하는 이데아계를 인정하지 않고, 현실의 개물(個物)에 그 사물의 본질인 에이도스(형상)가 내재하고, 그것이 생성·발전하여 모습을 나타낸다고 생각했다.

이렇게 아리스토텔레스는, 관찰과 경험을 중시했던 현실주의의 입

페리파토스 학파 | 고대 그리스 철학파의 하나로, 아리스토텔레스가 학원 안에 심어져 있는 나무들 사이를 산책하면서 제자들과 대화와 토론을 통해 가르쳤다고 하여 붙여진 이름이다. 산책학파 또는 소요학파라고도 한다.

장으로부터, 여러 분야에서 실증적인 학문을 확립했다. 천문학, 기상학, 생물학, 생리학, 시학, 정치학, 논리학, 윤리학, 형이상학 등의 학문의 기초를 다지고, 각각의 학문 분야를 분류하고 체계적으로 조직화했다. 그의 주요 저작은 《자연학》, 《형이상학》, 《니코마코스 윤리학》, 《정치학》, 그리고 《시학》 등이다.

그 중에서도 중요한 것은 윤리학이다.

돈에 걸신들린 사람이 되지 마라

아리스토텔레스의 도덕론은, 플라톤처럼 이상적인 진선미를 추구하는 영혼의 고양을 목표로 하는 것이 아니라, 꽤 현실적이다. 그는, 도덕철학의 요구는 어떻게 하여 현세에서의 인간이 행복해질 수 있는가를 가르치는 것이라고 했다. 분명히 중용을 중시하는 안정노선이다.

그는 우선, 행복이란 감각적 쾌락의 충족이라는 쾌락주의자의 견해를 거부했다. 그 이유로서 그는, 이러한 쾌락은 일시적이고 유동적인 것이며, 쾌락을 맛본 후에는 애수(哀愁)가 생길 뿐만 아니라 육체의 힘을 약화시키고 마음을 천박하게 만들기 때문이라는 것이다.

그는 더구나 법의 제한에 따르지 않고, 공명정대하지도 않고, 오로지 명예와 명성을 추구하는 것은 피해야 한다고 하였으며, 또 돈만 벌면 된다는 식의 탐욕스런 수전노를 배격했다. 아리스토텔레스는 다음과 같이 주장했다.

"부는 그 자체만을 취한다면 바람직스러운 것은 아니다. 부는 그것을 소비하는 것을 무서워하는 자를 불행하게 만든다. 부에게 참된 가치를 갖게 하려면, 그것을 잘 사용하고, 또 적절하게 분배하지 않으면 안된다.

원래 경멸해야 하는 것이고, 소유할 가치가 없는 부를 얻기만 하면, 그것으로 행복하다고 생각하는 것은 어리석다. 대저 행복이란 이성을 이용하여 가치 있는 활동을 하는 데에 있다."

그러나 아리스토텔레스는, 어느 정도의 재산은 필요하다고 생각하여 이렇게 말하기도 한다.

"행복의 기초에는 세 가지가 있다. 지혜와 분별을 가진 훌륭한 정신, 아름다움·건강·활력으로 표현되는 육체의 힘, 그리고 부와 공정한 재산의 확보이다. 인간은 미덕을 겸비하는 것만으로는 행복해질 수 없다. 행복해지기 위해서는 육체가 건강한 것에 더하여, 재산이 없어서는 안된다. 현인이라 하더라도 재산이 없으면 불행하다."

또 덕과 부덕의 차이에 관해, 이것은 상대적이라고 하여 다음과 같이 말한다.

"양자는 양립할 수 없는 것은 아니다. 게 중에는 매우 절제되지 않은 생활을 하면서도, 공정하고 분별 있는 사람도 있다."

이처럼 아리스토텔레스는 돈에 걸신들린 사람이 되어서는 안 되지만, 돈이 없어서도 곤란하다고 했다. 인간은 미덕을 갖추는 것에 더하여 안정된 행복의 기초를 갖추지 않으면 안 된다고 말했다.

그가 극단적인 것을 싫어했던 것은, 그의 문학관에도 나타나고 있다. 플라톤은 《국가》에서, 역설적으로 예술가, 특히 시인은 신들의 부덕을 묘사하고 허구의 이야기를 만들어내는 한, 국익에 반하는 존재이며, 단호히 국외로 추방해야 한다고 주장했다. 한편 아리스토텔레스는, 훌륭한 문학은 미덕을 함양하는 데에 크게 유익할 뿐만 아니라, 문학을 사랑하는 것이야말로 노후의 유일한 위안이라고 말하는 등 문학을 예찬하고 있다.

정치학에서는

그런데 아리스토텔레스도 마케도니아의 궁정에서 오랜 기간 종사했다는 것만 보아도, 정치학은 그의 주특기였다. 그렇기는 해도 그의 정치학이 그리스의 작은 도시국가 폴리스를 대상으로 하였다는 것은 말할 필요도 없다. 그는 "인간은 본성이 폴리스적 동물이다"라고 말했다. 즉 인간은 고립해서는 살 수 없는 이상, 공동으로 사회와 국가를 형성하고, 서로 생명의 본질과 자유를 지켜야 한다. 따라서 폴리스는, 거기에서 인간이 바라는 가치를 달성할 수 있는 '보루'이며, 인간과 폴리스는 뗄래야 뗄 수 없는 관계라고 말한다. 그렇다면 폴리스에는 어떤 정치체제가 좋은가에 대해, 그는 군주제가 가장 적합하다고 하면서 다음과 같이 말하고 있다.

"그것(군주제—역자)은 다른 정치체제처럼 많은 수의 통치자가 아니라 혼자서 지배할 수 있기 때문이다. 군대의 경우도 몇 사람의 최고 지휘관이 있는 경우보다 한 사람의 유능한 사령관이 있는 쪽이 능률적이다. 전쟁의 경우를 보면, 공화제에서는 많은 사람이 백가쟁명으로 논쟁하여 아무 것도 실행할 수 없다. 반면 군주제에서는 한 사람의 왕이 즉각 원정군을 파견하여 자신의 의도를 달성한다."

또 아리스토텔레스는 말한다.

"공화제 하에서는 위정자가 사욕에 따라 나라를 황폐화시키기도 하고, 질투에 사로잡혀 당파싸움이 끊이지 않아 결국 나라를 멸망시키는 경우도 있다. 이에 반하여 군주제에서는, 군주가 폴리스와 이익을 같이 하는 운명공동체이기 때문에 선정을 베풀고 국가를 발전시킬 수 있다."

공화국이 대다수를 차지하고 있는 현대의 세계에서는, 아리스토텔레스의 이 견해는 통용될 수 없을 것이다. 그러나 훌륭한 덕이 있는 위정자를 바라는 그의 기대는 지금도 존중되는 것이다.▧

에피쿠로스
Epikouros | B.C. 341~B.C. 270년

– 평온하고 검소한 일상생활에서 행복을 추구했던 쾌락주의자

에피쿠로스의 정원

욕망을 억제하는 금욕주의와 부동심을 가져야 한다고 주장한 스토아학파와는 달리, 쾌락이 인생의 목적이라고 한 에피쿠로스학파는 꽤 근대적인 측면이 있다고 생각된다. 그 때문에 원조인 에피쿠로스도 역시 헬레니즘 시대의 철인이라고 할 수 있고, 고지식하고 너무 엄격한 스토아학파와는 크게 다르다.

그는 사모스 섬에서 태어나, 40세 때에 플라톤학파의 철학을 배웠는데, 그 이상주의에 불만을 갖고 데모크리토스(B.C. 470~B.C. 370년경)의 원자론에 관심을 가졌다. 학자가 된 그는 각지에서 철학을 가르쳤고, 마지막에는 아테네의 교외에 '에피쿠로스의 정원'이라 불리는 시설을 열어, 친구와 함께 공동생활을 하였다.

그의 교육법은 독특하여, 제자와

헬레니즘 | 고대 그리스의 뒤를 이어, 알렉산더 대왕이 동방의 페르시아 등을 정복하고 대제국을 건설하면서 등장한 문명을 가리킨다. 이 말은 독일의 정치가이자 역사가인 드로이젠(Johann Gustav Droysen, 1808~84)이 그의 저서인 《헬레니즘사》에서 처음 사용하였다. 그리스 문명과 동방 문명이 상호작용을 하면서 새로운 문명이 탄생한 것이다.

주변을 산책하는 동안에 구두로 철학을 가르치고, 나중에 그 내용을 제자에게 기억을 더듬어 표명하도록 하는 것이었다. 여하튼 그의 명론탁설(名論卓說)을 경모하여 많은 젊은이들이 에피쿠로스의 정원에 몰려들었다.

그의 인품은 온후하였다. 친구와 친족에게는 아낌없이 금품을 주고, 제자들에게 타인, 특히 노예에게도 친절해야 한다고 가르쳤다.

그런데 그의 쾌락주의는, 주지육림이라는 말로 표현되는 사치스러운 생활을 추구하는 것은 아니다. 오히려 검소한 생활 속에서 정신적인 기쁨을 추구하고, 마음의 평정을 얻는 것을 목적으로 했다. 그 때문에 에피쿠로스파의 생활신조는 조의조식(粗衣粗食)이었다.

에피쿠로스의 평상시의 식사는, 빵과 물 외에는 정원에서 채취한 약간의 과실과 콩 종류뿐이었다. 가끔씩 우유와 치즈가 식탁에 올랐다. 그의 전기를 쓴 디오게네스 라에르티오스는 이렇게 말한다. "보라, 그의 생활방식을! 그는 지금까지 극단적으로 주색(酒色)에 빠진 인간이라고 생각되어 왔다."

또 로마의 철인인 키케로도, "에피쿠로스는 얼마 안 되는 재산에 만족하였다"라고 했다.

제자들도 에피쿠로스의 절제를 흉내냈다. 그들도 스승과 마찬가지로 콩과 우유에 만족했다. 일부의 제자는 와인을 마셨지만, 음료는 대개 물뿐이었다. 또 에피쿠로스는 피타고라스파처럼, 제자들이 공동의

디오게네스 라에르티오스(Diogenes Laertios) | 고대 그리스 철학사를 연구한 학자로, 정확한 생애는 알려져 있지 않으나, B.C. 3세기 전반기를 살았다. 탈레스부터 에피쿠로스까지의 고대 그리스 철인들을 다룬 《고대 그리스 철학자의 생활과 의견 및 저작 목록》(10권)의 저자로 유명하다.

지갑을 가지는 것, 즉 재산을 공유하는 것을 원하지 않았다. 그는 "이 관례는 제자들 사이의 결속을 강화하기보다, 오히려 상호 불신의 마음을 낳을 뿐이다"라고 말했다.

원자론적 유물론

에피쿠로스는 데모크리토스를 계승하여 원자론적 유물론을 주창했다.

그것에 따르면, 그 자체가 불가분이고 불변인 원자가 근본물질이고, 그들 무수한 원자가 무한의 공간 속에서 운동하고 있다. 일체의 사물은 그들 원자가 합성되어 만들어진 것이라고 한다.

현대 물리학의 원자론을 연상시키는데, 그는 특히 원자의 운동에 대해 독특한 생각을 가지고 있었다. 예를 들면, 고체 내에도 각 원자는 작은 허공에서 운동을 하고 있으며, 그 결과 빈번하게 충돌이 일어나고, 각 원자는 거기에서는 진동 상태를 나타냄과 동시에, 외부로부터 새로운 원자가 끊임없이 고체로 들어오기 때문에, 전체로서 고체 자신의 존재가 유지된다고 주장했다.

그런데 원자란, 자립하고 고립된 개체 또는 개인을 연상시킨다. 그래서 에피쿠로스는 자신의 원자론을 핵심으로 하여, 윤리학에서는 개인주의를 제창했다. 그 때문이기도 하지만, 에피쿠로스는 원자론자로서보다도 오히려 개인주의자로서 평판이 나게 되었다.

원인(原人)에서 문명으로

다음으로 에피쿠로스에 의하면, 곤충과 쥐를 비롯하여 인간을 포함한 모든 동물은 땅에서 발생했다. 그렇지만 그 중에는 이상한 동물과 괴

수도 등장했다. 몸통만 있고 팔다리가 없으며, 머리는 있지만 입이 없는 등 가지각색이다. 그러나 이들 동물은 제대로 영양을 섭취하지 못하여 도태되고 절멸되었다.

이 세상이 시작될 무렵에는 온도의 차도 작고, 강풍도 불지 않고, 세계는 매우 평화로운 상태였다. 그 때문인지 대지에서 막 발생한 원인(原人)의 체격은 오늘날의 인간들에 비하여 훨씬 강인했다. 무엇을 먹어도 끄떡없고, 피부는 털로 덮이고, 계절의 변화에 즐겁게 대응해왔다. 호우가 내려도 나무 밑에 몸을 숨겨 피할 뿐이었다.

그 후 문명이 발전하자, 인류는 약체화되어, 오두막을 지어 생활하고, 동물의 가죽으로 옷을 만들어 입고, 남자는 아내를 한 사람만 맞이하고, 자식이 태어나고, 마을도 형성되게 되었다. 분명히 단순명쾌한 문명발달사였다.

쾌락주의 철학이란

그에 따르면, 영혼은 신체 전체에 퍼져 있는 섬세한 층으로, 본질적으로는 동질의 사지(四肢)나 머리와 마찬가지로 죽음과 함께 사라진다고 했다. 나아가 변화하는 모든 감각은 죽음과 함께 소멸하므로, 죽음은 결코 두려워할 것이 아니라고 주장했다.

그에 따르면, 죽음은 우리에게 아무 관계가 없는 현상이다. 우리에게는 죽음과 공통되는 것이 하나도 없기 때문이다. 우리가 존재하고 있을 때 죽음은 없고, 죽음이 있는 곳에는 우리는 존재하고 있지 않는다.

에피구로스는 현재의 생활이야말로 귀중하다고 하여, 다음과 같이 주장했다.

"현세에 있을 때, 약간의 쾌락이라도 찾아낼 수 있는 한 현세에 머물고 싶다고 생각하는 것은 당연하다. 그러나 사람이 이 세상을 떠날 때는, 맛있는 식사를 마치고 배를 채운 뒤 태연하게 식탁을 떠나는 것과 마찬가지이며, 현세에 구애받는 생각 따위를 미련 없이 떨쳐버리고 유유자적해야 한다."

또 그는 다음과 같이 말하고 있다.

"소수의 사람밖에 인생을 향유하는 법을 모르고 있다. 많은 사람들은 현재의 생활을 경멸하고, 행복이 미래에 있다고 생각한다. 하지만 그들은 그처럼 밝은 미래가 출현하기 전에 죽음에 직면하여 경악한다."

이와 같이 쾌락을 앞으로 연장함으로써 인간의 생활은 불행해진다고 생각한 에피쿠로스는, "사람은 장래의 일을 생각하지 않고 현재를 향유해야 한다. 죽을 때까지 남아 있는 시간의 길이가 아니라, 현재 향유할 수 있는 쾌락의 양의 많고 적음에 의해 생활의 가치를 계산해야 한다"라고 말한다. 또 "즐거운 생활은 설령 짧더라도, 고통스러운 생각을 하는 긴 세월보다 낫다"라고도 말했다.

그렇지만 에피쿠로스가 말하는 즐거운 생활 혹은 쾌락의 한때라고 하는 것은, 그 자신의 생활방식으로부터도 알 수 있듯이, 결코 사치를 즐기는 것이 아니라 매우 검소하고 평범한 상황을 보여고 있다.

예를 들면 에피쿠로스식의 공동생활에서는 동료들도 지성적이기 때문에 개인생활은 간섭받지 않고, 소문 같은 대중의 여론에 의하여 생활이 좌우되지 않는다고 에피쿠로스는 말한다. 그 외에, 여기에서 몇 가지 에피쿠로스의 잠언을 나열하여, 그의 생활신조의 한 단면을 전하고자 한다.

- 대다수의 인간에게 있어, 평온은 마비상태이며, 활동은 광란의 발동이다.
- 모든 우정은, 설령 그것이 아무리 바람직한 것이라고 생각될지라도, 결국은 이익과 관련되어 있다.
- 육체로부터 나오는 소리는 외친다. 굶주리지 않고 살고 싶다, 목마르지 않고 살고 싶고, 춥지 않게 살고 싶다고! 하지만 이러한 욕망 전부가 충족되거나 혹은 그렇게 되기를 바라는 사람은, 제우스 신과 마찬가지로 거의 존재하지 않는 행복자이다.
- 사람은 먼 곳의 재산에 눈이 멀어, 수중에 있는 적은 재산을 경멸하는 따위의 행동을 해서는 안 된다. 자신의 수중에 있는 이 재산도 전혀 손쉽게 얻은 것이 아니라는 사실을 상기하라.
- 그대는 과도한 정욕에 사로잡혀 성행위에 몰두하려고 한다. 그리고 싶으면 해보는 것이 좋다. 그러나 그 때 법률을 저촉해서는 안 되며, 예의를 지키지 않으면 안 된다. 또 그대의 친인척을 괴롭히거나, 그대의 건강을 해치거나, 그대의 재산을 낭비해서는 안 된다. 그러나 결국 곤란에 빠지지 않는 경우는 거의 없다. 왜냐하면 섹스의 즐거움은 아무런 이익을 가져다주지 않기 때문이다. 오히려 성욕이 소멸되면 기뻐해야 한다.

- 모든 사람은 마치 지금 태어난 자와 마찬가지로 이 세상을 떠난다 (죽음의 공포와 생존의 어려움은 철인의 지혜가 갖추어지지 않는 한, 남녀노소를 불문하고 끈질기게 따라다니는 것이다).
- 절도 있는 생활의 최대의 성과는 자유이다.
- 생각이 있는 자는 현지(賢智)와 우정을 얻는 데 힘쓴다. 그러나 우정은 떠나기 쉬운 반면, 현지는 불멸의 재산이다.

이렇게 보면, 쾌락주의라고 하더라도 매우 절도가 있어서 비난하기는 어려울 듯하다. 그러나 에피쿠로스학파가 인기를 끌고 제자도 많아졌기 때문인지, 스토아학파는 질투에 사로잡혀, "그들이 얌전한 체 행세했던 쾌락주의 따위는 방탕하다"라고 비판했다.

▶ 시민으로서의 명예를 회복한 단테가 자신의 시를 읽고 있는 모습(15세기 피렌체 대성당의 프레스코화).

후세의 그리스도교도, 특히 신앙심이 깊었던 단테 등은, 에피쿠로스가 "정신은 육체와 마찬가지로 죽음과 함께 소멸한다"라고 믿었던 것을 꾸짖으며, 《신곡》의 지옥 편에서도, 매우 죄가 무거운 곳인 해골의 무덤 속으로 그를 밀어 넣었다(제10곡).

"무덤 속에 눕혀진 자(에피쿠로스)가 그대들의 눈에는 보이는지요? 이들은 벌써 뚜껑을 모두 열어

젖혔는데, 감시하는 자가 없습니다."

그러나 그의 쾌락주의는 근대에 들어 재평가되는데, 영국의 벤담이 새로운 쾌락주의를 제안하고, 프랑스의 아나톨 프랑스가 에피쿠로스의 정원을 칭송했던 것이야말로 그 일단이다. 현대의 다른 여러 나라에서도 에피쿠로스류의 쾌락주의를 신봉하는 사람들이 적지 않다.🔥

아나톨 프랑스(Anatole France, 1844~1924) | 이는 필명이며, 본명은 자크 아나톨 프랑수아 티보(Jacques Anatole François Thibault)이다. 프랑스의 작가로 드레퓌스 사건에서 에밀 졸라 등과 함께 드레퓌스의 무죄를 주장했으며, 1921년에 노벨 문학상을 수상했다. 대표작으로는 《타이스》, 《붉은 백합》 등 다수가 있다.

마르쿠스 툴리우스 키케로
Marcus Tullius Cicero | B.C. 106~B.C. 43년

-로마 제일의 정치적 철인

전란의 시대

키케로는 로마 제일의 정치가이자 철학자로, 그의 생애는 그야말로 파란만장했다. 집정관(콘술)이기도 했으며 로마 공화제의 지지자였던 키케로는 독재자라고 불리는 카이사르 등과 대립하며, 카이사르 사후 역시 독재적인 안토니우스와 불화하여 살해되었다.

키케로는 웅변가로서 로마 제일이었으며, 그의 저작인 《변론가에 대하여》는 특히 유명한데, 카이사르가 권력을 장악했기 때문에 은퇴했던 말년의 3년 동안에 철학적인 저작의 대부분을 써냈다.

로마 공화제의 말기는 매우 혼란스런 시대였다. B.C. 1세기에는 평민파인 마리우스와 벌족파(閥族派)인 스라가 격렬하게 투쟁했다. 동지중해에서는 해적이 암약하고, 스파르타쿠스가 이끄는 검투사(글레디에

카이사르(Gaius Julius Caesar, B.C. 100~B.C. 44) | 로마 공화정 말기의 정치가이자 군인으로, 폼페이우스, 크라수스와 함께 삼두동맹을 체결하여 집정관(콘술)이 되었다. 로마 민중들로부터 신망이 높아 1인 지배자가 되어 각종 개혁을 진행하였으나 동료인 브루투스 일파에 의해 암살되었다.

이터)의 반란이 있는 등, 로마의 혼란은 정점에 달했다. 가까스로 그것이 진정된 것은, 평민파로 민중에게 인기가 있던 카이사르와 대부호인 크라수스, 거기에 해적 토벌에 공을 세운 폼페이우스에 의한 삼두정치가 확립되면서부터이다.

카이사르는 갈리아를 평정했는데, 폼페이우스가 그를 질투하여 원로원과 결탁했기 때문에 양자가 대립했다. 그러나 카이사르가 승리하여 천하를 평정했다.

카이사르는 일찍이 원로원을 무시하고 독재로 치달았으며, 브루투스 등의 공화주의자에게 암살되었다.

키케로가 활약했던 것은 이러한 혼란의 시대였다. 그는 로마의 기사 가문에서 태어나 로마에서 정치학과 법학 등 그리스의 여러 학문을

스파르타쿠스(Spartacus, ?~B.C. 71) | 발칸반도 동부에 위치한 트라키아에서 출생한 검투사였다. 고대 로마의 노예 검투사(劍鬪士) 양성소에 소속되어 있었는데, B.C. 73년에 70여 명의 동료 노예 검투사들과 함께 탈출한 뒤 하층민들을 규합하여 반란을 일으켰다. 초기에는 정부 진압군을 차례로 격파하고 남부 이탈리아를 지배하였다. 그러나 시칠리아 섬을 정복하려다 실패하고, B.C. 71년에 원로원에서 파견된 크라수스 장군의 군대에 패하여 전사하였다.

삼두정치(三頭政治, triumvirate) | 정치적으로 매우 혼란스러웠던 로마 공화정 말기에 세 명의 정치적 실력자가 동맹을 맺어 국가권력을 독점한 정치 형태를 말하는데, 두 번에 걸쳐 삼두정치가 실시되었다. 첫 번째는, 평민파인 카이사르(시저)가 원로원을 중심으로 한 벌족파를 제압하기 위해 장군인 폼페이우스, 대부호인 크라수스와 동맹을 맺은 뒤 집정관이 되어 정권을 독점하였다. 두 번째는, B.C. 44년에 카이사르가 암살된 후 최고 실력자인 안토니우스가 키케로를 중심으로 한 보수적인 원로원과 대립하게 되자 옥타비아누스, 레피두스와 결합하여 강력한 독재정치를 하였다.

배웠다. 에피쿠로스학파, 스토아학파, 그리고 플라톤과 아리스토텔레스의 철학을 그리스인의 철학자로부터 직접 배울 수 있었다. 이처럼 다양한 학문에 흥미를 가졌던 키케로는, 도대체 무엇을 본업으로 할 것인지 좀처럼 결심이 서질 않았지만, 결국 정치가가 되는 길을 선택했다.

그의 정치적 활동의 기본이 되었던 것은 그리스 철학의 습득에 의해 체득했던 선동정치, 부패를 초래한 권력 지배에 대한 반항정신이다. 그는 공화제를 전복하려는 카테리나의 음모를 폭로하고, 이것을 탄핵하여 저지했다. 당시 집정관을 맡았던 그는 조국의 아버지라고 칭송받았다. 그러나 카테리나 일파는 없어졌지만, 로마의 옛 귀족들은 그를 원망하며 실각시키려고 하였다. 더구나 그가 공화제의 자유 이념을 신봉한 나머지, 폼페이우스, 크라수스, 카이사르의 삼두정치에도 저항했기 때문에 박해받을 염려가 있었다.

그래서 키케로는 일단은 로마를 탈출했다. 그러나 다시 로마로 돌아와 독재를 노리는 권력자들에 저항하여 원로원의 권위를 되찾으려 시도했지만 실패했다. 카이사르 사후, 그는 권력을 노린 안토니우스를 격렬하게 탄핵했지만, 그가 기대하고 있던 옥타비아누스(후에 초대 로마 황제)가 일시적으로 안토니우스와 정치적으로 제휴했기 때문에, 그는 안토니우스 일파에 의해 살해되었다.

키케로의 국가론

키케로는 로마 최대의 변론가로 불리며, 오늘날에도 58개의 연설문이 남아 있다. 또한 많은 수사학과 철학 저작이 있는데, 다수는 플라톤류의 대화편 형식을 취하고 있다. 이들 저작의 문화적 의의는, 무엇보다도 그리스 철학의 유지와 대결에 있다고 할 수 있다. 그의 사상은 결코 그리스 사상의 아류로 간주되어서는 안 된다.

그 점에서 특히 주목되는 저작은 《국가에 대하여》이다. 여기에서 그리스 사상을 더듬어보면, 우선 플라톤은 귀족제→과두제(부자의 지배)→

민주제→참주제(폭군의 지배)로 국가는 하강적으로 악화일로이기 때문에, 철인왕에 의한 이상주의적 왕정을 확립해야 한다고 했다. 한편 아리스토텔레스는 공화제를 채택하면 위정자가 사욕에 치우치고 당파가 싸워 나라를 황폐화시킬 우려가 있기 때문에 군주제가 바람직하며, 원래 군주는 폴리스(도시국가)와 이익을 함께하는 운명공동체이기 때문에 선정을 베풀어 국가도 발전한다고 말했다.

그렇다면 키케로는 어떤 독자적인 입장을 취했던 것일까? 그는 두 사람의 그리스 대철학자와 같이 폴리스 시민이 아니라 광대한 공화제 하의 로마 주민이었기 때문에, 당연히 정치적 시야는 그리스의 철인들보다 넓었다. 그는 지도자들의 칼과 인민의 자유의 균형이야말로 국가의 주권과 안녕을 유지한다고 확신했다. 왕제(王制)는 아무리 훌륭해도 독재제(참주제)로 타락하지 않을 수 없다고 한 키케로는 최선의 국제(國制)·국가를 왕제와 귀족제와 민주제의 혼합 형태에 있다고 했다. 이것이야말로 왕은 참주로 되지 않고, 귀족에 의한 소수지배로도 되지 않으며, 또한 민주제가 중우정치(衆愚政治)로 되지 않는 조직이라고 키케로는 주장했다. 이것은 실제로는 로마 공화제 본래의 모습을 드러내고 있다.

즉 집정관, 원로원, 그리고 호민관의 3자가 공동으로 통치하는 공화제가 그의 이상이었다.

로마에서는 세습제의 왕이 이미 B.C. 509년에 부정되었고, 새로운 공화제에서는 통상 1년마다 교대되는 집정관이 왕의 역할을 떠맡았다.

중우정치 | 고대 그리스의 폴리스에서 등장한 정치형태로, 플라톤은 이를 다수의 폭민(暴民)에 의한 폭민정치(mobocracy), 아리스토텔레스는 다수 빈민에 의한 빈민정치(ochlocracy)라고 규정하였다. 민주제가 정상적으로 작동하지 못 할 때 나타나는 정치현상으로, 일부 보수적인 정치가나 학자들은 민주주의를 폄하하는 의미로 사용하기도 하였다.

원로원이란, 집정관과 법무관 등의 요직을 맡아 정치적 경험이 풍부하고 식견이 있는 자가 모인 실질적인 정치결정기관이었다. 또 10명의 호민관은 평민계급의 대표로, 더구나 평민계급 사람들 중에서만 선출했다. 그들은 원로원의 권고를 거부할 수 있었고, 원로원에 의안을 제출하는 것도 허용되었다.

키케로에 의하면, 이와 같이 집정관, 원로원, 호민관이 공동으로 통치하는 국가는, 바꿔 말하면 그가 이상으로 하는 왕, 귀족, 평민의 협력에 의한 국가였다.

작은 폴리스에서가 아니라, 아시아, 아프리카, 유럽에 걸친 광대한 로마의 공화제 본연의 모습을, 키케로는 이와 같이 《국가에 대하여》에서 제시했다. 원래 현실은 냉혹한지라 이 구상은 실현되지 못했다.

키케로는 다음으로 플라톤과 마찬가지로 《법률에 대하여》를 저술했다. 그는 법의 근거를 과거의 단순한 권위, 예를 들면 12표법 등에 두지 않고, 좀 더 깊은 철리(哲理)에서 찾았다. 키케로에 의하면, 인간이성의 궁극적인 근거는 만인 공통의 세계이성이다. 그리고 이것이야말로 세계에 질서를 부여한 자연법을 만든다. 틀림없이 현실의 로마에서 시행되고 있는 실정법은 계급적 이익 등에 의하여 좌우되지만, 그럼에도 불구하고 근저에는 정의의 실현을 지향하는 자연법이 있다. 원래 인간은 정의를 지향하도록 태어나는 것이다.

12표법 | '12동판법'이라고도 하며, 로마 최고의 성문법이다. B.C. 4세기에 로마가 갈리아의 공격을 받았을 때 소실되어 현재 원본은 전해지지 않고 있다. 키케로는 이것을 노래로 즐겨 불렀다고 전해진다.
제1표는 소송에 대한 규정, 제3표는 채무변제에 대한 규정, 제4표는 민법에 대한 규정으로 이루어져 있다. 귀족과 평민의 결혼 금지 등 내용이 귀족 중심으로 구성되어 있다.

모럴리스트 키케로

그런데 《의무에 대하여》에서는, 키케로는 그리스인의 가치 관념과 로마인의 정치적 이념을 결합한 데다, 철학적 인식을 정치적 실천에 활용하여, 인류 전체의 이익에 유익하게 해야 한다고 했다. 플라톤은 철학자에게는 학문적 생활이 가장 중요하다고 하여, 철인왕과는 달리 일반적으로 철학자는 강제되지 않으면 국가 공공을 위하여 진력해서는 안 된다고 했다. 이에 대하여 키케로는 그러한 철인의 비정치적 태도를 비판하고, 학자라 하더라도 정치의 소용돌이 속에 적극적으로 몸을 던져야 한다고 했다.

그는 인간의 의무로서, 공공의 이익을 중시하는 것은 당연하지만, 그에 반하여 사리사욕을 좇는 참주와 폭군을 싫어했다. 그에 따르면, 인간은 대개는 타인의 재산을 빼앗아서는 안 되지만, 만일의 경우 이러한 폭군의 사유물을 빼앗아도 결코 자연의 법칙에 반하는 것은 아니라며 다음과 같이 말했다.

"우리는 폭군과는 결코 공통의 장을 가질 수 없다. 오히려 결정적으로 다르다. 따라서 그로부터 재산을 빼앗는 것은 결코 자연에 반하지 않는다. 그뿐만 아니라 가능하면 그를 살해하고, 그처럼 완전히 부패한 무신앙의 인간을 인간사회에서 추방하는 것은 명예로운 행위이다. 예를 들면, 인간의 신체의 일부에 이미 피가 통하지 않게 되거나, 생명의 흔적조차 남아 있지 않은 것과 같은 상태로 되거나, 신체의 다른 부분에 해를 끼치는 상황이 된다면, 환부를 절단해도 좋지 않은가? 그와 마찬가지로 인간의 모습을 하고 있어도 실제로는 잔인무도한 야수인 폭군은 공동체에 부합되는 인간성 등이 전혀 없으므로 폐기해야 할 존재에 지나지 않는다."

키케로에게는 이 외에, 《신들의 본성에 대하여》, 《선과 악의 궁극에 대하여》 등 스토아학파의 입장을 취한 철학서도 있고, 나아가 모럴리스트(인간 정통자)로서의 저작도 있다.

유명한 것은 《노년에 대하여》이다. 키케로에 의하면, 노인은 체력이 쇠하고, 젊은 날의 쾌락을 잃고, 죽음이 가까이에 있는 등 불안요소가 많은 반면, 자연에 거스르지 않는 평온한 삶을 보낼 수 있다. 노년에 들어서도 매일 무엇인가를 배워나갈 수 있다. 일을 할 수 없게 되어도, 의자에 기대어서라도 사물을 머리로 생각하는 즐거움이 가능하고, 성적으로 고통 받을 일이 없는 등 노년에도 제법 많은 이점이 있다. 가능하면 연구와 학문에 열중하고, 잘 익은 과일이 떨어지듯이 자연스럽고 차분하게 죽음을 맞이해야 한다고 했다.

또 《우정에 대하여》에서는, 고결하게 자기를 높일 의욕에 충만한 자만이 친구를 얻을 수 있다고 주장한다. 그에 따르면, 우정은 개인 사이에서만이 아니라 국가 간의 신의 있는 관계도 의미한다. 덕(德)이야말로 우정을 관통하고 있다. 우정은 인간의 필요와 나약함으로부터가 아니라 사랑에서 생겨나는 것이다. 키케로는 우정을 중시하여, 근친관계보다 낫다고 했다. 우정의 힘이 큰 것은, 그것이 미치는 범위가 좁기 때문에, 인간의 마음이 집중적이라는 것, 즉 밀접하게 두 사람 혹은 기껏해야 소수의 사람들을 결합시키는 것으로부터도 분명히 알 수 있다고 키케로는 주장했다.

지혜를 주는 서양의 철학과 사상

키케로의 저작은 라틴어의 모범적인 문장으로서, 서구의 학생 교육에 지금도 자주 이용되고 있다. 분명히 키케로의 사상과 태도에 대하여, 카이사르와 같은 독재자의 삶을 찬양하는 자(예컨대 역사가 몸젠)들로부터는 반발을 샀다. 그 반면에 키케로의 공화정 수호의 철학적 태도는 현대에도 호세 오르테가 이 가제트와 한나 아렌트에 의해 찬양되고 있다.

호세 오르테가 이 가제트(Jose Ortega y Gasset, 1883~1955) | 스페인의 철학자로, 대표작으로는 사회 각 분야에서 대중의 영향력 확대를 우려한 《대중의 반역》(1925) 등이 있다.

아우렐리우스 아우구스티누스
Aurelius Augustinus | 354~430년

─신의 은혜에 의한 구원을 설파한 고대 그리스도교 신학자

청춘시절의 방랑 끝에 마니교에 심취

아우렐리우스 아우구스티누스는 북아프리카의 루미다이에 있는 다가스테에서 태어났다. 그의 아버지는 아마도 전쟁에서 공을 세워 이 지역에 약간의 영지를 얻었던 로마 무인의 자손으로 선량한 이교도였던 것 같다. 그러나 그의 아버지는 열성적인 그리스도교도였던 아내 모니카에게 영향을 받아, 죽기 직전에 세례를 받고 그리스도교도가 되었다.

분명히 모니카의 신앙은 깊었다. 그래서 열성적으로 자식을 교육하여 그리스도교도가 되도록 하였다. 그러나 처음에 아들은 그의 뜻대로 되지 않았다. 371년부터 375년까지 당시의 로마제국 제2의 대도시인 카르타고에서 수사학을 배울 때, 그는 향락적 생활에 탐닉하여 한 여성과 성적 관계를 갖기에 이르렀다. 그의 이름은 알려져 있지 않다. 373년에 그는 아우구스티누스의 아이를 낳았는데, 이 아이는 일찍 죽었다.

아우구스티누스는 그 후 키케로의 저작에 접하고, 자신의 관심을 수사학으로부터 철학으로 바꾸었다. 그는 373년부터 382년까지의 10여 년 동안 마니교에 몰두했던 것 같다.

마니교란, 3세기 중엽 페르시아에서 발생한 종교다. 그 세계관은 철저한 이원론에 입각하여, 빛과 어둠, 즉 신과 악마 또는 선과 악이라는 이원적 대립이 모든 근원이라고 하였다. 이 세상의 모든 모순은 이 두 가지가 혼재되어 있기 때문에 일어난다. 그러나 이 혼란이 정리되고, 빛과 선이 신에게서 순수무잡한 하나로 되고, 어둠과 악이 영원히 악마와 함께 소멸될 때, 이 세상의 구원이 도래한다. 그래서 마니교는 사람들이 이 진리를 깨닫고, 자신의 생활을 빛과 선에 가깝게 하고, 어둠과 악으로부터 멀리 하지 않으면 안 되며, 지식을 가지고 선악을 분별하고, 금욕생활을 하며, 극기자제하여 어리석은 욕정에 사로잡히지 않도록 하지 않으면 안 된다고 주장한다.

아우구스티누스는 마니교에 심취했다. 인간은 상반되는 선과 악의 혼합물이다. 마니교에는 그리스도교에서와 같은 선악관은 없다. 이러한 교의가 손상받기 쉬운 양심을 가진 아우구스티누스에게 제법 위안이 되었던 듯하다.

아우구스티누스의 회심

그러나 아우구스티누스의 마음을 깊이 흔들었던 체험이 있었다. 그것은 열성적인 가톨릭 신자인 어머니 모니카와의 다툼이었다. 그녀는 아우구스티누스가 마니교에 귀의하고 있는 한 집에 발을 들여놓는 것도 허락하지 않았다. 그래서 아우구스티누스는 어머니로부터 벗어나기 위하여 383년에 이탈리아로 건너가, 밀라노에서 변론술 교사가 되었다. 그러나 모니카는 이탈리아까지 아들을 추적하여 밀라노의 주교인 암브로시우스의 도움을 얻어 아들을 그리스도교도로 만들려고 하였다.

아우구스티누스는 암브로시우스로부터 깊은 인격적 감화를 받았을 뿐만 아니라, 아들의 영혼을 구원하기 위하여 이국땅에서 세상을 떠난 어머니 모니카를 깊이 애도하여 그리스도교로 회심하기에 이르렀다.

아우구스티누스는 신을 섬기는 마음과 죄로 기우는 자유의지의 모순 때문에 정신적으로 고뇌하는 가운데, 32세 때인 386년에 "책을 들고 읽어라"라는 아이들의 노랫소리와 같은 소리를 들었다. 그는 그 소리가 즉시 성서를 펼쳐 그 펼쳐진 곳을 읽으라는 신의 명령이라고 생각했다. 짐작으로 성서를 펼치자, 거기에는 다음과 같은 바울의 서간인 로마서 13장의 끝 문장이 있었다.

> "……향락과 만취, 음란과 호색, 싸움과 질투를 떨쳐버리고, 낮에 행동하듯이 젊잖게 행동해서는 안 되는가? 그대들은 주 예수 그리스도를 몸에 걸쳐라. 육신의 욕망을 채우는 데에 마음을 써서는 안 된다."

아우구스티누스는 이 말에 감명을 받아, 세례를 받고 수도사가 되었다. 일찍이 아프리카의 히포의 주교에 취임하여 마니교 집회에서, 더구나 너무나도 지성과 이성을 존중하는 주지주의적 이단과의 논쟁을 계속하면서, 많은 저작을 저술하고, 그리스도교회의 교의 확립에 노력했다. 그는 76세 때에, 마침 게르만 민족의 하나이며 야만적이라고 알려진 반

암브로시우스(Ambrosius, 339?~397) | 법률가이자 주교로 교회박사와 그리스도교의 성인 반열에 오른 사람이며, 서방 교회 4대 교부 중 한 사람이다. 아리우스파에 맞서 정통 그리스도교의 개혁에 힘썼다. 특히 중세의 국가와 교회의 관계에 대한 여러 개념들을 최초로 제시한 인물로 알려져 있다. 암브로시우스는 '불멸'이라는 의미의 그리스어에서 유래하였으며, 그의 저서들은 뛰어난 라틴어 웅변체로 서술되어 있고, 그가 지은 많은 찬송가들은 오늘날에도 불려지고 있다.

달족의 공격을 받은 히포에서 죽었다. 죽기 직전에 아우구스티누스는 이렇게 말했다.

"전쟁, 기아의 고뇌, 황폐한 거리, 그러나 지금 돌연 새로운 전환기가 온다. 사람들이 집착하고 있는 이 속세로부터의 전향이다." 이렇게 그는 죽을 때까지 "사람은 자기 자신의 마음을 이 세상에 구속시켜서는 안 된다"고 말했다.

그의 저작으로는 《행복에 대하여》, 《영혼의 불멸에 대하여》, 《의지의 자유에 대하여》 등 다수가 있는데, 그 중에서도 그의 회심까지의 과정을 기록한 자서전인 《고백》이 특히 유명하다.

인생의 정신적인 편력을 고백한 아우구스티누스의 이 저작은, 루소의 《고백》, 괴테의 《시와 진실》 등과 더불어 세계 자전문학의 최고봉의 하나로 간주된다. 특히 신에 대한 사랑 속에 자신의 영혼이 휴식하기까지의 정신적 고뇌가 구체적으로 묘사되어 있는 점이 주목된다.

신의 나라

아우구스티누스의 주요 저작은 《신국(神國)》이다. 이것은 413년부터 426년까지 13년 동안 씌어졌는데, 이 대작에서 아우구스티누스는, 그 후 천 년 이상의 긴 시간에 걸쳐 서구의 정신생활을 규정하게 되는 그리

반달족 | 게르만 족의 일파로 혼성 민족이다. 1세기경에 오데르 강(江) 상류에 거주하였으나 점차 이동하여 4세기경부터는 로마의 지배하에 있던 판노니아에 정착하였다. 4세기 후반부터 이루어진 게르만 민족의 대이동 시기에는 왕 고데기젤이 부족을 거느리고 피레네 산맥을 넘어 에스파냐를 침략하였다. 그러나 후에 에스파냐를 침략한 서고트족의 압력으로, 429년에 왕 가이세릭이 전 부족을 이끌고 아프리카를 정복하고, 439년에 카르타고를 수도로 하여 반달 왕국을 건립했다. 이후 지중해의 제해권을 장악하고, 로마를 약탈하는 등 맹위를 떨쳤으나 내부적으로 분열이 발생하여, 534년에 동로마 황제 유스티니아누스가 보낸 원정군에 의해 멸망했다.

스도교의 신학과 윤리학을 상술하고 있다.

그의 신학의 핵심은, 인간은 신의 절대적 은혜에 의해서만 구원된다. 교회는 그 구원의 유일한 전달기관이다. 지상의 나라는 신의 나라인 교회의 정신적 지도를 받아야만 한다는 세 가지이다.

아우구스티누스는 이 책에서 다시 그리스도교에서의 신의 섭리에 기초하여 인류의 역사를 고찰한다. 그에 의하면, 세계의 역사는 신의 사랑에 기초한 신의 나라와, 오만한 인간의 자기애에 기초한 로마제국 등 지상의 나라의 투쟁이라고 하며, 나아가 이기심에 사로잡힌 나라는 전쟁과 약탈을 반복하는데, 최후에는 평화로 충만한 신의 나라가 승리한다고 주장하고 있다.

아우구스티누스는 이처럼 현실의 나라에 비판적이었는데, 키케로와 마찬가지로 정의가 없는 나라는 유명무실한 나라이며, 일종의 도적떼라고 하면서 다음과 같이 말하고 있다.

"어떤 생포된 해적이 알렉산드로스 대왕에게 한 말은 참으로 적절했다. 대왕이 그 남자에게 '어째서 너는 해상을 황폐화시키고 다니는가?' 하고 묻자, 그 해적은 의기양양하게 답했다. '폐하께서 전 세계를 정복한 경우와 마찬가지라고 생각합니다. 다만 저는 작은 배를 이용하여 약탈하기 때문에 해적으로 불리고 있습니다만, 폐하는 대함대를 이용했기 때문에 제왕이라고 칭송받고 있습니다."

아우구스티누스는 이처럼 지상의 나라는 신앙에 의하여 생겨난 나라가 아니라고 하면서도, 지상의 싸움을 피하여 평화를 추구하기 위하여 국민은 복종과 지배의 질서하에서 의지의 협조를 꾀해야 한다고 주장했다.

이어서 아우구스티누스는, 사회생활은 신이 만든 인간의 자연스러운 성질이며, 인간은 고립되어 살아서는 안 된다고 했다. 또 사회의 일부를 이루는 가족 본연의 자세를 중시하여, 가족의 평화는 명령하는 자와 복종하는 자가 있는 공동생활의 질서 있는 협조에 의하여 만들어진다. 그것이 가능한 것은 명령자가 실제로 가족을 보살피는 가장이기 때문이며, 특히 남편은 아내에게, 부모는 자식에게, 주인은 하인에게 명령한다고 주장했다. 그러나 명령하는 자는 결코 오만하지 말고, 배려와 자비가 필요하다고 충고했다.

그런데 결국 아우구스티누스 사상의 핵심이라고 할 수 있는 '신의 나라'를 전파하는 데 있어서, 그는 그리스적인 영혼불멸을 배격하고 있다. 플라톤을 비롯하여 그리스 철학은, 인간이든 자연이든 산천초목이든 삼라만상의 모든 것은 신이며, 신은 세계와 일체라는 사상 즉 범신론의 입장을 취하고 있다. 그리고 사후의 생활은 지성(知性)에서의 생활이며, 영혼과 영혼의 교섭은 지(知)와 지, 보편과 보편의 교섭이라고 주장했다.

그러나 아우구스티누스는 그리스도교의 부활관(復活觀)에 의하여, 개인이 그 개성적인 신체를 가진 것과 마찬가지로 유형적이고 개별적으로 부활한다고 말한다.

따라서 천상에 있는 신의 나라는 개성이 넘쳐나는 곳이다. 개성이 없는 무형의 영혼이 흐리멍텅하게 뒤섞여 있는 세계가 아니라, 한 사람 한 사람이 고유의 부활체를 가지고, 개성적 의지의 주체인 인격이 개성 있는 다른 인격과 함께 신을 섬기는 것이 신의 나라의 생활이다. 예수는,

신의 나라는 죽은 자의 나라가 아니라 산 자의 나라라고 가르쳤는데, 틀림없이 그대로이며, 신의 나라는 인격적 개성을 가진 자가 생기발랄하게 사는 나라이다. 아우구스티누스는 이처럼 말했다.

그런데 어떻게 해야 구원받아 신의 나라에 도달할 수 있을까? 그에 따르면, 인간은 단지 신의 조건 없는 사랑에 의해서만 구원받는다. 실은 신앙 그 자체가 신이 주신 은총이며, 누가 신에게 구원받는가는 신에 의하여 영원히 예정되어 있는 것이다. 즉 구원의 근원은 전적으로 신 쪽에 있고, 인간의 자유에 맡겨진 것은 조금도 없다고 주장했다.

그는 "신은 그 구원하기로 예정하신 자를 구원하고, 멸하기로 예정하신 자를 멸하시느니라"라는 성서의 말을 중요시하여, "사람이 구원될 것인가 그렇지 않은가, 오로지 신의 독단적 예정에만 달려 있다"라는 예정론을 제창했다. 이 예정론을, 가톨릭 교회는 갖가지 수정과 제한을 가하여 수용했는데, 프로테스탄트인 칼뱅은 예정론을 철저히 계승하여,

칼뱅(Jean Calvin, 1509~64) | 프랑스 북부에 위치한 피카르디 지방의 평범한 가정에서 태어났으며, 파리에서 신학을 공부한 뒤 대학에서 법학을 공부했다. 1532년에 세네카의 《관용에 대하여》의 주해(註解)를 발표하여 학문적 재능을 인정받았다. 그가 쓴 원고가 이단의 혐의를 받자 은신생활을 하면서 교회를 초기의 순수한 모습으로 변화시킬 결심을 하고 가톨릭과 결별한다.
1535년에는 프랑스 국왕 프랑수아 1세의 이단에 대한 박해를 피해 스위스의 바젤로 피신하여, 그 곳에서 복음주의의 고전이 된 《그리스도교 강요》를 집필하였다. 이 무렵, G. 파렐로부터 제네바의 종교개혁 운동에 동참할 것을 요청받고 참가하였는데, 처음부터 신권정치(神權政治)에 기반한 엄격한 개혁을 추진하려다 파렐과 함께 추방되어, 프랑스의 스트라스부르로 갔다. 그 곳에서 설교자와 신학 교수로 활동하면서 《로마서 주해》를 저술하였으며, 상황이 변화하자 다시 제네바로 건너가 〈교회규율〉(1542)을 제정하고 교회제도를 정비하여 신정정치적 체제를 수립하는 등 종교개혁을 단행했다.

격렬한 종교논쟁을 불러일으켜 종교전쟁의 원인이 되었다.

또 아우구스티누스파의 수도원에 속해 있던 루터는, 그 이유도 있고, 아우구스티누스가 말하듯이 사람은 자신의 선행에 의해서가 아니라 신의 은총에 대한 신앙에 의해서 구원받는다고 했다. 이리하여 아우구스티누스는 로마 가톨릭 교회의 교의뿐만 아니라 프로테스탄트 교회에도 깊은 영향을 미쳤다.

루터(Martin Luther, 1483~1546) | 독일의 작센안할트 주에서 광산업자의 아들로 태어나 법학과 신학을 공부하였다. 신의 계시를 받고 아우구스티누스 수도회에 들어갔으며, 1508년에 비텐베르크 대학교에서 신학을 공부한 뒤 이 대학의 교수가 되었다.

1513년에 교황에 오른 레오 10세는 교황청의 재산을 탕진하고 성 베드로 대성당의 건축을 강행하였다. 바닥난 재정을 확충하기 위해 교황청은 면죄부를 팔기 시작했다. 교황의 선포로 도미니크회 수도사였던 요한 테첼은 "하늘 문이 열리노라"라는 제목의 설교를 통해 면죄부를 구입하면 영혼이 천당으로 간다고 주장하였다.

이에 루터는 로마 가톨릭 주교들에게 편지를 보내 면죄부 발행에 관한 학술토론회를 요청했지만 주교들의 반응이 없자, 이에 관해 95개에 달하는 자신의 의견을 정리하여, 성인의 날을 기념하기 위해 참배객들이 몰려드는 비텐베르크대학의 부속 성당 정문에 이를 게시하였다.

이를 계기로 1519년에 엑크와 루터 사이에 라이프치히 신학논쟁이 개최되었으나 결국 교황청의 입장을 대변한 엑크의 승리로 끝났다. 하지만 로마의 전제정치에 반감을 품고 있던 북부지방의 일부 제후들과 인문주의자들의 지지를 받은 루터는 자신의 주장을 굽히지 않고 계속 입장을 밝혔다. 교황청은 루터에게 출교를 명령했지만 루터는 이를 거부하면서 지지자들과 함께 공개적으로 교황청의 법령과 스콜라 신학서들을 불태웠다.

이 무렵 황제 막시밀리안이 죽고 새 황제 카를 5세가 즉위하여 루터를 추방하였다. 루터는 피신하여 은거하면서 신약성서의 독일어 번역 작업과 함께 저술을 하였다. 이후 개혁을 요구하는 종교인과 농민들이 혁명을 일으키자 루터는 이들을 지지하였다. 그러나 혁명이 과격해지자 제후들의 편을 들어 혁명을 진압하는 반동으로 돌아서게 되어 그의 개혁정신은 훼손당하게 된다.

그 후 루터는 가톨릭 수녀인 카타리나 폰 보라를 환속시켜 1525년에 결혼하였다.

토마스 아퀴나스
Thomas Aquinas | 1225경~74년

−신과 그리스도교의 유능한 가이드

신학과 철학의 체계를 집대성

이탈리아를 대표하는 사상가의 한 사람이며, '스콜라 철학의 왕'이라고 불린다. 철학자임과 동시에 신학자이기도 하며, 후에 성인의 반열에도 오를 정도로 걸출했던 인물이다.

토마스는 신성로마제국의 황제인 프리드리히 2세에게 종사하는 기사였던 란둘프와 롬바르디아(이탈리아 북부의 지방) 출신인 테어도라의 막내아들로서 로카세카라는 지역에서 태어났다.

이 지역은 신성로마제국의 외곽에 위치하고 있었기 때문에, 토마스는 어려서부터 전쟁의 현장을 수없이 목격해왔다. 그리고 그것이 그로 하여금 철학과 신학에 대한 흥미를 심어주었다고 전해진다.

토마스는 베네딕트회의 수도원에서 공부한 후 나폴리대학에 진학했다. 부모는 그가 장래 베네딕트회의 중진이 되어 가족에게 부와 명성을 가져다주기를 기대했지만, 그는 대학에서 알게 된 도미니크회의 가르

베네딕트회 | 529년에 이탈리아의 수도사 베네딕트가 창설한 수도 단체로, 청빈과 동정(童貞), 복종을 맹세하고 수행과 노동에 종사한다.

침에 심취하여 입회하고 말았다.

베네딕트회와 도미니크회는 라이벌 관계에 있었기 때문에, 부모 특히 어머니인 테오도라는 격노하여

도미니크회 | 1215년 도미니크가 세운 탁발 수도회로, 정통 신앙을 옹호하고 신학의 학문적 중요성을 인식하였으며, 복음의 세계적인 전파를 목적으로 한다.

토마스를 집으로 불러들여 감금했다. 이 감금은 1년 이상이나 지속되었고, 테오도라는 때로 매춘부를 이용하여 미인계로 그의 전향을 꾀했다고도 전해진다.

그러나 토마스의 의지가 흔들리지는 않았다. 힘겨루기에서 진 부모는 1245년에 그를 감금으로부터 풀어주었다. 그래서 그는 파리로 건너가 같은 도미니크회 수도사인 알베르투스 마그누스에게 가르침을 받고, 신학과 철학을 공부했다.

토마스는 체격이 크고 말수가 적었기 때문에, 학교 친구들로부터는 '시칠리아의 벙어리 소'라고 놀림을 당했다.

그러나 그가 비범한 재능의 소유자라고 느끼고 있던 마그누스는 '시칠리아의 벙어리 소'라는 말을 들을 때마다 "머지않아 이 벙어리 소의 울음소리는 세계로 울려 퍼질 것이다"라고 말했다.

1248년, 토마스는 그와 함께 독일

▶ 알베르투스 마그누스(Albertus Magnus, 1200?~80). 독일의 스콜라 철학자·신학자·자연과학자. 그는 신플라톤주의적 사상에 아리스토텔레스 철학을 접목하여 이성과 신앙의 영역을 구별하였다.

의 쾰른으로 건너가 연구를 계속했으며, 마그누스의 추천에 의해 파리대학에 파견되어 신학의 학위를 취득했다. 1250년대에는 로마, 나폴리, 쾰른의 각 대학에서 학생들을 가르쳤고, 이어서 파리대학의 신학부 교수에 취임했다.

그러나 이 때 토마스가 파리대학에서 교편을 잡은 것은, 겨우 3년도 채 되지 않는 기간이었다. 그는 로마 교황 알렉산드르 4세에 의하여 로마로 소환되며, 그로부터 약 10년 동안에 걸쳐 이탈리아 각지의 도미니크회 학교를 전전했다.

이 동안에 토마스는 《대이교도대전(大異敎徒大全)》을 완성하고, 신학과 철학의 체계를 집대성한 《신학대전(神學大全)》의 집필을 시작했다.

1269년, 토마스는 도미니크회 총장의 명령에 의해 다시 파리대학 교수에 취임한다. 그러나 그를 기다리고 있던 것은 아리스토텔레스 철학에 관한 대논쟁이었다.

시제 드 브라방을 중심으로 한 아베로에스파는, 아리스토텔레스 철학을 철학만이 아니라 신앙의 진리 그 자체이기도 하다고 해석하고 있었다. 다른 한 편인 아우구스티누스파는 진리의 탐구에는 인간의 영적인 원리가 중요하고, 신학에 철학적 해석을 도입하는 것은 잘못이라고 주장하고 있었다.

토마스는 이렇게 주장했다.

"철학에 의하여 탐구되었던 진리

아베로에스(Averrhoës, 1126~98) | 이 이슬람식 이름은 이븐 루슈드(Ibn Rushd)이며, 중세 이슬람의 철학자로 신학과 법학을 공부한 뒤 철학과 의학에서 두각을 나타냈다. 아리스토텔레스의 여러 저작들에 주석을 달았는데, 그 내용은 새로운 철학적 기반을 부여했으며, 그로 인해 13세기 이후에는 라틴 세계에 아베로에스파라는 학파가 등장했다. 주요 저서로는 《파괴의 파괴》, 《의학 개론》 등이 있다.

와, 감각 경험에 의하여 얻어진 진리는 반목하는 것이 아니라 양립할
수 있다."

그의 생각에 의하면, 지성은 사상을 높이기 위하여 있고, 그것이 신이
라는 비물질적인 것을 이해하기 위해서는 필수불가결하지만, 종교의 진
리를 이해하기 위해서는 감각 경험의 도움도 빼놓을 수 없다는 것이다.

그 후, 아베로에스파의 생각은 파리 주교에 의하여 이단으로 선고받
았다. 천신만고 끝에 파리에서 도망친 브라방이었지만 자신의 비서에게
비명의 죽임을 당한다.

얼마 지나지 않아 새로운 신학교의 설립을 도미니크회로부터 명령받
은 토마스는 나폴리로 건너갔다. 이 때 이미 《신학대전》의 완성이 목전
에 다가와 있었는데, 1272년 12월에 그는 갑자기 집필을 중지하고 말았
다. 《신학대전》의 완성을 간절히 바라고 있던 주위 사람들에게, "나에
게는 불가능한 일이다. 왜냐하면 내가 계시받은 것과 내가 본 것에 비하
면, 내가 쓴 것은 허접한 짚신에 불과하기 때문이다"라고 말했다고 전
해진다.

그 다음해에 토마스는 로마 교황의 요청을 받아, 병을 무릅쓰고 리옹
공의회를 향해 갔지만, 도중에 병세가 악화하여 로마 근교 수도원에서
사망했다.

그 후 토마스의 생각은 이단 취급
을 받기도 했지만, 1323년에 요하
네스 22세에 의해 성인의 반열에 올
랐으며, 1567년에는 교황 피우스 5

공의회 | 공회의라고도 하며, 전 세계의 가
톨릭 교구 지도자나 그들의 위임자 및 신학
자들이 모여 합법적으로 교회의 신조와 원
칙에 관한 문제를 의논하거나 정의하고 결
정하는 회의를 가리킨다.

세에 의해 교회박사가 되었다.

가톨릭 교육의 기초

토마스의 가장 큰 공적은, 신앙과 이성의 통일을 지향했다는 점이라고 할 수 있다.

원래 신앙과 이성이라는 것은 상반되는 것이라고 파악하는 경향이 강한데, 그도 역시 신앙과 이성을 분리하여 생각했다. 그러나 그는 어느 쪽이 옳은 것인가, 어느 쪽이 우위에 서야 하는가는 논하지 않고, 앞에서 언급했듯이 "지성은 사상을 높이기 위하여 있으며, 그것이 신이라는 비물질적인 것을 이해하기 위해서는 필요불가결하지만, 종교의 진리를 이해하기 위해서는 감각 경험의 도움을 빼놓을 수 없다"라고 말하여, 이 두 가지를 훌륭하게 양립시켰다.

결국 그는 신학을 아리스토텔레스 철학에 의하여 학문으로 승화시킴과 동시에, 신의 '지(知)'가 신학만으로는 알 수 없는 '무지의 자각'이라고 하여, 신비적 존재를 인정한 것이다.

이 토마스 철학은 가톨릭의 가르침을 배우는 데에서 절대로 피해갈 수 없는 것이며, 토마스 이후의 철학자들은 그의 생각을 솔직히 인정하든가 혹은 완전히 다른 방향으로 사고를 진행시키든가 양자택일을 강요받았다. 토마스의 생각을 인정하지 않는 선택지는 있을 수 없었다.

그 경향은 19세기에 접어들자 더욱 강화되었다. 1879년에 토마스주의는 가톨릭교에서 공인된 철학이 되었다. 1931년, 로마 교황의 명령에 의해 교회신학교의 수업을 새롭게 조직화할 때, 철학과 사변적 신학은 토마스 교설과 원리에 따라 도입되는 것이 현실화되었다. 더구나 현대의 과학과 철학의 성과를, 신토마스주의에 의하여 형성된 가톨릭의 세계관과 기초에 일치시키려는 신토마스 철학이 등장했다.

인간의 궁극적 행복이란?

토마스는 평생 동안 80책 이상을 저술했는데, 그 중에서도 가장 중요한 것은 《신학대전》이다. 《신학대전》이라는 제목의 책은 이 외에도 다수 있는데, 토마스의 것이 가장 유명하다는 것은 말할 필요도 없다.

이 책은 라틴어로 씌어졌고, 그 모든 항목에는 "……인가?"라는 물음이 우선 처음에 제시되고 있다. 그리고 몇 가지의 이론(異論)이 전개된 후 토마스 자신의 견해가 제시되며, 마지막에 이론(異論)에 대한 답이 밝혀지는 형식으로 구성되어 있다.

《신학대전》은 다음과 같이 3부로 구성되어 있다.

- 제1부 〈신과 신학에 대하여〉: 신과 피조물에 대하여 119항목으로 이루어지며, 삼위일체와 신의 본질, 신은 존재하는가 등의 문제가 포함되어 있다.
- 제2부 〈인간과 윤리에 대하여〉: 인간의 신에게의 회귀와 윤리에 대하여 300여 개의 항목으로 되어 있고, 수도자와 수도원에서의 생활과 죄와 은혜, 그리고 인간의 성질 등에 대한 물음이 포함되어 있다.
- 제3부 〈그리스도에 대하여〉: 인간으로서의 그리스도에 대한 90항목으로 되어 있다. 그 중에는 그리스도의 생애와 그리스도가 살아난 기적, 그리고 종말사상 등이 포함되어 있다.

이 책 속에서 토마스는, "인간에게 있어서 궁극적인 행복이란 무엇인가"라는 물음에 대하여, "신의 본질을 직시하는 것이다"라고 답하고 있다.

그 이유는 첫째로, 인간은 우선 갖고 싶은 것과 알고 싶은 것이 남아 있는 동안은 완전히 행복하다고는 할 수 없다. 그리고 둘째는, 아리스토텔레스도 말하고 있듯이, '원인이 무엇인가'를 알지 못하는 한 그 결과에는 도달할 수 없기 때문이다.

인간에게 있어서, 최대의 의문은 신의 존재이다. 신은 분명히 존재하고 있다. 그러나 지식만으로 그 존재를 이해하는 것은 불가능하다. 결국 신의 본질을 직시하기까지는 알고 싶은 것이 남아 있는 상태이며, 궁극적인 행복이라고는 말할 수 없다는 것이다.

덧붙이자면 토마스는, 앞에서 언급했듯이, 이 《신학대전》의 집필을 어느 날 갑자기 중단한 채 병사하고 말았다. 그러나 사후에 그의 제자들이 99항목을 가필했기 때문에, 이 대작은 완성된 형태를 갖추게 되었다.◎

니콜로 마키아벨리
Niccolo Machiavelli | 1469~1527년

-비정한 군주학의 제창자

군주의 길을 설파하다

니콜로 마키아벨리는 1469년, 피렌체 공화국의 명문 가문에서 태어났다. 법률가인 아버지와의 검소한 생활이 마키아벨리를 견실한 노력가로 만들었다고 전해진다. 그는 소년시대에 라틴어와 그리스어를 습득하고, 청년기에는 독학으로 예술과 고전을 배웠다. 마키아벨리가 피렌체 정부에 들어간 후 국방과 외교를 담당하는 서기관으로 임명된 것은 그러한 폭넓은 교양과 어학능력이 있었기 때문이었을 것이다.

피렌체 공화국의 서기관에 임명된 것은 1498년의 일이다. 프랑스의 정치 개입에 의해 메디치가가 추방되고, 그 후에 발족한 피에로 소델리니 체제에서의 임명이었다. 그러나 소델리니 체제는 결코 강고하다고는 할 수 없었고, 더구나 당시의 이탈리아 반도에서는 도시국가가 군웅할거하여 격렬하게 대립하고 있었기 때문에, 피렌체 공화국은 끊임없는 절망의 위기에 놓여 있었다.

그 때문에 마키아벨리는 자국의 운명을 걸고 프랑스 국왕, 로마 교황, 신성로마 황제에게 가서 여러 가지 외교적 노력을 계속하고 있었다.

체자레 보르지아(Cesare Borgia, 1475?~1507) | 교황 알렉산드르 6세의 아들로, 공작, 백작, 군주, 영주, 추기경 등 화려한 직책을 가졌으며, 피옴비노, 카메리노, 우르비노의 지배자였고, 교황청의 총사령관이자 장관이었으며, 스페인과 이탈리아의 용병대장이었다.

그 와중에 그가 알게 된 것이 체자레 보르지아의 존재이다. 보르지아는 로마 교황 알렉산드르 6세의 사생아로, 이탈리아 통일을 목표로 하는 최선봉에 있었다. 그는 목적을 위해서는 수단을 가리지 않는 것으로 유명하였고, 배반과 학살을 일상적으로 자행하여 주변 국가들이 두려워하고 있었다.

그런데 마키아벨리는 그 보르지아를 "사려 깊고 수완이 뛰어난 사람이 취해야 할 모든 방책과 노력을 다한 인물"이라고 절찬했다. 군주가 나라를 통치하기 위해서는 어떻게 행동해야 하는가에 대한 힌트를, 그로부터 많이 얻을 수 있었다고 공언한 것이다.

예를 들면, 마키아벨리는 이탈리아가 전통적으로 행해온 용병에 의한 군사활동을 비판하고, 농민으로 구성된 민병조직을 창설하려고 했는데, 이것도 보르지아로부터 얻은 정치적 책략의 하나였다.

1512년, 피렌체 공화국은 메디치가가 이끄는 프랑스군에 의해 무너지고, 마키아벨리는 위험인물로서 서기관에서 해임된 뒤 투옥되었다.

그 후 잠시 출옥을 허가받은 마키아벨리는 피렌체 교외에 은둔하여 집필생활에 전념하게 되었다. 이 때 《군주론》이 집필된 것이다.

마키아벨리는 약 5개월 정도의 기간에 《군주론》을 써서 메디치가에게 상정했다. 《군주론》이 메디치가 사람들의 눈에 띈 적은 없었지만, 그는 훗날 클레멘스 7세가 된 줄리오 데 메디치와 좋은 관계를 맺는 데 성공하여 곧 요직에 복귀했다.

그러나 행운의 날들은 오래 계속되지 못했다. 1527년에 신성로마제국 군대가 피렌체에 침공해왔다. 마키아벨리가 걱정했던 대로 용병군대는 전혀 도움이 되지 못하고 순식간에 피렌체는 함락되었다.

줄리오 데 메디치(Lorenzo de' Medici, 1449~92) | 메디치가의 1인자였으며, 로렌쪼 일 마그니피코(Lorenzo il Magnifico; 위대한 자)라는 별칭으로 불리기도 했다.

황제 칼 5세에 의하여 메디치가가 추방되자, 클레멘스 7세와 친했던 마키아벨리도 요직에서 추방되어, 실의에 빠져 몇 개월을 보내다가 사망했다.

비도덕적 수단과 국가의 평화

마키아벨리가 《군주론》을 읽어주기를 바랐던 인물은, 메디치가의 당주였던 로렌쪼 데 메디치였다고 전해진다.

그러나 로렌쪼는 자신이 실각시키고 투옥시켰던 위험인물 마키아벨리의 원고에 눈길을 돌릴 생각이 없었다. 그래서 원고를 서랍 속에 넣어 둔 채 세상을 떠났다.

《군주론》이 처음 출판된 것은 1532년이다. 그것은 마키아벨리가 로렌쪼에게 원고를 상정하고부터 20여 년, 그리고 마키아벨리가 죽은 뒤 5년째 되던 해의 일이다.

그러나 《군주론》은 권모술수의 책으로 기피의 대상이었으며, 로마 교황에게 '이단의 책'으로 인정되어 불태워진 적도 있었다.

어째서 그 정도까지 이 책이 혐오의 대상이 된 것일까? 가장 큰 이유는, 많은 사람들이 기피하고 싫어했던 체자레 보르지아를 '군주로서 이상적인 인물'로 평가하고, 그의 수완을 '따라 배워야 한다'고 쓰고 있다는 점에 있다.

예를 들면, 군주가 나라를 통치하기 위해서는 군사력에 압도적인 비중을 둘 필요가 있고, 나아가 상황에 따라서는 어느 정도 비도덕적인 수단이라도 사용할 필요가 있다고 쓰고 있다. 이러한 것들이 국가에 평화와 안전을 가져다 준다고 마키아벨리는 주장했다.

마키아벨리가 복권된 것은 그로부터 200년 후의 일이다. 우선 최초로 《군주론》을 평가한 사람은 민주주의 원리를 제창하여 프랑스 혁명의 선구자가 된 루소였다.

그는 1762년에 출판된 《사회계약론》에서, "마키아벨리는 지도자에게 가르친 것처럼 보이지만, 실은 인민에게 위대한 교훈을 준 것이다. 그의 《군주론》은 공화주의자의 교과서이다"라고 절찬했다.

그리고 19세기에 들어서, 독일의 대철학자인 헤겔이 "마키아벨리가 태어난 수백 년 전의 시대적 배경을 생각하고 읽어야 비로소 이 작품의 진가를 알 수 있다"라고 하여, 《군주론》의 재평가는 결정적으로 되었다.

헤겔이 지적한 대로, 마키아벨리가 태어난 것은 군웅할거의 시대이며, 권력자는 언제 누구에게 살해당할지 알 수 없는 난세였다. 실제로 피렌체 공화국은 친구라고 믿어 의심하지 않았던 메디치가에 의하여 무너졌다. 또 어제까지 군주였던 자가 모든 것을 잃고 죄인의 신분이 되었다. 이와 같은 시대를 살아가기 위하여 군주들이 행했던 것을 비난할 수 있을까?

그 때문에 《군주론》에는 듣기에만 좋은 말은 일절 씌어 있지 않다. 극

지혜를 주는 서양의 철학과 사상

단적으로 말한다면, 《군주론》은 성악설에 기초하여 씌어진 책인지도 모른다. 그렇기 때문에 사람들에게 불쾌감을 주며, 로마 교황에게 '이단의 책'이라고 지적당했을 것이다.

▶ 로렌조 일 마그니피코(줄리오 데 메디치)가 통치하던 최전성기의 피렌체 시내 모습(1480년경).

그러나 군주로서 민중의 위에 섰을 때에는 성악설을 신봉하지 않으면 안 되는 면도 있다. 웃는 얼굴로 다가오는 상대를 미심쩍은 눈으로 바라보고, 간청을 비정하게 잘라버리지 않으면 안 되는 경우도 있다. 사람은 냉혹하다고 평가하겠지만, 그 냉혹함이 수천만의 민중을 구하기도 한다.

국가의 운명과 군주

《군주론》에 있는 말을 한 마디만 소개하고자 한다.

"인간은 누구라도 자존심을 높이는 것은 기분 좋은 일이다. 그러나 그 기분 좋음에 빠져 있으면, 페스트에 감염되고 말 것이다."

중세 유럽에서 페스트에 감염된다는 것은 죽음을 의미하였다. 결국 자존심을 높여주는 교언영색을 늘어놓는 무리만을 측근으로 삼는다면,

군주를 기다리고 있는 것은 파멸밖에 없다는 것이다.

인간은 절대적인 권력을 쥐게 되면, 마음에 드는 자를 측근으로 삼고 마음에 들지 않는 사람을 멀리 하려고 한다. 또 쓴소리를 들으면, 그것이 옳다는 것을 알고 있을지라도 반발하고 싶어진다. 그리고 감히 직언을 꺼리지 않는 자를 즉시 추방해버린다.

자신에게는 힘이 있다는 사실을 알려주고 싶기 때문에, 다루기 어려운, 고언을 일삼는 자에게 벌을 주는 어리석은 군주도 있다. 이러한 짓을 한다면, 그 피해는 본인에게만 그치지 않고 국가 전체가 나아갈 방향을 잃어버리게 된다.

역사를 펼쳐 보아도, 이러한 과오를 범했기 때문에 사라져간 군주와 지도자들은 손으로 꼽을 수 없을 정도다.

요컨대 군주에게는 고언을 하는 자는 반드시 필요하다. 마키아벨리는 그 해결 방법에 관해서도 다음과 같이 서술하고 있다.

"군주가 페스트로부터 몸을 보호하는 방법은 단 하나뿐이다. 진실을 듣게 되더라도, 군주는 기분을 상하지 않는다는 보장을 해주는 것이다."

즉 고언을 하여도 벌을 주지 않겠다는 것을 직언하는 상대가 믿도록 할 필요가 있다는 것이다.

군주는 신이 아니다. 때로는 잘못된 판단을 하기도 할 것이다. 그 때, 측근이 고하는 "잘못되었습니다"라는 말에 솔직하게 귀를 기울일 수 있는가 없는가가 국가의 운명을 결정하는 것이다. ⓞ

토마스 무어
Thomas Moore | 1478~1535년

-이상향을 소설화한 순교자

너무 강한 신앙심

'유토피아' 는 보통 '이상사회' 라든가 '이상향' 으로 번역되는 경우가 많은 것 같지만, 본래는 그리스어인 '우(ou) 토포즈(topos)' 에서 유래한 '어디에도 없는 곳' 이라는 의미이다.

이 '우 토포즈' 로부터 '유토피아' 라는 말을 만들어, 공상사회 소설의 제목으로 처음 사용한 사람은 영국의 토마스 무어였다.

1478년, 런던의 법률가 집안에서 태어난 무어는 소년시절에 캔터베리 대주교의 서생(書生)이 될 정도로 독실한 가톨릭 신자였다. 성서의 해석 능력과 신앙이 강하다는 데에 대해서는 신부도 첫째로 꼽을 정도여서, 27세에 결혼했을 때에는 '신의 길을 걸으려는 자가 결혼하는 게 괜찮은가' 라고 진지하게 고민했다고 한다.

무어는 옥스퍼드대학을 중퇴한 후, 아버지와 같은 길을 걷기 위해

> **캔터베리 대주교** | 캔터베리는 영국에서 그리스도교가 처음 시작된 곳으로 캔터베리 대성당이 있으며, 이 곳의 대주교는 영국 성공회의 최고위 성직자이자 상징적 인물이다. 현재의 대주교는 104대 로원 윌리엄스(Rowan D. Williams)이다.

링컨법률학교에 진학했다. 재학 시에는 엄격한 금욕생활을 하는 것으로 알려진 카르투지아회의 수도사들과 함께 수도원에서 수행하는 등 신앙심은 시간이 흐를수록 더욱 더 강해지고 있었다.

그러나 그처럼 강한 신앙심이 때로는 도가 지나치는 일면을 보였다. 예를 들면, 그는 이단자에게 매우 엄격한 태도로 대한 것으로 유명했다. 이단이 된 사제의 화형(火刑)에 관계했다는 자료도 남아 있다. 그리고 이 완고함이 후에 그의 목숨을 잃게 하는 지경에까지 이르게 된다.

링컨법률학교를 졸업한 후 법률가로 활동하기 시작한 무어는, 1504년에 하원의원에 당선되었다.

무어의 재능은 국왕 헨리 7세도 인정할 정도였다. 그렇지만 국왕이 왕녀의 결혼자금을 마련하기 위하여 새로운 명목의 세금을 징수하도록 한 것에 그가 반대하여 감액되었다. 그러자 국왕은 격노하여 무어의 아버지는 투옥되었고, 그 자신도 하원의원직을 사직하지 않을 수 없게 되었다.

1509년에 헨리 7세가 죽자 그는 다시 정치활동을 재개하는데, 런던의 사정관보(司政官補)로 임명되어 시정(市政)에 관계하게 되었다.

그리고 런던 시민의 대표로서 유럽 대륙에 걸친 통상조약의 개정을 수행하면서 《유토피아》를 집필하여, 1516년에 출판하였다.

《유토피아》에서는 헨리 8세에 대한 비판도 기록되어 있었다. 그러나 헨리 8세는 분노했지만, 무어의 실력과 재능을 높이 평가했다. 1518년에는 그를 군주의 최고자문기관인 추밀원에 가입시키고, 그로부터 약 3년 후에는 그에게 기사의 칭호를 부여했다.

그리고 1529년에는 속인(俗人)으로서는 처음으로 대법관에 임명되는 대단한 출세가도를 달렸다.

헨리 8세(Henry VIII, 1491~1547) | 영국 튜더왕조의 절대군주로, 헨리 7세의 둘째 아들이었지만 형이 요절하자 왕위를 계승하였다. 형의 미망인인 왕비 캐서린과의 사이에 아들이 없자 1527년 무렵부터 궁녀인 앤 불린과 결혼하려 하였다. 그러나 로마 교황이 이를 인정하지 않자 가톨릭과 결별하기로 하고, 1534년에 수장령(首長令)으로 영국 국교회(國敎會)를 설립하고, 수도원을 해산한 뒤 토지를 몰수하는 종교개혁을 단행했다. 왕권을 강화하고 두 왕비와 공신이었던 크롬웰을 처형하는 등 잔혹성을 보이기도 했으나 문예를 숭상하여 꽃피우기도 했다. 특히 그는 앤 불린을 참수한 다음날 세무어를 세 번째 아내로 맞아들였다.

그 때 마침 하나의 큰 사건이 일어났다. 그것은 헨리 8세의 이혼문제였다. 헨리 8세는 에스파냐의 왕비 캐서린과 결혼한 상태였는데, 왕비의 시녀였던 앤 불린과 사랑에 빠졌다. 그래서 그와 결혼하기 위하여, 놀랍게도 캐서린과의 이혼을 로마 교황 클레멘스 7세에게 요구했던 것이다.

가톨릭에서는 이혼은 허용되지 않았기 때문에, 클레멘스 7세는 당연히 이 요구를 각하했다. 그러자 헨리 8세는 영국 국교회를 설립하고 가톨릭과의 결별을 시도했다.

독실한 크리스천인 무어에게 이 폭거는 허용하기 어려운 것이었다. 때문에 그는 대법관을 즉각 사임하고, 헨리 8세와 앤 불린의 결혼식에 참석도 거부했다.

여기에서 그쳤다면 헨리 8세도 묵인해 주

▶앤 불린(Anne Boleyn, 1507?~36) | 궁녀로서 헨리 8세의 두 번째 왕비가 되었으나 왕에 의해 비참하게 참수된다.(독일 화가 홀바인의 작품)

없을 것이다. 그러나 무어는 헨리 8세를 영국 국교회의 장(長)으로 하는 '수장령(首長令)'에도 이의를 제기했다. 왜냐하면 이것은 로마 교황의 위에 국왕이 위치한다는 것과 마찬가지였기 때문이다.

1534년에 헨리 8세는 무어를 반역자로 간주하고 조사위원회에 회부하기로 했다. 조사위원회에서도 무어는 자신의 주장을 굽히려 하지 않았기 때문에, 그 해에 막 제정된 국왕지상법(國王至上法)에 근거하여 유죄판결을 받고 런던탑에 유폐되었다. 그리고 그 다음해 7월 6일에 처형되었다. 신앙이 깊었기 때문에 목숨을 잃었다고 할 수 있을 것이다.

하지만 그로부터 400년 후인 1935년, 무어는 로마 가톨릭교회에 의해 순교자로 인정되어 성인의 반열에 올랐다.

하층계급에 대한 관심

당시의 영국에서는 빈부의 격차가 큰 상태여서 농민과 하층민이 곤궁한 반면, 귀족들은 배를 불리며 타락한 생활을 하고 있었다.

무어는 《유토피아》에서 그 현상을 비난했지만, 법률가의 집안에서 태어난 그는 옥스퍼드대학에 입학한 것으로부터도 알 수 있듯이, 분명히 부유한 상류계급에 속했다.

즉 정해진 신분대로의 생활을 했다면, 그가 농민과 하층시민들의 탄식에 귀를 기울여 동정하거나 귀족들의 방탕하기 짝이 없는 생활을 보고 격노할 리도 없었을 것이다.

무어가 그러한 현실에 눈을 돌리게 된 것은, 학생시대에 경험한 수도원에서의 생활, 그리고 런던 시정에 관여했던 것과 관련이 있다.

그는 거기에서 두 번에 걸쳐 하층시민들의 절절한 바람을 들을 기회를 가져, 《유토피아》를 집필하려고 생각했던 것이다.

그리스도교의 이념에 기초한 이상향

《유토피아》는 두 권으로 나뉘어져 있으며, 어느 여행자가 이상향이라고 생각하는 나라의 이야기를 무어 등 여러 사람 앞에서 이야기하는 형식으로 전개된다.

제1권에서는 당시 왕성하게 행해지고 있던 인클로저에 의해 농경지를 잃은 농민들이 곤궁에 처해 있는 상태와, 침략전쟁과 국왕의 정책에 대한 비판 등이 그려져 있으며, 다음과 같이 주장하고 있다.

"사유재산제가 우선 폐지되지 않는 한 물자가 결코 공정하고 정당하게 분배될 수는 없고, 인간생활 전체가 행복해질 수 없다고 확신하고 있습니다. 사유재산제가 존재하는 한, 사람들 사이에는 빈곤과 고통과 근심이라는 무게가 언제까지나 남아 있을 것이며, 이 무게를 완전히 제거할 수는 없습니다."

이것은 플라톤의 《국가》에서도 보여지는 원시공산주의 제도이다.

인클로저(enclosure) 운동 | 중세 이후 19세기까지 유럽 특히 영국에서 계속되었던 토지 사유화운동을 가리킨다. 대지주나 영주들을 중심으로 미개척지나 공유지 등에 담이나 울타리를 쳐서 타인의 경작을 막고 자신의 사유지로 만드는 일이 벌어졌는데, 이를 가리킨다. 15~16세기에 일어나 18세기까지 계속된 제1차 인클로저 운동은 모직물공업의 발전으로 부족한 양모를 생산하기 위해 농경지를 목장으로 전환하는 일과 함께, 공유지와 농민 보유 토지를 대상으로 이루어졌다. 이로 인해 농촌이 피폐화하고 빈농이 증대하는 등 부작용이 심각하여 정부에서도 이를 금지하기도 하였다. 17세기 이후 19세기까지 계속된 제2차 인클로저 운동은 부족한 식량을 증산하기 위해 공유지와 개방농지, 그리고 미개척지를 대상으로 이루어졌는데, 특히 18세기 중엽 이후에는 산업혁명으로 식량이 절대적으로 부족하자 성부는 이를 적극 장려하기까지 하였다. 이 운동은 1845년경부터는 점차 시들해졌다.

무어의 견해는 그 후의 공산주의자들의 이상에 강한 영향을 미쳤다.

《유토피아》의 근간이 되는 제2권에서는, 어떤 섬의 모습이 그려져 있다. 이 섬은 유럽으로부터는 멀리 떨어진 바다에 있다고 묘사되어 있다. 이것은 콜럼버스가 1492년에 신대륙을 발견했다는 사실에 영향을 받은 것 같다.

그런데 그 섬은 가로세로 각각 500마일(800킬로미터), 200마일(320킬로미터)의 거대한 초승달 모양의 섬으로, 그 섬에는 깊은 운하가 만들어져 있고, 공통의 언어와 법률이 사용되는 54개의 도시가 운하에 의해 보호받고 있었다.

각각의 도시에는 6천 가구의 주택이 있으며, 모든 도시는 가장 가까운 도시와 하루에 왕래할 수 있는 거리에 있다고 한다. 그리고 수도는 아모로트라는 도시이다.

섬에서는 주민 전원이 교대로 농업에 종사하는 공동생활을 하고 있다. 주민들은 농업 외에도 여러 가지 직업을 가지고 있지만 노동시간은 여섯 시간으로 한정되며, 노동이 끝나고 여가시간이 되면 여러 가지 오락을 흡족할 때까지 즐길 수 있다. 또 집은 10년마다 사람들이 협력하여 지어 교체한다는 등 빈틈없이 짜여진 제도도 있다.

단 노동에 대하여 임금은 지불되지 않고, 사유재산과 화폐도 존재하지 않는다. 필요한 물자는 자유롭게 소비할 수 있다. 남는 물자는 해외로 수출되고, 그 대금은 일단 유사시의 전쟁비용으로 비축된다. 방탕은 추악하게 취급된다. 특히 귀금속은 경멸되며, 노예의 족쇄로 사용될 뿐이다.

유토피아는 얼핏 보면 확실히 이상향처럼 생각되지만, 실은 원시공산주의보다도 더욱 엄격하고 가혹한 제도로, 주민들은 모두 똑같이 흰 옷을 입어야 하는 의무가 있으며, 잠자는 시간과 식사시간까지 세밀하게 정해져 있다. 주민끼리는 '안전보장'이라는 명목으로 서로를 감시하여, 규칙을 어긴 자에게는 노예로 삼는 벌이 기다리고 있다.

그러나 이것은 결코 공교롭게 씌어진 것은 아니다. 무어가 이 유토피아의 모델로 삼은 것은 젊었을 때 생활했던 수도원이며, 그가 묘사한 유토피아는 '그리스도교의 이념에 기초한 이상향'인 것이다.●

프란시스 베이컨
Francis Bacon | 1561~1626년

- '귀납법'을 전개한 영국 경험론의 아버지

빛나는 업적과 오점

"아는 것은 힘이다"라는 유명한 말을 남긴 베이컨은, 영국의 철학자이자 정치가로, 영국 경험론의 아버지라고 일컬어진다.

아버지 니콜라스 베이컨은 프로테스탄트의 뛰어난 법률가이자 정치가로, 엘리자베스 여왕의 즉위부터 1579년까지 국새상서(國璽尙書 : 중세 영국의, 국새를 보관하는 대신-역자)의 중책을 맡았다.

어머니는 엄격한 칼뱅파의 신자이며 학식도 풍부했다. 베이컨은 12세에 캠브리지대학의 트리니티 칼리지에 입학하고, 다시 그레이즈인 법학원에서 공부하여 변호사 자격을 얻었다. 23세에 국회의원에 선출되면서부터는 정치가와 변호사로서 활동하며, 52세에 사법장관이 되고, 나아가 최고의 지위에 있는 대법관에 취임했다. 그야말로 보기 드문 출세가도를 달려온 것이다.

그는 후에 저술가로서 유명해졌는데, 국회 연설 등에서도 정평이 나서, 예컨대 극작가 벤 존슨도 다음과 같이 쓰고 있다.

"지금까지 어떤 사람도 그와 같이 박력 있고 정중하고도 중후한 스피치를 하지 못했다. 그의 연설에는 속이 들여다 보이는 곳과 늘어지는 곳이 한 곳도 없다. 그의 스피치를 듣는 사람은 헛기침 한 번 하지 않으며, 한눈을 파는 사람이 없다. 똑바로 경청하게 되는 것이다. 그의 연설을 긴장하면서 경청하게 되는 것은, 그의 판단에 일희일비하고, 그 열성적인 태도에 경도되기 때문이다. 마치 그가 언제 이 뛰어난 스피치를 마칠 것인가, 그것에만 관심이 있는 듯하다."

벤 존슨(Ben Jonson, 1572~1637) | 런던 출생으로 웨스트민스터 학교를 졸업한 후, 벽돌 쌓는 일과 군대생활 등을 하다 연극계에 들어섰다. 결투로 동료 배우를 죽이고 투옥되기도 했다. 낭만적인 셰익스피어 희극에 대한 반항으로 발표한 최초의 기질희극(氣質喜劇)인 〈십인십색(Every Man in His Humour)〉은 고전적·풍자적·사실적인 성격을 지녀, 당시 사회적 위선에 시달리던 민중의 환영을 받아 '기질희극'을 유행시켰다. 〈모두 기분 언짢아〉라는 작품은 당시의 극작가들을 통렬히 풍자하였다 하여 2년간에 걸친 '무대싸움'으로 번져 투옥당하기도 하였다. 그 외에도 〈에피코이네〉, 〈연금술사〉 등의 작품이 있다.

그러나 그의 출세가도에 찬물을 끼얹는 듯한 몇 가지 사건이 있었다. 그것은 그가 너무나 거만하면서도 이기적인 성격의 소유자였기 때문으로 보여진다. 사건 중 하나는 에섹스 백작에 대한 그의 배신행위이다. 에섹스 백작은 베이컨을 보호하고 승진을 주선했을 뿐만 아니라, 토지까지 제공해왔다. 스페인과의 전투에서 공적을 쌓은 에섹스 백작은 시대의 총아로, 엘리자베스 여왕과도 친밀한 관계에 있었다. 그런데 아일랜드의 티론 백작의 반란 평정에 원정하여 실패한 데다, 명령을 어기고 귀국하였기 때문에, 여왕은 격노하여 에섹스 백작은 재판에 회부되었다. 그러나 베이컨은 그 재판에서 예전의 은인에 대하여 냉혹한 태도를 취하는데, 그 때문에 에섹스 백작은 사형을 선고받고 처형되었다.

이러한 베이컨의 냉정한 처사는 가족에게도 미쳤다. 그는 45세 때, 20세도 되지 않은 앨리스 바넘과 결혼했지만, 원만하지 못하여 자식들도 낳지 않았다.

베이컨은 죽기 전에 유서를 써두고 있었는데, 거기에서 처음에는 아내에게 주었던 토지와 가구를 유서의 말미에서 취소하고 있다. 이렇게 베이컨이 생각을 바꾼 것은, 그가 말년이 되면서부터 아내에게 무엇인가 부정한 행각이 있었다는 것을 감지했기 때문이라고 전해지는데, 어쨌든 부인은 남편이 사망한 지 3주 만에 재빨리 재혼한다.

그런데 에섹스 백작이 처형된 지 2년 후에 엘리자베스 여왕은 세상을 떠나 제임스 1세의 시대가 되었는데, 베이컨은 왕에게 총애를 받아 1618년에는 대법관에 임명되며, 벨럼의 남작 창설을 허락받는다. 그리고 1621년에는 세인트 오르반즈의 자작으로 임명되었다.

그렇지만 그 후에 경천동지의 사건이 일어났다. 1621년, 그는 대법관 시절에 뇌물을 받았다는 독직의 죄목으로 심문을 받게 된다. 변변하게 변론도 하지 못한 그는 4만 파운드의 벌금을 부과받고, 관직과 지위를 박탈당했을 뿐 아니라, 한때 런던탑에 유폐되기도 했다. 그 후 석방되기는 했지만, 이미 제임스 1세를

▶ 제임스 1세(James I, 1566~1625) | 영국 스튜어트 왕조를 연 왕으로, 청교도와 가톨릭교도를 탄압하고 영국 국교회를 지지했다. 왕권신수설을 주창하며 왕권 강화를 위해 각종 제도의 개혁을 추진하였으나, 이에 반발한 귀족들에 의해 암살당했다.

배알하는 것은 허용되지 않았다.

베이컨은 말년에 몇 년 동안은 자택에서 은거하여 연구와 저술에 전념했다. 어느 추운 겨울날, 그는 집에서 나와 제자인 한 소년과 함께, 눈 속에서 닭을 냉동시켜 부패를 방지할 수 있는지에 대해 실험을 했다. 그러나 그 때 걸린 감기가 원인이 되어 65세를 일기로 세상을 떠났다. 실험이 원인이 되어 사망한 것은, 경험론의 원조로서 어울리는 최후였는지도 모른다.

베이컨의 학문적 방법

베이컨은 고대와 중세의 추상적인 사변을 비판하여, 자연의 개개의 구체적 사실로부터 일반적인 법칙을 유도해내는 귀납법에 기초한 경험론을 주창했다. 나아가 이렇게 자연으로부터 귀납된 법칙을 응용하면, 자연을 지배하는 힘이 얻어진다고 생각했다. 베이컨에게 있어서 학문의 목적은, 자연을 지배하고 개조하여 인간의 물질적인 생활조건을 개선하는 것이었다.

정치활동에 몹시 바빴던 베이컨이었지만, 뛰어난 책들을 저술했다. 그 중에서도 중요한 것은 《학문의 진보》(1605년)와 《신기관(*Novum Organum*)》(1620년), 그리고 《뉴 아틀란티스(*New Atlantis*)》(1624년)인데, 그 외에도 뛰어난 수필집이 있다.

베이컨은 젊어서부터 고대와 중세의 추상적 사변철학을 배격해왔다. 31세 때 숙부인 세실 경 앞으로 보낸 편지에서, 첫째로 고대 그리스의 철학자, 둘째로 연금술사와 마술사 등을 두 종류의 해적이라고 부르며, 이들 해적을 일소하는 것이 그의 학문적인 포부라고 밝히고 있다. 또 다른 곳에서 베이컨은, 그리스의 철인을 '큰 소리로 외치는 광인' 으로, 연금술사를 '속삭이는 광인' 으로 비유했는데, 이 생각은 평생 변하지 않았다.

베이컨은 《학문의 진보》에서, 철학, 문학, 역사, 신학 등 각 부문에 관해 그 본연의 자세를 논하고 있는데, 그는 거기에서 다시 고대와 중세의 사상을 비판했다.

그는 나아가 점성술, 마술, 연금술 등 공상적 학문을 가장 악질적이며, 인식의 본성과 생기를 파괴하는 병과 같은 것이라고 하여, 이런 종류의 병은 교활함과 단순함으로부터 나오는 사기와 경솔한 믿음인데, 실제로는 전염되기 쉽다. 그것은 소문을 경솔하게 믿는 사람이 경솔하게 소문을 퍼뜨리기 때문이라고 말하고 있다.

베이컨은 이 저작에서 자신을 얻어, 1593년에 숙부인 세실 앞으로 보낸 편지에서, "저는 모든 지식을 저의 영역으로 삼았습니다"라고 썼다. 이것은 독선적인 호언은 아니었다.

《학문의 진보》에 대해, 버틀란드 러셀도 베이컨의 가장 중요한 저작이며 많은 점에서 현저하게 현대적이라고 평가하고 있다.

네 개의 이도라

그러나 베이컨의 명성을 높인 것은, 사물을 정확하게 인식하는 것을 방해하는 편견과 선입관(이도라 : '우상, 환영' 이라는 의미)을 배격해야 한다는 점을 주장한 《신기관》이다. 요즘 젊은 인기배우와 가수를 '아이돌' 이라고 찬양하고 있는데, 언어적으로는 '아이돌' 도 베이컨이 말하는 이도라 즉 오류와 같은 말이다.

제1의 오류는 감각에서의 착각이며, 인류 일반, 즉 종족에 공통되는 오류이다. 그래서 '종족의 우상'이라고 불린다. 이것은 인간의 본성 그 자체에서 유래하여 인간이 빠지게 되는 일체의 오류를 포함하고 있다. 예를 들면, 인간의 정신은 자신에게 편리한 듯한 사물 속에서 고도의 질서와 합법칙성을 인정하며, 이것이 정말로 존재한다고 흔히 생각한다. 그러나 이것은 잘못이다. 인간의 사고가 이러한 의지와 감정에 의해 흐려지는 이상, 과학자는 명백한 논증에 대해서조차도 예외 없이 의심을 품지 않으면 안 된다.

제2의 오류는, 좁은 동굴 속에서 세계를 바라보는 것과 마찬가지로, 개인의 성격, 습관, 교육 등에 의하여 생겨나는 오류, 즉 세상물정에 어두운 것으로, '동굴의 우상'이라고 불린다.

이 오류는 적어도 인간의 수만큼 존재한다고 해도 좋다. 이것은 일반인, 즉 동굴 속에 사는 사람이 이념이 아니라 벽에 비친 그 그림자만을 보고 진실이라고 생각한다는 것으로, 플라톤의 《국가》에서 아이디어를 얻은 것이라고 한다.

제3의 오류는, 말과 언어가 사고에 미치는 영향에서 생겨나는 편견인데, 인간의 상호 접촉과 사교적인 교제에서 생겨나기 때문에 '시장의 우상'이라고 불린다. 이 경우 언어가 인간들의 교제에서 가장 중요한 도구로서 특별한 역할을 담당하며, 그것이 심각한 거짓말을 유포하게 된다.

제4의 오류는, 사상가들의 사상과 학설에 의해 생겨나는 오류다. 이 것은 사상가들에 의한 무대 위에서의 도그마에 현혹되어 사실을 오인하게 되는 것이기 때문에, '극장의 우상'이라고 불린다. 특히 고대 철학지들의 교설은 어떤가 하면, 단지 허구의 연극이나 속임수와 마찬가지임에도 불구하고, 관객은 진짜라고 믿어버린다.

베이컨은, 사람들은 이와 같은 우상으로부터 오성을 씻어 깨끗이 하고, 실험과 관찰에 기초하여 과학적인 학문방법을 수립해야 한다고 했다. 이것에 기초하여 로크, 흄 등의 영국 경험론이 형성되며, 마침내 세계 철학의 일부는 유물론과 실증주의로 철저하게 경도되었다.

다음에 베이컨의 작품으로서 《뉴 아틀란티스》가 있다.

이것은 짧은 미완성의 유토피아 이야기인데, 공상적인 이상사회 속에서 과학기술의 발달이 편리하고 풍성한 사회를 실현하며, 인류에게 행복을 가져다준다는 것을 이야기했다. 베이컨은 거기에서 "이 유토피아와 같은 섬에서, 강력하면서도 맹렬한 대포, 수중에서 태워도 꺼지지 않는 화염제, 항공기, 잠수함, 그리고 로봇 등이 제작된다"라고 서술하여, 그가 20세기는 물론이고 21세기의 과학기술을 예견하는 선구자라는 점을 보여주었다.

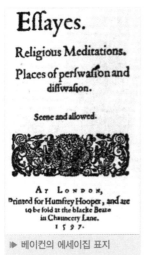

▶ 베이컨의 에세이집 표지

우아한 수필집

위대한 철학자이자 정치가이기도 했던 베이컨은, 또 평생 우아한 문학적 수필(에세이)을 썼다. 이것들에는 인생에 유익한 경구(警句)가 곳곳에 아로새겨져 있다. 예컨대 결혼에 대해서는, "처자식을 가진 자는 운명에 인질을 바친 자이다. 처자식은 선악을 불문하고 대사업에서 방해자이다. 확실히 공공에게 최선의 유익한 사업은, 독신자 또는 자식을 갖지 않은 사람에 의하여 이루어졌다"라고 말하고 있다. 자신이 젊은 악처를 가졌던 것을 후회하고 있었던 것인지도 모른다.

독서에 대해서도 편리한 방법을 가르쳐준다. "어떤 종류의 책은 일부분만을 읽어도 좋다. 여러 가지 책을 읽어야 하지만, 열심히 책을 읽지 않아도 좋다. 아주 일부분의 책만이 전체를 꼼꼼하고 주의 깊게 읽어야 한다."

또 해외여행에 대하여, "도착지의 언어를 습득하지 않고서는 가지 말아야 한다. 그를 위해서는 우선 학교 등에서 외국어를 잘 배워두어야 한다. 게다가 확실한 가이드가 요구된다"라고 하는 등, 오늘날의 젊은이들도 알아두어야 할 지혜를 제시하고 있다.

토마스 홉스
Thomas Hobbes 1588~1679년

-국가와 사회를 주시한 절대주권론자

이 세상에서 가장 강한 존재

1588년, 홉스는 영국 윌트서 주 맘즈베리에 사는 가난한 목사의 차남으로 태어났다. 이대로 아버지의 행적을 계승했다면 철학자 홉스는 존재하지 않았을 것이다.

세계의 사상사에서 다행스러운 것은, 그가 그 후 유복한 숙부에게 맡겨졌다는 점이다. 그는 숙부의 지원을 받아, 14세 때부터 옥스퍼드대학에서 공부하고, 5년 후에는 학사학위를 취득했다.

대학 졸업 후, 홉스는 데본샤 백작의 가정교사 겸 비서로 일하며 백작의 아들과 함께 여러 번 프랑스를 여행했다. 그 여행 도중에 그는 데카르트, 갈릴레오, 마랭 메르센느 등 당시의 뛰어난 사상가들과 만났다고 한다.

더구나 홉스는 이 때 비록 짧은 기간이긴 하지만, 프란시스 베이컨

마랭 메르센느(Marin Mersenne, 1588~1648) | 프랑스의 철학자이자 수도사로, 신학과 철학을 공부한 뒤 대학에서 철학을 강의하였고, 평생을 철학적 사색에 몰두했다. 데카르트와는 매우 절친했으며, 홉스, 페르마, 갈릴레오, 파스칼 등에게 많은 영향을 미쳤다. 1635년에는 음속을 측정했으며, 현의 진동법칙을 발견하기도 했다. 수학에서의 메르센느 소수는 그의 이름을 딴 것이다.

의 비서로 근무한 적도 있었다.

당시 아리스토텔레스학파의 사상에 혐오감을 갖고 있던 홉스가, 이들 당대의 유명한 학자들과의 만남을 통해 강한 영향을 받은 것은 분명하다. 그 외에도 당시 영국에서는 국왕 찰스 1세와 의회 사이에 헌법을 둘러싸고 격심한 대립이 계속되고 있었고, 그것은 그의 사상 형성에 있어서 적절한 소재가 되었다.

1640년, 홉스는 국왕이 갖는 특권을 옹호하여, 의회의 동의를 얻지 못 해도 과세(課稅)는 합법이라고 주장하는 논문인 《법학요강》을 집필하며, 그것을 원고 상태로 관계자에게 회람시켰다.

《법학요강》은 관계자들 사이에서 높은 평가를 얻었지만, 그 후 퓨리턴 혁명(청교도 혁명이라고도 한다. 20년에 걸쳐 영국에서 대대적으로 일어난 정치적 혼란으로, 일시적으로 군주제가 부정되고 공화제로 되었다)의 방아쇠를 당겼던 장기 의회가 개회되고, 국왕 옹호파가 차례로 체포되는 장면을 보고 홉스는 영국을 탈출하게 되며, 그 후 11년 동안 프랑스의 파리에서 메르센느를 의지하여 망명생활을 하게 된다.

홉스는 메르센느의 소개로 파리에서 수많은 지식인과 교류를 넓힌 뒤, 1642년에 《시민론(De cive)》을 발표했다. 같은 해에 영국에서는 국왕 찰스 1세와 의회 간에 무력충돌이 일어나 의회가 압승을 거둔다. 찰스 1세는 군주의 자리에서 추방

찰스 1세(Charles I, 1600~49) | 영국 스튜어트 왕조 제임스 1세의 둘째 아들로, 형이 요절하자 왕위를 물려받았다. 폭정으로 의회와 관계가 매우 나빠지자 의회를 해산한 채 11년 동안이나 의회를 소집하지 않았다. 그러나 결국 의회와 대립하다 청교도 혁명이 일어나 처형되었다.

되고, 1649년에 처형되었다.

1646년부터 홉스는, 혼란을 피하여 이미 프랑스에 망명해 있던 찰스 1세의 황태자인 프린스 오브 웨일즈(Prince of Wales; 후에 영국 국왕 찰스 2세가 됨)의 가정교사를 맡아 주로 수학을 가르쳤다.

1642년에 그가 발표한 《시민론》은 그로부터 5년 후인 1647년에야 겨우 상업출판 되며, 영국에도 배포되었다. 그러나 그가 기대했던 정도의 평가는 얻지 못했다.

그것에 불만을 느낀 홉스는, 다시 박력 있는 이론의 집필을 시작했다. 그것이 1651년에 발표된 《리바이어던》이다.

'리바이어던'이란 구약성서에 등장하는 괴수의 이름으로, '이 세상에서 가장 강한 존재'를 의미한다.

홉스의 바람대로 《리바이어던》은 사람들에게 큰 충격을 주었다. 그러나 그것은 그가 의도했던 충격과는 약간 다른 것이었다.

▶ 홉스의 대표작인 《리바이어던》의 속표지

그는 망명 중이던 프린스 오브 웨일즈와 측근들에게는 '영국에서 등장한 공화제를 긍정하는 배신자'로 받아들여지고, 프랑스 당국에게는 '로마 교황의 권위를 부정하는 위험한 사상을 가진 자'로서 요주의 인물로 비쳐지고 말았던 것이다.

그래서 홉스는 영국으로 귀국하여 의회에 출두했다. 다행히 큰 비난을 받지는 않았고, 그는 집필활동을 재개한다. 《리바이어던》에

이어 《물체론(*De Corpore*)》과 《인간론(*De Homine*)》을 간행했다. 이른바 '철학 3부작'을 완성한 것이다.

홉스는 공화제가 시행된 영국에서 조용하게 생활하고 있었지만, 1660년에 왕정복고가 이루어지자 왕위에 오른 찰스 2세가 홉스를 자문역에 임명하고 충분한 연금을 주었다.

그러나 홉스에게는 생각지 못한 시련이 기다리고 있었다. 1666년에 들어서자 홉스에게 이단의 혐의가 씌워지고, 《리바이어던》을 발매금지한다는 의안이 상정된 것이다.

당황한 찰스 2세는 그 의안을 파기하도록 의회에 명령하고, 그 대신 홉스가 이후에 발표하는 모든 작품은 모두 자신이 검열하겠다고 주장했다. 그 때문에 출판을 기다리고 있던 여러 권의 책들은 그가 세상을 떠난 뒤에 출판되게 되었다.

그 후에도 홉스는 라틴어로 자서전을 집필하고, 호메로스의 《일리아드》와 《오디세이》를 번역하는 등 80세를 넘어서도 여전히 집필의욕이 줄어들지 않고 넘쳐났으며, 91세라는 장수를 누린 후 세상을 떠났다.

인조인간으로서의 국가

《리바이어던》은 다음과 같은 4부로 구성되어 있다.

찰스 2세(Charles II, 1630~85) | 찰스 1세의 아들로 청교도 혁명 후 프랑스로 피신했다가 스코틀랜드 왕으로 대관하여 왕정복고를 꾀했으나 공화정 군대에게 패하자 다시 프랑스로 망명하였으며, 호민관 정치가 붕괴한 뒤 왕정을 복고했다.

- 제1부 〈인간에 대하여〉
- 제2부 〈국가에 대하여〉
- 제3부 〈그리스도교의 국

가에 대하여〉
  • 제4부 〈암흑의 왕국에 대하여〉

홉스가 생각하는 '리바이어던(가장 강한 존재)'이란, 인간이 만들어낸 국가라는 것이었다. 그는 인간은 자신의 기술로 여러 가지 자연을 모방하여 인공적인 것을 만들어 왔는데, 마침내 자연이 만들어낸 궁극적인 작품이라고도 할 수 있는 인간까지도 모방했다고 한다. 그 인공인간이야말로 위대한 국가라고 말하고 있다.

제1부에서 그는, 국가가 없었다면 인간은 어떻게 될 것인지의 문제를 제기하고 있다. 홉스가 말하는 답은 다음과 같다.

"국가가 없는 자연 상태에서는, 인간은 정신과 육체 양 면에서 누구나 평등해질 수 있다. 따라서 복수의 인간이 공통의 것을 원하고, 더구나 그것은 모두가 누릴 수 없는 경우, 사람들은 타인을 적으로 보게 되며, 상대를 멸망시키거나 굴복시키려고 한다. 결국 만인의 만인에 대한 투쟁이 일어나며, 사람들의 생명이 위험해짐과 동시에 참을 수 없는 공포가 발생한다."

그 정도로 인간은 비열한 존재인가 하고 의심하는 사람도 있겠지만, 홉스가 퓨리턴 혁명의 혼란이 극에 달한 시대에 살았던 철학자라는 점을 고려한다면, 이러한 사상을 갖게 된 것도 어쩌면 당연하다고 할 수 있을 것이다.

제2부에서는 먼저 '어떻게 하여 국가(인공인간)는 만들어지는가'를

논하고 있다. 이렇게 말한다.

"전쟁을 방지하기 위해서는, 사람들은 그들 모두의 인격(의사와 권리)을 갖는 자를 통치자로 임명하고, 그가 내린 판단은 모두가 각자의 의사라고 받아들일 필요가 있다. 그리고 이것이 많은 사람들 사이에서 실행되고, 최종적으로 하나의 인격으로 통일되었을 때, 그것은 국가라고 불린다."

즉 사람들은 자연 상태에서는 허용되어 있는 모든 권리의 일부를 포기하고 사회적인 계약을 맺으며, 그것을 준수하는 공통의 권력으로서 국가를 설립한다는 것이다. 그리고 이 국가야말로 리바이어던인 것이다.

홉스는 리바이어던이 절대군주제가 아니면 안 된다고 말하고 있지는 않다. 분명히 의회제든 공화제든 상관없지만, 그 국가에는 절대적인 권력이 있고, 사람들이 권리를 포기하는 대신 안전을 보장할 필요가 있다고 주장하고 있는 것이다.

홉스는 '법실증주의(법이 옳다고 하는 것은 모두 옳다)'라는 사고를 만들어낸 인물로 알려져 있다.

퓨리턴 혁명을 예로 들면, 찰스 1세에 대하여 의회가 일으킨 반란은 위법이었다. 그러나 의회가 주권을 잡은 순간 반란은 합법이 되며, 찰스 1세를 옹호하는 자들은 범죄자가 되었다. 홉스도 그 중 한 사람이었다. 어제까지 옳았던 자가 오늘은 범죄자가 된다는 것은 모순이라고 생각되지만, 이것은 사람들의 안전과 권리를 보장하기 위해서는 필요불가결한 조치다.

《리바이어던》이 그 후의 정치이론에 영향을 미친 것은 특히 이 제1부와 제2부이며, 그 이후 부분인 제3부와 제4부가 거론되는 경우는 별로 없다.

덧붙이자면, 〈그리스도교의 국가에 대하여〉라는 표제가 걸린 제3부에는 국가권력과 교회권력의 차이에 대하여 서술되어 있으며, 제4부인 〈암흑의 왕국에 대하여〉에는 로마 교황청에 대한 비판이 서술되어 있다.

홉스가 프랑스 당국에게 주목을 받고, 영국 의회로부터 이단이라는 낙인이 찍히게 된 것은 주로 이 후반부의 2개 부(部)의 내용 때문이었다.🔘

르네 데카르트
Rene Descartes | 1596~1650년

–정신과 물체의 세계를 분리한 근대 철학의 아버지

모든 학문을 수학에 의해 통일하다

철학에 전혀 흥미가 없는 사람이라도, "나는 생각한다, 고로 나는 존재한다(코기토 에르고 숨 Cogito ergo sum)"라는 말은 들은 적이 있을 것이다.

이것은 '근대 철학의 아버지'로 불리는 데카르트의 말로, 철학사에서 가장 유명한 명제의 하나가 되어 있다. 이 말의 의미는, 진리의 탐구는 인간이 가진 이성에 따라 행해진다는 것으로, 철학의 출발점 그 자체가 되어 있다.

철학이라는 난해하기 짝이 없는 학문의 기초를 한마디 말로 표현해 낸 데카르트의 재능은 탁월하며, 그 때문에 그는 '근대 철학의 아버지'라고 불리며, 후세의 철학자들에게 존경받았다.

그런데 데카르트학파와 데카르트주의자의 일체를 '카르테지안(cart sien)'이라고 부르는 경우가 있다. 이 말과 데카르트의 이름 사이에 어떤 관계가 있을까 하고 고개를 갸우뚱하는 사람도 많을 텐데, 이것은 '데'의 뒷부분인 '카르트'의 라틴명이 '카르테시우스(Cartesius)'에서 유래된 말이다.

중세부터 현재에 이르기까지, 라틴어는 지적(知的) 계급의 소양으로 되어 있다. 따라서 철학을 지향하는 자가 라틴어로 데카르트의 이름을 부른다는 것은 당연하다고 할 수 있을 것이다.

데카르트는 1596년에 프랑스 중부 투렌느(Touraine) 주의 라에에서 고등법원 평정관의 아들로 태어났다. 갓난아기는 너무나도 연약했기 때문에, 아이를 받은 산파에게서 "이 아이는 오래 살지 못할 것이다"라는 말을 들었을 정도였다.

어머니는 산후 건강이 좋지 않아 데카르트를 낳은 지 1년 정도 후에 사망했지만, 그는 예상과 달리 건강하게 자랐다.

1606년에 예수회 계열의 명문학교인 라 프레슈 학원에 입학하여, 거기에서 8년 간 배웠다. 이 때 만난 스콜라 철학과 가톨릭의 교리는 그 후의 데카르트의 사상에 큰 영향을 미쳤다.

30년전쟁 | 1618년부터 1648년까지 30년 간 진행된 전쟁으로, 이 말을 처음 사용한 사람은 17세기의 사무엘 폰 퍼펜도르프(Samuel von Pufendorf)라고 알려져 있다. 독일을 중심으로 한 개신교의 신성로마제국과 로마 가톨릭 사이에서 벌어진 종교전쟁이다. 처음에는 종교전쟁의 성격을 띠었지만, 점차 각국의 영토 및 통상문제로 비화되면서 무력충돌로 이어졌다. 스웨덴이 개입한 1630년부터는 합스부르크 왕가, 부르봉 왕가, 바사 왕가 등 강대국의 주도권 싸움으로 변화했다. 장기간에 걸친 이 전쟁은 유럽의 지도와 종교, 문화 등을 크게 변화시켰다.

라 프레슈를 졸업한 후, 데카르트는 포와티에대학에 입학하여 법률을 공부하고 1616년에 졸업했다. 당연히 주위의 사람들은 아버지의 가업을 계승하여 법률가가 될 거라고만 생각하고 있었다. 그렇지만 의외로 그는 30년전쟁에 참가할 목적으로 네덜란드에 가서 군대에 지원했다.

그러나 거기에서 데카르트는 아이작 베이크만(Iaak Beeckman, 1588~

1637)이라는 과학자와 만나 자연계의 수량화에 눈뜨게 되었다. 데카르트는 군 복무를 수행하면서 오늘날의 유체역학과 에너지 보존의 법칙 등에 관한 연구를 거듭했다.

그리고 1619년 겨울, 독일에 주둔하고 있던 데카르트는 모든 학문을 수학에 의하여 통일하는 것에 자신을 가졌다고 한다.

군대를 제대한 데카르트는 유럽 각지를 여행한 후 일단 파리로 돌아왔지만, 이미 그 무렵에는 각지를 전전하는 생활에 익숙해져 있어서, 전 재산을 처분하여 네덜란드의 암스테르담, 유트레히트, 라이덴 등에서 살았다.

데카르트가 《방법서설 및 시론집》이라는 초벌 논문을 출판한 것은 1637년의 일이었다. 후세의 높은 평가에 비해서는 늦게 출발했다고 느낄지도 모르지만, 사실은 1633년에는 이미 〈세계론〉이라는 자연과학에 관한 논문을 완성한 상태였다.

그러나 로마에서 지동설을 제창한 갈릴레오가 종교재판에 회부되었다는 것을 알고, 이미 인쇄되어 있던 책의 출판을 중단했다고 전해진다. 이 〈세계론〉이 빛을 보게 된 것은 데카르트 사후의 일이다.

《방법서설 및 시론집》은 과학자와 철학자만이 아니라 많은 지식인에게 충격을 주어, 데카르트의 이름을 유럽에 널리 알리게 되었다. 그 후, 그는 《성찰》(1641년), 《철학의 원리》(1644년), 《정념론》(1649년) 등을 차례로 발표했다.

이 활약이 스웨덴 여왕 크리스티나의 눈에 띄어, 데카르트는 1649년에 스톡홀름에 초대되었다. 그는 거기에서 여왕에게 철학을 강의했다. 그런데 스톡홀름의 차가운 기후가 그의 건강을 해쳐, 약 빈 년 후에 숨

RENATI
DES CARTES,
MEDITATIONES
DE PRIMA
PHILOSOPHIA·
IN QVA DEI EXISTENTIA
ET ANIMÆ IMMORTALITAS
DEMONSTRATVR.

PARISIIS,
Apud MICHAELEM SOLY, via Iacobea, sub
signo Phœnicis.

M. DC. XLI.
Cum Privilegio, & Approbatione Doctorum.

▶ 데카르트의 《성찰》 표지. 이 책은 출판되기 전에 원고상태로 마랭 메르센느에게 보내져 그의 의견을 물었다.

을 거두게 된다.

덧붙이자면, 데카르트의 유해는 곧 프랑스에 반환되었지만, 어떤 이유에서인지 머리만은 스웨덴에 남겨져 오랫동안 베르세리우스라는 화학자의 소유로 되어 있었다. 데카르트의 머리가 프랑스로 돌아와 몸통과 합쳐진 것은 19세기에 들어서이다.

두 개의 세계

데카르트의 공적을 한마디로 나타내기 어렵다. 그러나 근대적 이원론을 도출해냈다는 것은 데카르트의 최대의 공적 가운데 하나라고 말할 수 있을 것이다.

이원론을 처음 제창한 것은 데카르트가 아니다. 고대 그리스의 철학자 플라톤은, 우리가 사는 세계는 이성에 의해서만 인식되는 이데아의 세계와 감각의 세계로 분해되며, 이데아의 세계야말로 본원적 세계라고 하여 이성 우위의 이원론을 제창했다.

그에 반해 데카르트는 우주의 근본원리에는 정신과 물체의 두 실재가 있다는 이원론을 주창한 것이다.

앞에서 서술한 대로, 데카르트는 수학에 의하여 세계의 사물과 현상과 학문을 모두 설명할 수 있다는 자신을 얻었다. 그런데 마음은 어떨까? 마음에는 크기도 무게도 없다. 만약 있다고 해도 기계의 부품이나 톱니바퀴처럼 꺼내서 조사할 수 없기 때문에 객관적 판단은 불가능하다.

그런데 마음은 현실에 존재하지 않는가 하면, 그렇지는 않다. 누구나 마음을 가지고 있다. 그것은 내적 성찰에 의해 알 수 있다. 이것은 틀림없는 사실이며 부정할 수 없다. 그렇다면 수학에 의해 모든 사물과 현상을 설명할 수 있다는 이론에 어긋나게 된다. 그래서 데카르트는 "우리가 살고 있는 우주는 정신과 물체라는 두 개의 세계로 나뉜다"라는 결론에 도달한 것이다.

종교를 예로 들어 더욱 이해하기 쉽게 설명해보자. "정어리 대가리도 믿기 나름"(아무리 하찮은 것이라도 믿으면 존귀하게 느껴진다는 의미의 일본 속담―역자)은 아니지만, A씨에게는 무의미한 것이라도 B씨에게는 신앙의 대상이 되는 경우는 적지 않다. 그런데 그것은 어떤 이유 때문인지 화학과 수학으로 해명하려고 해도 헛수고로 끝날 뿐이다. 왜냐하면 종교라는 것이 물체의 세계가 아니라 정신의 세계에 속하는 것이기 때문이다.

이처럼 데카르트가 정신과 물체를 완전히 분리해버림으로써 신과 신앙, 그리고 정신의 문제는 과학으로부터 완전히 분리된 숭고한 것이 되었다. 그러나 그와 동시에 과학에서 탐구해야 할 목표가 무엇인가가 분명해진 것이다. 즉 물체의 세계이다.

일상생활의 마음과 몸

데카르트는 정신과 물체를 '전혀 공통되지 않는 두 개의 세계'라고 결론지었다. 그러나 손을 움직이려고 하면 손은 움직이고, 슬프다는 기분이 눈물을 자아내게 한다. 그것은 정신과 물체(육체)가 같은 세계에 있다는 것을 의미하는 것은 아닐까?

데카르트의 이원론을 듣고, 이와 같은 의문을 갖는 사람은 적지 않았다. 데카르트가 군에 복무할 때 알게 되었던 독일의 하르쯔 선제후의 딸 엘리자벳도 그 중 한 사람이었다.

"인간의 정신은 어찌하여 신체에 의지적인 운동을 하도록 할 수 있는 것일까요?"

엘리자벳은 데카르트에게 보낸 편지에서 이렇게 묻고 있다. 여담이지만, 두 사람은 1643년부터 데카르트가 죽기 직전까지 편지를 주고받는데, 그는 엘리자벳의 의문에 답을 하거나 여러 가지 상담에 응했다. 데카르트가 정신과 물체(육체)의 관계에 흥미를 가진 것도 그녀의 의문이 계기가 되었다고 믿어지고 있다.

현재에도 60통의 편지가 남아 있는데, 실제로 주고받은 것은 이것의 몇 배에 달한다고 생각된다. 덧붙이자면, 1649년에 출판된 《정념론》은 그녀의 의문에 답하기 위해 집필된 것이다.

그런데 엘리자벳의 물음에 대한 데카르트의 답은 다음과 같았다.

"이원론이란, 연구와 이론의 세계에만 적용되는 것이고, 일상생활에서 마음과 신체는 일체입니다. 그래서 저도 이원론을 사용하여 사고를 하는 경우는 하루에 고작 몇 번뿐입니다."

결국 데카르트도 하루 중에 대부분은 정신과 물체(육체)가 일체(일원론)인 세계에서 생활하고, 우주를 이원론의 눈으로 본 것은 매우 짧은 시간뿐이었던 것이다. ◎

브레즈 파스칼
Blaise Pascal | 1623~62년

─생각하는 갈대에게 신앙을 설파한 사상가

과학에서 신학으로

오늘날에는 압력의 국제적 단위가 되어 있는 파스칼은, 프랑스 중남부에 위치하는 오베르뉴 지방의 클레르몽페랑에서 태어났다. 아버지인 에티엔느 파스칼은 세무 관련 행정관으로 과학 전반에 조예가 깊었다. 후에 파스칼이 여러 가지 과학적 업적을 이룰 수 있었던 것은 이런 아버지의 영향이 강했기 때문이라고 말할 수 있을 것이다.

파스칼이 아직 어렸을 때 아내를 잃은 에티엔느는, 1631년에 행정관 직을 사임하고 파리로 이주하여 파스칼의 교육에 전념했다.

파스칼을 데리고 과학 아카데미에 출입하던 에티엔느는, 일찍이 자기 아들의 천재적 재능을 간파하고 있었다. 10살이 채 안 되어 화학자들과 대등하게 토론하고, 11살 때에는 음향에 관한 논문을 발표한다. 그리고 16살 무렵에 《원추곡선시론》(1640년)을 써서 파스칼의 정리를 밝혀냈다.

파스칼의 정리는, 기하학의 가장 중요한 정리의 하나로서 지금도 자주 사용되고 있다.

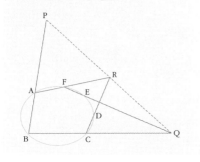

파스칼의 정리 | 1640년에 파스칼이 증명한 것으로, 원뿔곡선에 내접하는 육각형 ABCDEF의 서로 대하는 변 AB와 DE, BC와 EF, CD와 FA, 또는 그 연장의 교점 P, Q, R은 일직선상에 있다는 정리이다. 이 정리를 이용하면, 임의의 점 5개로 이루어지는 원뿔곡선을 그릴 수 있으며, 이는 사영 기하학 연구에 매우 중요하다.

그런데 에티엔느는 1640년에 다시 행정관에 취업하여 파스칼을 데리고 노르망디 지방의 루앙으로 이사했다. 아버지의 업무는 세밀한 숫자를 다루는 복잡하기 짝이 없는 것으로, 밤 늦게까지 일을 해야 하는 경우도 드물지 않았다.

파스칼은 어떻게든 아버지를 도울 수 없을까 하고 생각하다가, 기계식 계산기를 만들기 시작했는데, 그것은 약 2년 뒤인 1642년에 완성되었다. 이 계산기는 장치의 앞에 배치된 다이얼로 숫자를 입력하면, 기계 윗부분에 있는 작은 창에 답이 나오는 구조로, 물론 세계 최초의 계산기였다.

그 후에도 당시 학회에서 대논쟁을 일으키고 있던 진공의 존재를 증명하는 실험을 고안하여 '토리첼리의 진공(긴 수은주를 거꾸로 세웠을 때, 수은주의 윗부분에 생기는 진공을 말함)'이 대기의 무게에 의해 생기는 현상이라는 것을 증명하고, 《진공에 관한 신(新)실험》(1647년), 《유체평형론》(1648년) 등을 쓰고, '파스칼의 원리(밀폐된 공간의 정지된 유체는, 그 일부분에 받는 압력을 가감 없이 모든 부분에 전달한다는 원리)'를 밝혀냈다. 또 페르마와의 토론을 통해 '확률론'이라는 수학의 새로운 분야를 만들어내는 등 여러 가지 업적을 남겼다.

이 무렵, 파스칼은 가족과 함께 당시의 종교계에 강한 영향을 미친 잔세니즘(Jonsenism : 사람은 신의 은총 없이는 선을 이룰 수 없고, 구원받느냐 못 받느냐는 신이 모든 것을 결정한다고 한 가톨릭 교회의 운동)에 심취하여, 점차 철학과 신학으로 돌아서게 된다.

그대로 파스칼이 과학과 수학 연구에 몰두하고 있었다면 틀림없이 더욱 뛰어난 발견을 했겠지만, 그는 과학만으로는 자연의 참모습에 다가갈 수 없고, 마음의 직감에 의지할 필요가 있다는 것을 깨닫고, 그것이 철학과 신학의 세계로 그가 방향을 전환하는 계기였다고 전해지고 있다.

1653년, 로마 교황 인노켄티우스 10세에 의해 잔세니즘의 사고방식 중 일부가 이단이라는 선고를 받자, 파스칼은 익명으로 〈시골 친구에게 보내는 편지(Provinciales)〉라는 제목으로 16통의 서간체 논문을 집필하여, 은총의 문제에서 잔세니즘의 입장으로부터, 예수회가 실시하는 고해(告解)는 기회주의이며 위선이라고 지적하여 유럽의 사상계에 큰 충격을 주었다.

그 후, 파스칼은 잔세니스트들과의 교류를 두텁게 하고 금욕적 생활을 하게 되며, 신앙심이 없는 자를 회심시키기 위하여 《그리스도교 변증론》을 집필하기 시작했지만 뜻을 이루지 못하고 세상을 떠났다. 그때 그는 39세의 젊은 나이였다.

합리주의와 신비주의

이처럼 파스칼이 남긴 공적은 여러 분야에 걸쳐 있으며, 더구나 그 공적에는 하나도 평범한 것은 없었다.

예를 들면, 과학자로서의 파스칼은 세계 최초의 계산기를 혼자서 개

페르마(Pierre de Fermat, 1601~65) | 프랑스의 수학자로, 근대의 정수 이론과 확률론의 창시자로 알려져 있으며, 좌표기하학의 확립에도 크게 기여하여 17세기 최고의 수학자라고 평가받는다. 미적분학의 발전에 크게 기여하여 뉴턴 등의 물리학에 큰 영향을 주었다. 페르마의 원리를 발견하기도 했다.

발하기도 했고, 압력에 관한 '파스칼의 원리'를 밝혀내어 그 때까지 오랫동안 전개되고 있던 논쟁에 종지부를 찍는 등의 공적을 이루었다.

수학자로서의 파스칼은, 저명한 수학자인 페르마도 놀랄 정도로 두뇌가 명석하였으며, 특히 '확률론'이라는 분야를 만들어내고, '파스칼의 정리'를 밝혀냈다.

그리고 신학자로서 집필한 〈시골 친구에게 보내는 편지〉는 프랑스 고전주의 문장의 전형이라고 일컬어지며, 프랑스 고전주의를 완성시킨 시인 라신과 루이 14세 시기의 최대 설교사라고 알려진 보쉬에를 감탄하게 했다고 한다.

확실히 과학자로서의 파스칼은 실험과 이론을 중시하는 실증주의를 취하여, 원인과 결과의 관련을 추구하는 데에 총력을 기울였다. 하지만 신학자와 철학자로서의 파스칼은 그와는 반대로 합리주의에 타협하려고 하는 경향에 강하게 반대하여, '자연은 신의 힘과 미지의 존재에 의해 만들어진 것이다'라는 신비주의적 입장에서 인간이 존재하는 의미를 탐구했다고 할 수 있을 것이다.

라신(Jean-Baptiste Racine, 1639~99) | 17세기 프랑스의 작가로 코르네유, 몰리에르와 함께 3대 고전극 작가의 한 사람이다. 〈베레니스〉, 〈이피제니〉 등의 걸작은 삼일치의 법칙을 지킨 정념비극으로 성공을 거두었다. 그 외에도 〈페드르〉, 〈바자제〉, 〈미트리다트〉 등의 작품이 있다. 1660년에는 루이 14세의 결혼식에서 〈센강의 님프〉라는 시를 써서, 100루이의 상금을 받기도 했다.

생각하는 갈대

철학자로서의 파스칼의 대표작으

로서는 《팡세》가 알려져 있지만, 그것이 출판되기까지는 기묘한 사연이 있었다.

그는 죽기 직전까지 《그리스도교 변증론》을 집필하고 있었는데, 《팡세》는 미완인 채로 남아 있던 그 원고를 재구성한 것이다.

유고(遺稿)라고 하더라도, 그의 사후에 발견된 것은 천 개가량의 단문이 씌어 있던 약 800매의 종이쪽지에 불과했다.

파스칼의 친구들은 이 가운데에서 약 400개 정도의 단문을 선별하여 가필한 뒤, '사후 유고 중에서 발견된, 종교 및 다른 약간의 문제에 대한 파스칼 씨의 사색'이라는 제목으

▶ 보쉬에 주교(Jacques Bnigne Bossuet, 1627~1704)

로 1670년에 출판했다(보통 '폴 로열판'이라고 부른다).

19세기에 들어서자, 남겨진 단문을 거의 그대로의 형태로 취합한 책이 간행되는 등 몇 개의 《팡세》가 존재하고 있다. 어느 것이 파스칼이 의도했던 것에 가장 가까운 것인가에 대해 최근까지 논쟁이 계속되어 왔는데, 20세기에 들어서부터 파스칼이 스스로 세웠던 저작 계획이 발견되어 그 논쟁에 종지부를 찍었다.

그것에 따르면, 《팡세》의 내용은 2부로 나뉜다. 먼저 전반부는 독자에게 신을 믿지 않는 인간의 비참함을 전하고, 신앙의 중요성을 깨우쳐 주려고 한다.

이 전반부에서 특별히 주목해야 할 곳은, "인간은 한 줄기 갈대에 지나지 않는다, 자연 속에서 가장 약한 존재이다. 그러나 생각하는 갈대이

다"라는 구절일 것이다.

이것은 사람이 우주 속에서 살기에 전혀 충분치 못한 존재이며, 비참한 상황에 있다는 것을 사람들에게 알려주는 말이다. 그러한 상황으로부터 해방되기 위해서는 사람은 그리스도교를 믿지 않을 수 없다고 파스칼은 주장한다.

칸트는 착각에 기초한 공허한 추리를 변증적이라고 불렀지만, 《팡세》에서 파스칼이 보여준 논법은, 착각에 기초한 공허한 추리는 아니고, 논리로 뒷받침되었는지 유무를 말하지 않는 대화술로 되어 있다.

파스칼의 "클레오파트라의 코가 조금만 낮았더라면, 역사는 변했을 것이다(실제로는 '클레오파트라의 코. 만일 그것이 더 낮았더라면, 대지의 전체 표면이 변했을 것이다' 라고 하는 게 원문에 가깝다)라는 유명한 말도 이 《팡세》 안에 있는 것이다.

그리고 후반에서는 그리스도교가 진리라는 것을 증명하는 것으로 되어 있다. 그 방법으로서 우선 파스칼이 취한 것이, 구약성서에 씌어진 예언이 신약성서 속에서 어떻게 적중했는가를 보여주는 것이었다.

나아가 수학자답게 '확률론' 을 이용하여 그리스도 신앙의 정당성을 기술하고 있다.

파스칼은 말한다. "그리스도를 믿음으로써 영원한 행복을 얻을 수 있는 확률은 작을지 모르지만, 다른 방법을 택하는 것보다는 훨씬 높은 확률로 손에 쥘 수 있다"라고.

파스칼은 신앙심이 없는 자를 회심시키기 위하여 이 《팡세》(정확하게는 〈그리스도교 변증론〉의 초고)를 썼다. 그러나 《팡세》가 단지 종교적 권유서에 그쳤다면 400년 가까이 계속 읽히지는 않았을 것이다.

《팡세》는 문학적으로 보아도 탁월한 책으로, 그것은 그리스도교 윤리
사상은 약자의 노예도덕이라고 한 니체와 일부 마르크스주의자들조차
도 특별한 관심을 가지고 있었다는 사실로부터도 이해할 수 있을 것이
다.◎

바루흐 드 스피노자
Benedict de Spinoza | 1632~77년

－신에 대한 지적 사랑을 중요시했던 탐구자

구약성서에 대한 비판

스피노자는 네덜란드 암스테르담의 유복한 가정에서 태어났다. 부모는 그가 태어나기 전에 종교적 박해를 피해 이베리아 반도에서 이주한 유대인으로, 바루흐라는 이름도 '축복받은 자'라는 의미의 헤브라이어이다.

유아기부터 유대인 방식의 엄격한 교육을 받고, 헤브라이어, 성전학(聖典學), 유대교 신학 등을 철저하게 교육받았다. 그러나 홉스와 데카르트 등의 저서를 연구한 뒤 정통 유대주의에 비판적인 생각을 갖게 되며, 시나고그(Zsinagoga; Synagogue : 유대교의 기도와 연구, 집회를 하기 위한 회당. 이 장소는 지역회당을 가리킨다)로부터 탈퇴했다. 1656년에는 무신론자로 인정되어 유대교단으로부터 파문당하고 말았다.

그 후에는 네덜란드 국내를 전전하면서 렌즈 연마를 하여 생계를 유지하며(이에 대해서는 사실을 과장했다는 의견도 있다) 집필활동을 계속했다.

당시 스피노자는 《신, 인간 및 인간의 행복에 관한 짧은 논문》, 《지성개선론(*Tractatus de intellectus emendatione*)》 등의 작품을 집필하고 있었는데, 그의 생전에 출판된 것은 없었다. 처녀작은 1663년에 간행된 《데카르트의 철학원리》이다.

그 해에 홀부르크로 이사한 스피노자는 정치 지도자인 위드(Hudde)가 내건 자유주의 정책에 공감하여, 신학이 사상에 간섭하고 있다는 점을 비난하기 위하여 《신학 정치론》(1670년)을 익명으로 출판하고, 그 책에서 구약성서를 심하게 비판했다.

교회는 이 《신학 정치론》에 강한 충격을 받고, 저자를 찾기 시작했다. 이윽고 스피노자의 작품이라는 사실이 알려지자 그는 극악한 무신론자로 간주되어 교회와 신자들로부터 강력한 비난을 받았다.

스피노자는 도피하려고 헤이그로 이사했는데, 1673년에 하이델베르크대학으로부터 초빙을 받았다. 그에게 주어진 것은 철학 정교수라는 훌륭한 직책이었지만, 지적 활동의 자유를 잃고 싶지 않다는 이유로 이 제의를 거절해버렸다.

렌즈 연마를 하여 생계를 꾸리고 있었다는 일화가 남아 있다는 것으로부터도 상상할 수 있듯이, 스피노자라는 사람은 돈과 지위에 전혀 무관심한 고결한 인물이었다. 이 외에도 "저작을 헌정하면 평생 연금을 지급하겠다"라는 프랑스 국왕 루이 14세의 제의도 단호히 거절한다.

흉악한 무신론자로서 스피노자를 적대시하고 있던 교회와 신자들조차 그의 고결함에는 경의를 표했다고 한다.

당시 스피노자는, 후에 그의 대표작이 된 《에티카(Ethica in Ordine Geometrico Demonstrata)》를 집필하고 있었는데, 그것은 1675년에 완성되었다. 그러나 《신학 정치론》이 발매금지 처분을 받은 데다, 정책상의 실패를 범한 위드가 민중에 의해 살해되었기 때문에 출판을 단념했다.

루이 14세(Louis XIV, 1638~1715) | '태양왕'이라고 불리며 1643년부터 1715년까지 프랑스 부르봉 왕조를 통치했다. "짐이 곧 국가다"라는 말로 상징되듯이 절대왕정을 펼친 대표적인 전제군주이다. 베르사유 궁전을 지어 유럽 문화의 중심이 되게 하여 고전주의 문학이 활짝 꽃피기도 하였다. 그러나 신교도를 박해하였고 화려한 궁정생활로 국가 재정상태가 악화되어 프랑스 혁명의 원인이 되었다.

스피노자는 실망을 하면서도 안정적인 정치조직의 이론화를 모색하기 위해 《국가론》 집필에 착수했다.

그러나 이미 스피노자의 사상은 인정받고 있어서, 1676년 말경에는 라이프니츠(121쪽 참조)가 찾아와 그에게 가르침을 요청했다고 전해진다.

라이프니츠의 방문이 있은 지 수개월 후에 스피노자는 폐렴이 악화되어 44세의 젊은 나이로 사망한다. 따라서 《국가론》은 미완성인 채로 끝나게 된다.

스피노자 사후, 친구들에 의해 《에티카》, 《지성개선론》, 그리고 미완의 《국가론》 등이 출판되었다. 그러나 그 책들에 스피노자의 이름은 고사하고 출판사의 이름도 없이, 단지 'B·D·S'라는 스피노자 이름의 머리글자가 인쇄되었을 뿐이다.

스피노자의 범신론

스피노자는 신을 모독하는 무신론자로서 강하게 비난받았기 때문에, 그의 사상은 오랫동안 어둠에 묻혀 있었다. 그가 비로소 정당한 대접을 받은 것은 아마도 18세기 말의 일일 것이다. '독일 문학계의 대가'라고 불리던 괴테와 위대한 극작가 레싱, 그리고 헤겔 등 독일 사상계를 대표하는 사람들에 의해 스피노자가 주장했던 범신론이 주목받았다.

범신론이란, 우주와 신은 동일하다는 사고방식이다. 특히 스피노자의 그것은 정당한 그리스도교가 생각하는 '신은 우주의 실재 위에 위치하는 존재이다'라는 견해에 대한 비판으로, 그에게 신이란 그리스도교의 그것과는 전혀 다른 것이었다.

이어서 1960년대 후반에 들어서면, 알튀세르(312쪽 참조), 앙드레 모로아, 들뢰즈, 피에르 마슈레, 네그리 등등의 현대 사상가들이 역시 스피노자의 범신론을 높이 평가하여 스피노자 르네상스가 일어나며, 피에르 마슈레는 《헤겔인가 스피노자인가》라는 저작을 발표했다.

《에티카》의 정식 제목은 《기하학적 질서로 증명된 윤리학》이라고 하며, 전체는 5부로 구성되어 있다.

스피노자는 데카르트의 신봉자였다. 그러나 《에티카》에 기록되어 있는 그의 사색은 때로는 데카르트의 그것을 능가하고 있다.

예를 들면 데카르트는 우주를 사색할 때, "나는 생각한다, 고로 나는

레싱(Gotthold Ephraim Lessing, 1729~81) | 독일의 극작가이자 비평가로, 독일의 계몽사상가들 가운데 그 유례를 볼 수 없이 확고부동한 확신과 명석한 지성의 소유자였다고 알려져 있다. 독일 근대 시민 정신의 기수로 평가되며 오늘날에도 많은 사람들이 존경하고 있다. 주요 저서로는 《라오콘》(1766)과 《미나 폰 바른헬름》(1767) 등이 있다.

앙드레 모로아(André Maurois, 1885 ~1967) | 소설가이자 문학평론가, 문학사가로 프랑스의 대표적 지성의 한 사람이다.

들뢰즈(Gilles Deleuze, 1925~95) | 프랑스의 철학자로 대학에서 철학·문학·과학을 강의하였으며, 구조주의 등 1960년대의 서구 근대 이성의 재검토라는 사조 속에서, 서구의 양대 지적 전통인 경험론과 관념론이라는 사고의 기초 형태를 비판적으로 해명했다.

피에르 마슈레(Pierre Macherey, 1938~) | 현재 프랑스 철학을 대표하는 인물로, 릴 3대학 철학과 교수로 재직 중이다. 알튀세르, 발리바르 등과 더불어 프랑스 좌파 이론계에 큰 영향을 끼쳤다. 대표 작으로는 《자본론을 읽자》(공저), 《문학생산의 이론을 위하여》, 《헤겔 또는 스피노자》 등이 있다.

네그리(Antonio Negri, 1933~) | 이탈리아 파도바 출생의 윤리 · 정치 철학자로 자율적 마르크스주의자의 핵심 이론가이며, 약칭 토니 네그리(Toni Negri)로 불리기도 한다. 1978년에 기민당 지도자 알도 모로를 암살한 '붉은 여단'과 '노동자의 자율'을 배후 조종한 혐의로 체포되었다. 이후 프랑스로 망명하였으며, 1997년에는 아우토노미아 운동에 연루되어 수배되었던 동료들의 문제해결을 위해 이탈리아도 돌아갔으나 6년여 동안 가택연금된다. 현재 고령에도 불구하고 저술과 강연 등 왕성한 활동을 하고 있다.

존재한다"라는 말로 출발했다. 그러나 그것이 데카르트의 오류이며, 그것 때문에 그는 해결 불가능한 사태에 빠져버렸다고 스피노자는 생각했다. 그래서 그는 '신' 즉 범신론으로부터 우주를 사색하기 시작한 것이다.

그리고 그 결과, 스피노자는 우주의 모든 것은 신에 의해 필연적으로 조종되고 있으며, 인간에게는 일절 자유의지가 없다고 생각하기에 이르렀다. 이것은 데카르트가 제창한 이원론과는 정면으로 대치되는 것으로 생각된다.

그러나 실제로는 사유(인간이 가진 마음 자체)도 연장(延長; 인간의 신체와 물체, 자연 등)도 신의 두 가지 속성, 즉 실체는 동일한 것이지만 두 가지로 표현된 것이라고 생각하는 '심신평행론'의 입장을 취하여 데카르트의 이원론을 극복했던 것이다.

나아가 스피노자는 데카르트가 긍정한 자유의지를 부정하고 있다. 그는 인간의 정신 속에는 자유의지는 존재하지 않으며, 우리가 '자신의 의지'라고 생각하는 것은 실제로는 우주에 존재하는 여러 가지 인과관계 속에 짜 맞추어져 있으며, 다른 원인에 의해 결정된 것에 불과하다는 것이다.

스피노자는 우리가 생각하고 있는 것과 같은 자유를 인정하지 않고 있는 것이다. 왜냐하면, 우리가 자유라고 생각하고 있는 것은 모두 우주에 존재하는 인과관계의 결과물이기 때문이다. 그가 생각하는 자유란, 신에 대한 지적 사랑에 의해서만 실현되는 것이다.

신의 인식과 신에 대한 사랑

《에티카》의 구성을 보면 다음과 같다.

제1부 〈신에 대하여〉에서 스피노자는, 신은 무한의 속성을 가지고 있고, 그것은 신의 절대적인 힘을 나타내며, 그 속성이 변화함으로써 자연의 모든 것을 만들어낸다고 쓰고 있다. 즉 '신즉자연(神卽自然)'이라는 것이며, 사람도 새도 나무도, 그리고 한 알의 모래까지도 모두 신의 화신이라는 것이다.

이처럼 그가 말하는 신은 그리스도교에서 볼 수 있는 것과 같은 인격신이 아니라, 동양의 민속신앙의 대상인 신들에 오히려 더 가깝다고 할 수 있을 것이다.

제2부 〈정신의 기원 및 본성에 대하여〉에서는 주로 사유에 대하여 말하고 있다. 제1부에서 서술한 것과 마찬가지로 신은 무한의 속성을 가지고 있지만, 우리가 직접 알 수 있는 것은 사유와 연장(延長)뿐이다. 그리고 사유와 연장은 우리의 신체를 매개로 해서만 연결되는 것이다.

무감각한 공간에 신체가 떠 있다면, 우리는 자신의 육체를 인식할 수 없다. 파도나 장애물 같은 물체가 신체에 닿음으로써 신체의 일부가 변화한다. 그 변화에 의해 비로소 신체라는 것이 인식되며, 그것에 의해서만 정신도 자기를 인식한다는 것이다.

제3부의 〈감정의 기원 및 본성에 대하여〉에서는, 수동(受動)이란 정신적으로 불완전하기 때문에 정신 이외의 것이 개입하는 것이며, 그것을 배제하려는 노력 자체를 충동이라고 하는데, 이것은 모든 것이 가진 본질이라고 말하고 있다. 제3부부터는 프로이트의 정신분석학을 이미 먼저 채용함으로써 인간의 본성에 대한 깊은 통찰력이 읽혀진다.

제4부 〈인간의 예속 혹은 감정의 힘에 대하여〉에서는, 인간에게 최고의 선은 신을 인식하고 신을 사랑하는 것이라고 서술하고 있다.

그리고 마지막 제5부 〈지성의 능력 혹은 인간의 자유에 대하여〉에서는, 신의 인식과 신에 대한 사랑을 실현하기 위한 방법이 기술되어 있으며, 그것을 실현함으로써만 인간이 구제되고 참된 행복을 얻을 수 있다고 서술하고 있다.◐

존 로크

John Locke | 1632~1704년

-신앙의 자유와 정교 분리를 주창한 이론가

국왕의 독단을 비난하다

홉스와 함께 불리는 사상가 존 로크는 영국의 섬머셋 주 린턴의 부유한 청교도(퓨리턴이라고도 한다. 영국 국교회에 남아 있는 가톨릭적 요소에 못마땅해 하고 신앙과 생활의 청순함을 유지하려고 한 일파)의 장남으로 태어났다.

1652년에 옥스퍼드대학에 입학하여 고전과 스콜라 철학 등을 배운 뒤, 곧바로 그 대학의 강사가 되어 1664년까지 그리스어와 수사학, 도덕철학 등을 가르쳤다.

옥스퍼드대학 재직 마지막 해에 로크가 발표한 논문에는, 자연의 지식이라는 것은 태어나면서 인간이 타고나는 것이 아니라, 자신이 이성과 감각을 작동시킴으로써 비로소 인식하여 얻게 된다는 경험론이 씌어 있다. 이 사고방식은 그 후 로크가 발표한 《인간오성론》의 근원이라고도 할 수 있다.

로크는 옥스퍼드대학에서 강사로서 강의를 함과 동시에 의학 공부를 계속하여 의사 면허를 취득했는데, 그것이 로크에게 사상가의 길을 걷게 하는 계기가 되리라는 것은 본인도 상상하지 못 했음이 틀림없다.

그는 주치의로서 샤프츠베리 백작의 집에 출입하게 되었다. 샤프츠베리 백작은 로크의 비범한 지식에 감복하여 곧 조언자로, 그리고 정치적 심복으로 그를 격상시켰다.

그것과 거의 동시에 발생한 것이 '왕위배척법의 위기'였다. 당시의 국왕 찰스 2세(91쪽 참고)는 프랑스에서 망명생활을 하고 있었기 때문에 프랑스 국왕과 밀접한 관계에 있었다.

1673년에 프랑스 정부가 찰스 2세의 왕권을 강화하기 위하여 원조하는 대신, 찰스 2세가 가톨릭으로 개종한다는 밀약을 체결했다는 사실이 발표되었다. 여기에 격노한 샤프츠베리 백작은 반국왕세력인 의회 쪽에 가담하여 찰스 2세의 상속자인 요크 공을 왕위 계승자에서 배제하는 법안을 제출했다.

그러자 국왕은 의회를 해산하고 그 법안을 무효화하였다. 국왕파와 의회파의 골은 깊어지는 한편, 일시적으로는 무력충돌도 피할 수 없을 것 같은 긴박한 상황이 전개되었을 정도였다.

다행히 내전은 피할 수 있었지만, 국왕파와 의회파는 동시에 수많은 문서를 발행하여 각자 자기 진영의 주장이 옳다는 것을 호소했다. 이 때 로크는 의회파의 대표로서 여러 가지 문서를 작성했다. 그 중에서 가장 유명한 것이 《통치에 대한 두 편의 논고》이다. 이 책에서 로크는 국왕의 권력은 신민(臣民)의 소유권을 보호할 목적을 위해서만 사용되어야 하는 것이므로, 국왕이 독단적으로 마음대로 행동해서는 안 된다고 비난했다.

그러나 최종적으로 국왕파의 판정승으로 끝나고, 반국왕파의 중심인 물이었던 샤프츠베리 백작은 1683년에 네덜란드로 망명하고, 그로부터 불과 몇 달 후에 객사하였다.

그 다음해에 로크도 네덜란드로 망명하였는데, 제임스 2세(요크 공)가 영국에서 쫓겨나고 네덜란드로부터 새로운 국왕인 오렌지 공 즉 윌리엄 3세를 추대한 '명예혁명'이 일어날 때까지 거기에서 머물렀다.

제임스 2세(James II, 1633~1701) | 형인 찰스 2세를 이어 스튜어트 왕조를 통치하였으며, 가톨릭을 부활시키고 전제정치를 강화하였다. 그로 인해 1688년에 명예혁명이 일어나자 프랑스로 망명했다.

1689년에 윌리엄 3세가 영국 왕위에 오르자 뒤따라 영국으로 돌아온 로크는, 망명 중에 남의 눈을 피해 집필하고 있던 《인간 오성론》을 간행했다. 이 책은 큰 반향을 불러일으켜, 로크는 일류 사상가, 철학자로 비쳐지게 되었다.

윌리엄 3세(William III, 1650~1702) | 명예혁명으로 제임스 2세를 몰아내고 왕이 되어 1689년부터 1702년까지 스튜어트 왕조를 통치했다. 네덜란드 총독을 겸하면서, 프랑스의 루이 14세가 네덜란드를 침공하는 것을 저지했으며, 헤이그 동맹을 결성하여 프로테스탄트 진영의 지도적 역할을 하였다.

그 후에도 《관용에 대한 서간》(1689년), 《교육에 대한 고찰》(1693년), 《그리스도교의 합리성》(1695년) 등을 발표하여, 그의 명성은 왕궁에까지 알려지게 되었다.

또 그는 귀국 후 11년 동안 통상판무관으로 상농무성(商農務省)에서 근무했는데, 그 후 건강 상태가 나빠져 1700년에 통상판무관을 사임하고 국무대신 로버트 할리의 사촌누이이자 앤 여왕의 친구이기도 한 아비게일 마샴 부인의 간호를 받으며 에섹스 주 오츠에서 은둔생활을 하다 1704년에 사망했다.

지식은 경험에서 나온다

로크는 《인간오성론》을 집필한 이유를, "인간적 지식의 기원과 확실성, 그리고 범위를 연구하고, 그것과 더불어 신념과 억측에 의한 의견, 그리고 동의하는 근거와 정도를 연구하기 위한 것"이라고 기술하고 있다.

로크는 이 책에서 당시 격렬한 논쟁이 전개되고 있던 생득관념(生得觀念)을 완전히 부정했다. 생득관념이란, 인간이 태어날 때부터 가지고 있는 관념을 말하는데, 데카르트와 라이프니츠는 이 관념을 신으로부터 부여받은 것이라고 긍정했다. 로크도 사고하는 힘이 신으로부터 부여받은 것이라는 것은 부정하지 않았지만, 생득관념 자체는 부정했다.

그 증거로서 로크는, 어린 아이나 무학자(無學者)들은 'A는 A다'라는 동일률과 'A는 비A가 아니다'라는 모순율을 이해할 수 없지 않은가? 아니, 그뿐만이 아니다. 그들과 미개한 원주민들은 신의 개념조차 갖고 있지 않다는 등의 예를 들었다.

로크가 주장한 대로 인간에게 생득관념이 없다고 한다면, 막 태어난 사람의 마음은 '글씨가 한 자도 씌어져 있지 않은 백지'라는 의미이다. 그는 그것을 '타블라 라사(Tabula rasa; 아무 것도 씌어져 있지 않은 판)'라고 불렀다.

여담이지만, 로크의 말로서 너무나도 유명한 이 '타블라 라사'는, 실은 《인간오성론》에 등장하지 않는다. 그는 《인간오성론》에 관한 편지를 쓸 때 '타블라 라사'라는 말을 사용하여, 자신의 사고방식에 대한 이해를 구했던 것이다.

그것은 어하튼, 우리는 어떻게 그 판(타블라 라사) 위에 글자를 써야 좋을까? 로크는 그에 대해 "경험이다"라고 답하고 있다. 그리고 "지식은 경험이라는 토대를 가지며, 모든 지식은 경험에서 나오는 것이며, 인간은 전부 태어날 때에는 평등하며 선(善)이다"라고 결론지었다.

그러나 로크에 의하면, 어떤 경험이라도 지식이 되는 것은 아니다. 그런 예가 독서이다. 그는 다음과 같이 기술하고 있다.

"저자 중에는 예리한 사고를 가진 자도 있지만, 책에는 그들의 사고를 통하여 획득된 지식이 기록되어 있을 뿐이다. 따라서 설사 타인의 명저(名著)를 읽음으로써 독자가 얻는 것은 지식의 소재뿐이다. 만일 독자가 그 소재를 진짜 지식으로 만들고 싶으면, 그것을 자기 자신이 세밀하게 조사하고 검토하는 것 외에 다른 방법은 없다."

로크가 지식의 토대라고 한 경험은, 자기 자신의 마음의 작용인 '내성(內省)'과 내부의 물질적 존재인 '감각'으로부터 유도되는 것이며, 이것만이 사고의 대상이 될 수 있는 관념의 기원이라고 서술하고 있다.

나아가 관념은 '단순관념'과 '복합관념'으로 구분할 수 있다고 한다. 단순관념을 알기 쉽게 말하면, 오감을 통해 마음에 들어오는 관념을 말한다. 예컨대 얼음을 만지면 차갑다고 느끼고, 장미꽃에 코를 가까이 하면 좋은 향기가 난다는 것도 단순관념이다.

그에 대해 복합관념이란, 단순관념을 재료로 하여 다른 관념을 형성해가는 것이다. 얼음이 차갑다고 느끼는 것은 단순관념이지만, 그 얼음을 보고 있으면 그 얼음은 무거운가 가벼운가, 어떤 모양을 하고 있는가,

또는 어떤 맛일까 등등 여러 가지 관념이 형성된다. 장미의 경우도, 향기만을 즐기는 사람은 없을 것이다. 무의식 중에 색, 모양, 그리고 크기 등 매우 다양한 상태를 인식하게 된다. 이것들이 복합관념의 개념이다.

민주주의 국가의 기초

로크의 사상으로서 또 한 가지 빼놓을 수 없는 것이 《통치에 대한 두 편의 논고》라고 일컬어지는 정치론이다. 그는 여기에서 홉스가 주장했던 리바이어던을 부정하고 있다.

로크의 정치론의 핵심은, 국가의 주권은 국가가 아니라 어디까지나 시민에게 있으며, 국가가 더할 나위 없이 숭고한 것은 시민들에게 관리되고 있는 경우에만 한정되며, 국가에는 시민의 자연권과 재산권을 보호할 의무가 있다는 것이다.

그리고 홉스가 혼돈했다는 자연상태에 대해서도, 인간은 완전히 자유롭고 평등하다고 반론하며, 사람이 정치권력을 설립하여 그것에 복종하는 이유에 대해서는, "사람들이 가지고 있는 권리를 좀 더 확실하게 유지하기 위한 것"이라고 주장한다.

나아가 그는 국가의 권력남용을 방지하고 시민의 정치적 자유를 보장하기 위해, 입법권, 사법권, 행정권 등 세 가지 권리의 분립을 주장하고, 입법권을 가장 상위에 위치시킴과 동시에, 신앙의 자유와 정교분리(政敎分離)도 주창했다.

로크의 이 정치이론은 〈미국 독립선언서〉와 〈합중국 헌법〉의 기본 골자로 채용되며, 현재의 민주주의 국가의 기초를 이루었다고도 평가받고 있다. ⓞ

고트프리드 빌헬름 라이프니츠
Gottfried Wilhelm von Leibniz | 1646~1716년

- 미분학을 발견한 지(知)의 거인

다채로운 생애

고트프리드 빌헬름 라이프니츠는 단지 철학자일 뿐만 아니라, 자연과학자, 수학자, 역사가, 그리고 정치학자와 외교관으로서도 활약했다. 특히 미분학을 발명한 것으로 알려져 있다.

독일의 라이프치히에서 태어난 그는, 30년전쟁(96쪽 참조) 후의 파란만장한 시대에 태어났다. 그는 1666년에 〈결합법론(De Arte Combinatoria)〉이라는 논문으로, 고향인 라이프치히대학에서 박사학위를 취득하려고 했지만 나이가 어리다는 이유로 거부당했다. 그러나 그 다음해에 뉘른베르크의 알트도르프대학에서 〈법률에서의 복잡한 사건에 대하여〉라는 논문이 인정되어 학위를 받았다. 이 때 나이 21세였다. 그 때 곧바로 교수의 지위를 제공받기는 했지만, 고향에서 안절부절하는 생활에 만족할 수 없어, 사직하고 마인츠 선거후(選擧侯)의 전 재상(宰相) 보이네부르크의 추천으로 마인츠의 궁정에서 일하게 되었다.

라이프니츠는 마인츠 선거후 요한 필립 폰 쉔보른에 의해 파리에 외교관으로 파견되었다. 그가 몰두했던 과제는 프랑스의 루이 14세에게 이

팔츠 계승전쟁(1689~97) | 루이 14세가 팔츠의 영토를 요구하며 침공하여 일어난 국제 전쟁으로 아우크스부르크 동맹 전쟁이라고도 한다. 알사스 북부에 위치한 팔츠 공가(公家)에 남계(男系)가 끊기자, 루이 14세는 그의 아우 오를레앙 공(公)의 비(妃)가 팔츠 가문 출신이라는 이유로 그 영토를 요구하였다. 그러자 1686년에 독일 황제, 바이에른·작센 선제후, 에스파냐·네덜란드·스웨덴 왕 등이 아우크스부르크 동맹을 맺어 이에 반대하였으며, 영국 왕 윌리엄과 사보이 공도 이 동맹에 참가하였다. 오랜 전쟁으로 양측이 막대한 피해를 입게 되자 1697년에 프랑스에게 유리한 조건으로 라이스바이크 조약을 체결하고 전쟁을 끝냈다.

집트 원정을 권유함으로써 네덜란드와 독일에 대한 프랑스 왕의 관심을 돌리게 하는 것이었다. 하지만 루이 14세의 영토적 야심은 독일 제후의 외향적 노력에도 불구하고 전혀 수그러들지 않아, 네덜란드·프랑스 전쟁과 팔츠 계승전쟁이 일어났다.

그러나 라이프니츠는 수완이 뛰어난 외교관으로서 그 후에도 여러 궁정에서 외교 업무에 종사했다.

라이프니츠는 그 후 수개월 동안 런던에서 지낸 뒤, 1676년에 하노버 공 요한 프리드리히에 의해 고문관 겸 도서관장에 임명되었다. 그는 그 후에도 외교관으로서 빈과 베를린을 여러 번 여행했는데, 말년의 대부분을 하노버에서 보냈다. 특히 하노버의 후작 부인 조피의 딸로, 후에 프로이센 왕비가 된 조피 샤를로테와 친해졌다. 샤를로테는 라이프니츠를 깊이 존경하여 학문적으로 제자가 됨과 동시에 보호자가 되었다. 1700년에 라이프니츠는 영국의 왕립과학협회와 프랑스의 과학 아카데미를 본보기로 하여 베를린에 아카데미를 설립하려고 했는데, 이것은 그의 도움으로 실현되어 라이프니츠는 그 곳의 초대 원장에 취임했다.

또 그가 생전에 공개적으로 출간했던 거의 유일한 철학서라고도 할 수 있는 《변신론(辯神論)》은 샤를로테 왕비의 부탁을 받고 씌어진 것이다. 그렇지만 왕비는 과학 아카데미 개설 후 약 5년 만에 사망하자, 라이프니츠는 깊은 슬픔에 빠졌다. 왕비는 임종하면서, "나는 지금 라이프니츠가 나에게 설명하지 못 한 사물의 근원에 대한, 공간, 무한, 존재와 무(無)에 대한 나의 호기심을 채우기 위해 저 세상으로 간다"라고 미소 지으며 말했다고 전해진다.

카를 6세(Karl Ⅵ, 1685~1740) | 합스부르크가의 독일 황제 레오폴트 1세의 차남이자 마리아 테레지아의 아버지로, 에스파냐 계승을 둘러싸고 부르봉 왕가와 맞섰다. 1716년에 외아들을 잃은 후에 국본조칙(國本詔勅)에 근거하여 딸인 마리아 테레지아에게 오스트리아 계승권을 넘기려고 했으나, 훗날 이 문제를 둘러싸고 오스트리아 계승전쟁이 일어나게 된다.

그 후, 라이프니츠는 빈과 페테르부르크에서도 마치 꿈 같은 전 세계적 규모의 아카데미의 설립을 건의했다. 그리고 독일 황제 카를 6세에 의해 제국 궁중고문관에 임명되어 남작의 지위를 부여받았다. 그 후 얼마 지나지 않아 빈으로 돌아와 꽤 오랫동안 체류하는데, 오이겐 공과 교류하며 《단자론(모나드론)》을 썼다. 이외에 독일에 재앙을 초래한 프로테스탄트와 가톨릭의 분열에 대해 재통일·재결합을 주창하는 등 종교적 측면에서도 다채로운 활동을 벌였다.

그러나 그의 고매한 이상은 세상에서 이해되지 못 한 채 1714년에 병에 걸려 아내도 친구도 없이 혼자서 쓸쓸하게 죽음을 맞이했다. 그의 장례식에는 그가 오랫동안 일했던 하노버의 궁정으로부터는 단 한 사람도 참가하지 않았다고 한다.

성의 있는 사람이었던 라이프니츠도 가톨릭과 프로테스탄트 양쪽으로부터 미움을 사서, 마치 왕따와 같은 비참한 최후를 맞이했던 것이다.

모나드론

아리스토텔레스 이래 광범위한 분야의 천재라고 일컬어진 라이프니츠는, 범신론의 스피노자주의에 대립하여 모나드(단자, monad)론이라는 매우 독창적이고 독단적인 관념론 체계를 수립했다.

그에 따르면 세계에는 개체적 실체, 즉 모나드가 무수히 존재하는데, 모나드야말로 모든 실재성의 기초이며, 자연적 · 정신적으로 전체 우주의 근본존재이다. 그는 자연과학과 수학의 인식을 심화시켜 가는 동안, 전 우주는 틀림없이 이성적임과 동시에 완전하다고 생각했다. 그리고 그는 이 세상의 모든 것은 무한히 작은 모나드로 되어 있다고 했다.

모나드는 아톰(원자)처럼 공간적 존재가 아니라, 비물질적인 존재로 정신과 유사하며, 무의식적인 표상(表象) 능력을 갖고 있다. 각 모나드는 표상의 명료도에서 차이는 있지만, 그 자신 속에 전체 우주를 반영하고 있다. 그리고 모나드의 대장이라고도 할 수 있는 근원적인 모나드는 신(神)이며, 신에 의해 각 모나드는 예정조화라는 형태로 다른 모나드와 결합하고 있다. 각 모나드의 자립성과 우주의 법칙은 정확히 일치한다.

이 원칙에 기초하여 라이프니츠는 독자적인 심리학, 윤리학, 미학 등을 고안해냈다. 그 중에서도 주목되는 저작은, 1705년에 임종하면서 프로이센(지금의 독일)의 샤를로테 왕비가 알고 싶어했던 사물의 근원에 대해, 라이프니츠가 따로 그 견해를 기록한 《단자론》이다. 이것은 그가 세상을 떠난 후에 발표되었다.

예를 들면, 라이프니츠는 《단자론》에서 신에 대해 다음과 같이 기술하고 있다.

"이리하여 사물의 최종적 근거는 필연적으로 실체 안에 있다. 그 안에는 변화의 다양성이 마치 깊은 샘 속에 내포되어 있는 것과 같다. 참으로 멋진 이 실체를 우리는 신(神)이라고 부른다."

인간에 대해서는 다음과 같이 말하고 있다.

"인간은 우수한 부분을 신으로부터 은혜를 입고 있지만, 불완전한 부분은 제약이 많은 자신의 자연적인 본성으로부터 나온다. 이 점에서 인간은 신과는 전혀 다르다. ……원래 인간이 불완전하다는 것은 인간 신체의 불완전한 움직임으로부터도 분명히 알 수 있다."

영혼과 신체에 대해서는 다음과 같이 기술하고 있다.

"영혼은 그 자신의 법칙에 따르며, 그것과 마찬가지로 신체도 그 자신의 법칙에 따른다. 양자는 모두 실체 속에서 예정조화되어 통합된다."
"인간의 영혼은 욕망, 목적, 수단이라는 궁극적인 근거에 기초하여 작동하며, 신체에 작용하는 원인 혹은 운동에 따라 활성화한다. 이 작용하는 원인 및 궁극적인 근거는 서로 조화하고 있다."

인간과 신의 관계에 대해서는,

"범속한 단계를 초월한 고매한 정신은, 신과 공존하는 것이 가능하다. 더구나 신은 이처럼 뛰어난 정신에 대해 단순히 기계에 대한 그 발명자의 관계가 아니라, (더욱 정감 있는) 신하에 대한 군주, 아니 자식에 대한 부모의 입장을 취하고 있다."

그런데 모나드론의 압권은 예정조화에 있다고 할 수 있다. 그에 의하면 개개의 모나드가 표상하는 것이 다른 모나드의 표상에 대응하며, 모든 모나드의 표상이 일치하여 하나의 조화적 세계를 형성한다. 그것은 신이 모나드의 대응관계를 미리 정하여 모든 표상과 조화적으로 질서지우기 때문이라고 했다. 라이프니츠는 이것을 개개의 시계(時計)가 일치하여 같은 시간을 나타내는 것에 비유하여, 세계는 신의 예정조화에 의해 최선의 질서를 준비하고 있다는 옵티미즘(낙관론)을 제창했다.

예를 들면, 이렇게 말한다.

"건축가로서의 신, 법률가로서의 신은 모두에게 만족스러우며, 죄는 자연의 질서에 따르는, 나아가서는 사물 그 자체의 기계적 구조에 의해 저절로 벌 받는 길을 걷지 않을 수 없다는 것을 말할 수 있을 것이며— 또 아름다운 행위는 신체와 관련하여, 나아가서는 기계적 방법에 의해 보상을 받게 된다고 분명히 말할 수 있다. 다만 그것이 곧바로 이루어진다고는 말하기 어렵다."

인식론과 변신론

그런데 라이프니츠의 저작으로서는 이 《단자론》(1714년) 외에, 《인간오성론》(1704년), 《변신론》(1710년) 등을 들 수 있다. 그 중에서 《인간오성론》에 나타난 인식론은 로크의 경험론에 대한 대립에 의해 규정된다. 그는 그 글에서 생득관념을 변호했다.

라이프니츠는 인간에게는 생득적 관념이 있으며, 그것은 인간의 외부로부터 정신 속에 들어오는 것이 아니라, 정신이 자기 스스로 만들어낸 것이라고 했다. 그리고 라이프니츠는 이들 생득관념 중에서 중요한 것은, 한 쪽이 참이면 다른 쪽은 거짓인 것처럼 중간적인 것을 포함하지 않는 모순율이며, 다음은 참된 판단에서 그것의 근거가 되는 충분한 이유를 요구하는 충족이유율이라고 했다. 또 그는 이들 법칙[律]이 없으면, 사람은 인식과 추리를 할 수 없다고 주장했다.

다음으로 《변신론》에서는, 라이프니츠는 모나드론에 앞서서, 신은 가능한 것으로서 무한히 많은 세계를 눈앞에서 보았는데, 이 무한히 많은 것들 중에서 현재의 세계를 가장 선한 것으로 선택했다고 했다. 그것이 현존하는 세계보다 더 완전한 세계는 불가능하다는 '최선세계설(最善世界說)'을 수립했다.

사후에 발표된 《단자론》은 이 생각을 더욱 보강한 것인데, 이러한 무한한 낙천관(樂天觀)은 후에 프랑스의 합리적 계몽주의자인 볼테르가 자신의 풍자소설 《캉디드》에서 격렬하게 비웃고 있다.

그러나 프랑스어로 씌어진 라이프니츠의 다채로운 철학은, 후에 제자인 볼프가 대학에서 독일어로 철학을 강의할 때 단순화되어 보급되게 되었다. 이것은 18세기의 독일 사상계에 커다란 영향을 미쳤다.

나아가 라이프니츠는 많은 친구들과의 편지를 남기고 있으며, 또한 미공개의 자료도 많아, 현재에도 라이프니츠 학회에 의해 정리가 이루어지고 있다.ⅸ

볼프(Christian von Wolf, 1679~1754)
| 독일 계몽주의 시대의 철학자이자 법학자로, 철학 용어를 처음으로 독일어화 함으로써 학문과 지식을 일반 대중에게 보급시키려는 계몽주의 정신을 구체적으로 실천하였다. 또한 체계적 법 이론의 구성을 주장하여 법학 발전에 커다란 영향을 미쳤다.

샤를 루이 드 스콩다 몽테스키외
Charles Louis de Secondat Montesquieu
| 1689~1755년

-사회과학의 위대한 선구자

종교계와 대립

프랑스의 사상가이자 작가로서도 유명한 몽테스키외는 보르도 근처에 있는 성에서 스콩다 남작 가문의 아들로 태어났다.

샤를이라는 이름은 그가 태어났을 때 마침 구걸하러 왔던 남자의 이름에서 따온 것이라고 한다. 스콩다 남작 가문은 할아버지 대부터 법률가 집안이었기 때문에, 이렇게 이름을 지음으로써 아버지는 그에게 '법률가로서 가난한 사람들을 생각하는 마음을 잊지 말도록' 가르친 것이다.

11살이 되자 오라토리오회가 운영하는 파리 근교의 쥐이 학교에서 5년 동안 역사와 고전을 공부하고, 그 뒤 보르도대학과 파리대학에서 법률을 공부했다.

변호사 자격을 취득한 몽테스키외는 고등법원 소속 변호사가 되며, 1714년에는 보르도 고등법원의 부원장에 취임한다. 그리고 1716년에 숙부가 세상을 떠나자, 몽테스키외 남작의 작위와 영지, 그리고 고등법

오라토리오회 | 프랑스 추기경 베륄(Pierre de Berulle)에 의해 1611년에 프랑스에서 설립된 가톨릭 교회로, 프랑스혁명이 발발한 뒤 해산되었다.

원장의 관직을 상속했다.

그러나 몽테스키외는 법률가라는 직업에는 그다지 흥미를 갖지 못하여, 고등법원장이라는 요직에 취임한 상태에서 보르도의 아카데미에 소속되어 문학과 철학, 자연과학의 연구에 몰두하여 수많은 논문을 발표했다.

몽테스키외의 이름을 일약 유명하게 한 것은 1721년에 암스테르담의 출판사에서 간행한 《페르시아인의 편지》라는 소설이었다.

이 책은 페르시아인의 유럽 여행기라는 형태를 취하면서 절대왕정이 시행된 프랑스에 유포된 부조리한 사상과 정치, 그리고 풍속 등을 비판적으로 묘사한 작품으로, 몽테스키외가 스스로 "빵처럼 팔렸다"라고 말할 정도로 베스트셀러가 되었다.

사실은 이 《페르시아인의 편지》는, 당시의 관례대로 익명으로 출판되었지만, 순식간에 몽테스키외가 저자라는 사실이 알려져, 그의 작가로서의 재능을 세상에 알리게 되었다.

특별히 덧붙이자면, 이 책은 단순히 풍자소설에 그치지 않고 계몽주의 운동의 원동력이 되어, 후에 프랑스혁명을 초래하는 하나의 계기가 되었다는 점이다.

《페르시아인의 편지》가 유명해진 뒤부터 활동의 무대를 파리로 옮긴 몽테스키외는 1725년에 고등법원장직을 팔아치우고 문필활동에 전념하게 된다.

그 후에는 아카데미 프랑세즈의

아카데미 프랑세즈 | 프랑스 학사원의 한 기관으로, 1635년에 정치가인 리슐리외 (Armand-Jean du Plessis, cardinal et duc de Richelieu, 1585~1642)가 문화 예술 전반을 관장하는 기관으로서 창설하였다. 프랑스의 언어와 문화 및 전통을 유지·발전시키기 위하여 사전을 편찬하고 각 분야를 연구하며, 저작이나 예술 작품을 선정하여 수상하는 일 등을 한다.

회원에 선출된 것을 계기로, 그는 1728년부터 1731년까지 3년에 걸쳐 유럽 여행에 나서, 독일, 스위스, 이탈리아, 네덜란드 등을 방문한 다음 영국에 도착했다. 여기에서 1년 반에 걸쳐 정치제도 등을 견문하고, 귀국 후에 《로마인 성쇠 원인론》(1734년)을 발표했다.

이 책에서 몽테스키외는 로마 제국이 오랫동안 존속할 수 있었던 것은 인민의 정신, 원로원의 권력, 정무관의 권위가 삼위일체가 되어 권력의 남용이 일어나지 않았기 때문이라고 분석했다. 나아가 공화제에서는 내부의 대립과 자유가 국가의 조화와 행복을 가져다준다고 기술하고 있다.

이 책을 집필한 후, 몽테스키외의 관심은 정치철학의 분야에 집중되어 《법의 정신》 집필에 착수했다. 그는 《로마인 성쇠 원인론》과 마찬가지로 실증적 방법에 의해 모든 법을 설명하려고 했다. 그러나 그것은 터무니없이 방대한 작업이 되어, 주네브의 출판사로부터 초판이 간행된 것은 그로부터 10년 정도가 지난 1748년이다. 그 무렵 몽테스키외는 거의 시력을 잃었다.

"법은 신의 의지에 의해서가 아니라 각국의 풍토에 의하여 제정되어야 한다"라고 주장한 《법의 정신》은 각국에서 큰 반향을 불러일으켰지만, 종교계로부터는 강한 비판이 일어나 발매금지 처분을 받게 된다. 그러나 정부는 그 조치에 응하지 않아 1년 후에는 20판을 찍을 정도로 베스트셀러가 되었다.

그 후 몽테스키외는 가톨릭 교회의 강한 비판에 대응하여 1750년에 《법의 정신 변호》를 발표했다. 그 후에도 논쟁은 계속되었는데, 그는 1755년에 파리에서 사망했다.

국가의 발전

《법의 정신》에서 몽테스키외는 처음에 법에 대해 다음과 같이 기술하고 있다.

"법이란 가장 넓은 의미에서는 사물의 본성에 기원을 가지는 필연적인 제(諸) 관계이다. 즉 모든 존재가 각각의 법을 가지고 있는 것이다. 예를 들면 신들에게는 그들의 법률이 있고, 동물도 그들의 법률을 가지고 있다. 그리고 모든 법은 원시적인 이성과 다양한 존재 사이에 존재하는 관계이며, 존재와 존재 사이에서의 제 관계이다."

사람들이 쾌적하게 생활하는 데에서 '규칙'과 '약속'은 없어서는 안 된다. 그것이 몽테스키외가 말하는 법이며, 그런 의미에서는 동물도 법(예를 들면 영역 표시 등이 그것이다)을 가지고 있다고 할 수 있다.

또 그는 "정체(政體)의 본성이란 정체를 정체답게 하는 것이며, 이것은 정체의 고유한 구조이다. 그것에 대해, 정체의 원리란 정체를 활동하게 하는 것이며, 정체를 움직이고 있는 인간의 정념(情念)이다"라고 쓰고 있다.

나아가 이로부터 유명한 세 정체의 분리를 주장하고 있다. 몽테스키외에 의하면, 정체는 '공화정체(공화제)', '군주정체(군주제)', '전제정체(독재제)'의 세 가지로 크게 구분할 수 있다고 말하며, 각각의 정체를 고유의 지도원리와 결부시켜 해설하고 있다.

그는 공화정체의 본성은 시민 모두 또는 가족이 최고 권력을 가지는 정체이며, 이 정체를 활동시키는 원리는 '미덕'이라고 말하고 있다.

그리고 군주정체에 대해서는, 본성은 군주가 최고 권력을 가지는 것으로, 그 원리는 '명예' 라고 기술하고 있다.

나아가 전제정체에 대해서는, 본성은 한 인간의 변덕스러운 의사이며, 그 원리는 '공포' 라고 말하고 있다.

그리고 국가의 발전은 본성과 원리가 균형을 이루는가 이루지 못하는가에 달려 있으며, 국가가 멸망하는 것은 본성과 원리 사이에 모순관계가 생기기 때문이라고 한다.

예를 들어, 전제적 군주가 있다고 하자. 유명한 것은 고대 로마 제국의 황제 네로이다. 그는 사형수의 재산은 모두 황제에게 증여한다는 법률을 날조했다. 스승으로 공경하던 철인 세네카가 그것에 이의를 제기하자 그를 캄파니아로 추방했다. 그리고 로마에서 대화재가 발생하자 그 원인을 그리스도교도들에게 덮어씌워 대학살을 자행했다. 시민들은 단지 공포에 사로잡혀 네로에 따르고 있었다.

그러나 지방의 장군들이 봉기하고, 원로원으로부터도 '국가의 적' 으로 선고받자, 네로의 명령에 따르는 자는 아무도 없었다. 그에 대한 공

세네카(Lucius Annaeus Seneca, B.C. 4?~A.D. 65)
| 고대 로마 후기 스토아 철학자의 한 사람으로 아버지 대(大)세네카에 대해 소세네카로 불린다. 어려서 철학과 변론술을 배워 유명한 웅변가가 되었다. 그로 인해 국가 재무관이 되었으나 황후의 미움을 사 코르시카 섬으로 추방되어 8년을 보냈다. 그 후 다시 로마로 돌아와 어린 네로 황제의 스승이 된 뒤 섭정이 되었다. 하지만 네로의 실정에 대해 진언을 한 뒤 관직을 물러났다. 하지만 네로 황제가 역모를 꾀한 것으로 의심하자 혈관을 잘라 자살했다. 저서로는 대표작인 《도덕서한(道德書翰)》과 《섭리(攝理)에 대하여》, 《노여움에 대하여》 등 많은 작품이 전해지고 있다.

포가 힘을 잃었기 때문에 네로는 황제의 자리를 포기하고 비서관의 도움을 받아 자살했다.

권력이 권력을 억제한다

몽테스키외는 이 책에서, 어떤 정체가 훌륭한가 아닌가에 대해 결론을 내리고 있지는 않다. 그러나 정치적 자유에 대해서는 다음과 같이 기술하고 있다.

"정치적 자유란, 사람들이 바라는 것을 모두 할 수 있는 것은 아니다. 국가에 있어서 자유란, 사람이 바라지 않는 것을 '해라' 하고 강제하지 않는 것이다. 이 정치적 자유는 제한정체(예컨대 왕정의 경우에는, 의회에 의해 왕정의 입법권과 집행권을 제한할 수 있는 조직을 가지고 있는 정체의 경우)에서만 실현될 수 있다. 그러나 설령 제한정체라 해도 최고 지도자가 권력을 남용하면 실현될 수 없기 때문에, 다른 권력이 최고 지도자의 권력을 억제하도록 하는 제도가 필요하다."

이로부터도 알 수 있듯이, 몽테스키외는 영국에서 보고 배운 입헌정체를 강하게 의식하여 이 책을 집필한 듯하다.

그리고 그가 제창한 '권력이 권력을 억제하는 제도'는 로크가 제창한 정치제도와 같은 삼권분립을 탄생시켜, 그것이 시민들의 자유 확보에 큰 역할을 맡게 된다. ▣

볼테르
Voltaire François-Marie Arouet | 1694~1778년
-기존의 그리스도교를 공격한 계몽사상가

부정을 증오한 작가

　루소와 더불어 프랑스 계몽주의의 상징적 존재가 된 사람은 프랑수와 마리 아루에 (François Marie Arouet)이며, 필명이 볼테르이다.

　그는 루소처럼 문명을 비난하고 인간의 자연 상태를 찬미한 사상가와는 달리, 인간의 이성이 만들어낸 문명사회를 높이 평가했다. 그 점에서 그는 루소처럼 새로운 독창적인 사상을 창안해낸 것은 아니었다. 그러나 볼테르만큼 인간 정신의 업적을 훌륭하게 통합하고 멋지게 이것을 표현한 사상가는 없기 때문에, 그는 자신의 사상을 정열적이면서도 효과적으로 표현한 철인이라고 불리고 있다.

　볼테르는 17세기 말에 파리에서 관리의 아들로 태어났으며, 훌륭한 학교 교육을 받은 후에 많은 논문과 팜플렛을 썼다. 그러나 그 내용이 반정부적이었기 때문에 바스티유 감옥에 두 번이나 수감되었다.

　그 후 그는 영국과 프로이센을 방문했다. 영국에서는 1년 동안 영어를 습득하여 영국의 문학과 자연과학에 정통했는데, 특히 영국에는 작가와 철학자가, 자신이 옳다고 간주한 것을 집필하여 공개적이고 자유롭게 주장할 수 있는 정신적 풍토가 있다는 점에 감탄했다.

그는 그 생각을 《영국에 관한 서간》(1734년)에서 서술하고 있는데, 이러한 영국의 자유로운 상황을, 고국 프랑스의 귀족의 부패한 지배, 그들과 결탁한 사제의 태도와 대비하였다. 또 그는 뉴턴의 업적에 감탄하여, 후에 이것을 프랑스인에게 상세하게 소개했다.

볼테르와 프로이센의 관계도 깊었는데, 그는 10년 이상이나 프로이센 왕인 프리드리히 2세와 교류를 계속했다. 그리고 왕의 초대에 응하여 1750년부터 2년 동안 베를린에 건너가 프리드리히 대왕의 식사 상대가 되었는데, 그 중에서도 단골손님이 되었다. 그러나 "두 영웅은 양립할 수 없다"라는 말이 보여주듯이, 둘 다 천재였던 대왕과 볼테르 사이에 불화가 생겨 볼테르는 황급히 프로이센을 탈출했다. 그리고 프랑스에서 구속될 것을 두려워하여 스위스의 국경 근처 페르네에 정착했다.

이처럼 시골에 정착한 볼테르는 프랑스 관헌의 추격을 두려워하지 않고 저작활동에 전념했다. 18세기의 가장 영향력이 큰 작가로서 그는 《루이 14세 평전》(1751년)과 같은 역사서를 썼을 뿐 아니라, 풍자적인 소설과 서사시도 썼다. 더구나 이 세상의 부정, 특히 교회가 일반인을 박해하는 것에 대해 전투적으로 대결했다.

프리드리히 2세 (Friedrich 2, 1712~86) 하인리히 6세의 아들로, 프리드리히 대왕이라고 불린다. 시칠리아 왕으로서는 프리드리히 1세에 해당하며, 제6차 십자군 원정을 실시하여 예루살렘 왕국을 세웠으나, 십자군을 즉시 일으키지 않아 로마 교황으로부터 세 번이나 파문을 당하기도 하였다.

철학과 역사 관련 작품

볼테르의 공적을 요약하면, 프랑

백과전서 | 볼테르를 비롯하여 달랑베르, 투르고, 루소, 몽테스키외 등 184명의 이른바 백과전서파 계몽사상가들이 편찬한 저작을 가리킨다. 본문 19권, 도판 11권의 방대한 이 저작은 1751년에 시작되어 1772년에 완간되었으며, 프랑스혁명의 사상적 배경이 되었다. 이 책은 앙시앵레짐(구제도) 하에서의 과학·기술·학술 등 당시의 학문과 기술을 집대성한 것이다.

스의 계몽주의에서 획기적 작업인 《백과전서》 출간에 대한 협력, 인간성의 선양, 종교상의 관용과 주장, 기지 넘치는 뛰어난 문체를 구사한 수많은 저작의 발표, 게다가 프리드리히 대왕을 비롯한 당시 지식인들과의 편지 교환을 통하여 국제 문화 교류에 진력했다는 점일 것이다.

철학적 작품으로는, 앞에서 서술한 《영국에 관한 서간》과 《철학사전》을 들 수 있는데, 그 견해는 영국 경험주의에 가깝게 형이상학을 부정하는 입장을 취했다.

희곡으로는 고전주의적 형식을 취한 《마호메트》(1750년) 등이 있으며, 소설로는 《캉디드》(1759년)와 풍자적 경향을 지닌 단편소설이 유명하다.

이 외에 앙리 4세의 업적을 다룬 대서사시와 잔 다르크를 다룬 에로틱한 작품도 있다.

또 볼테르는 《루이 14세 평전》과 스웨덴의 찰스 12세의 전기를 썼다. 이것들은 경제적·문화적 상황을 작품에 도입한 뛰어난 문화사로 평가받고 있다.

이처럼 볼테르의 작품은 다종다양한데, 공교롭게도 가장 정열을 쏟아 집필한 희곡과 서사시는 오늘날은 그다지 관심을 끌지 못하고 있다.

또 그의 역사서, 특히 《루이 14세 평전》은 명료하고 간명한 프랑스어의 모범으로서 여러 외국에서도 교재로 사용되고 있는데, 오늘날에는 역시 일부 애호가들만이 존중하고 있을 뿐이다.

캉디드

이와는 달리 볼테르가 심심풀이 삼아 쓴, 말하자면 반은 재미삼아 쓴 것으로 보이는 《캉디드》와 몇 편의 단편소설은 오늘날 높이 평가받아 세계 각국에서 널리 읽히고 있다. 지하에 있는 볼테르는 현대의 세계에서 널리 읽히는 자신의 작품이 이처럼 《캉디드》와 몇 편의 단편소설뿐이라는 것을 안다면 틀림없이 이해할 수 없고 기이하다는 느낌을 받을 것이다.

그러나 진실은 이렇기 때문에 어쩔 도리가 없다. 그렇다면 《캉디드》는 어떤 소설이란 말인가? 그 줄거리부터도 확실히 파란만장이라는 한마디로 요약할 수 있다.

독일 베스트팔렌의 남작 가문에서 생활하고 있던 '순수', '소박'을 의미하는 청년인 '캉디드'는 같은 집안의 퀴네공드 양과 가깝다는 사실이 발각되어 추방당한다. 캉디드는 그 후 군대에 잡혀가 가혹하게 훈련을 받으며, 또 각지를 방랑하다 마침내 파라과이, 파타고니아, 투르크까지 다다르게 된다.

그러나 그는 아름다운 퀴네공드 양에 대한 사랑을 잊지 못하고, 또 은사인 가정교사 팡글로스에 대한 존경심을 결코 잊지 못한다. 팡글로스는 이 세계는 모든 세계 중에서 가장 좋은 세계이며, 사람은 선한 감정과 성실한 행동에 대하여 그에 상응하는 보상을 받기 때문에, 성실하게 신앙심을 깊게 하여 이 세상을 살아가지 않으면 안 된다고 말했다. 정확히 라이프니츠 철학의 핵심이다.

그렇지만 캉디드가 직면한 현실의 세계는 지극히 잔인하고, 살인과 고문이 항상 다반사인 최악의 세계이다. 그러나 캉디드는 타고난 낙천적인 성격을 버리지 않아, 마지막에는 첫사랑의 여인인 퀴네공드와 재회하여 결혼하게 된다. 많은 고난에 직면하여 쓸데없는 논쟁에 빠지기도 했지만, 마지막에는 그녀와 함께 작은 땅을 경작하게 된다.

이 결말은 많은 사람들에게 감명을 주었다. 특히 칸트는 라이프니츠 등의 독단적 관념론, 스베덴보리의 이상한 영적 세계 견문을 터무니없는 생각이라고 비판한 논문에서, 캉디드가 "우리는 자신의 행복을 신경 씁시다. 이제 가정으로 가서 일하면 안 될까요?"라고 한 말을 형이상학적 미망에 대한 건전한 인간 오성의 본연의 모습이라고 높이 평가했다.

그 외에 소설로는 《미크로메가스》가 유명하다. 시리우스 성(星)의 주민인 거인이 지구에 와서 한 철인(哲人)과 이야기를 나눈다. 이 거인이 태고(太古)부터 현대까지 인류의 생활에서는 전쟁과 살인이 지배하고 있다고 비난하자, 철인은 "병사와 살인자들은 형벌에 처해서는 안 된다. 형벌에 처할 사람은 오히려 궁전 안에 안주하면서 수백만 명의 인간으로 하여금 피를 흘리도록 명령하고, 또한 그 결과에 대하여 정중하게 신

스베덴보리(Emanuel Swedenborg, 1688~1772) | 스웨덴의 스톡홀름에서 태어나 웁살라대학에서 공부한 자연과학자·철학자·신비주의자·신학자이다. 심령적 체험을 겪은 후 과학적 방법의 한계를 깨닫고, 시령자(視靈者)와 신비적 신학자로서 활동했다. 그가 죽은 다음 런던에서는 그의 교리에 따라 새 예루살렘교회가 설립되었으며, 1810년에는 스베덴보리협회가 창립되었다. 현재도 영국과 미국에 많은 신도가 활동하고 있다.
주요 저서로는 《천국(天國)의 놀라운 세계와 지옥에 대하여》(1758)와 《자연 사물의 원리》(1734), 《영혼 세계의 질서》, 《새 예루살렘》 등이 있다.

에게 감사를 드리고 있는 그 게으름뱅이인 야만인인 것이다"라고 답한다. 왕공(王公)과 교회의 포악함을 폭로한 볼테르의 면모가 생생하게 드러나 있다.

볼테르의 이런 소설들의 문체는 명료하고 간결하며, 더구나 유머로 넘쳐나, 오늘날에도 이들 작품을 읽는 사람은 지루해하지 않는 것 같다.

볼테르 철학의 핵심

신이 바라보는 세계를 최선이라고 한 라이프니츠의 낙천론에 반대했다고 하여 볼테르가 결코 무신론자나 유물론자는 아니었다. 볼테르는, 만약 신이 없었다면 그것을 고안해낼 필요가 있다고 말할 정도로 신에 대한 신앙을 불가결한 것이라고 생각하고 있었다. 그에 반하여, 그는 기존의 그리스도교를 격렬히 증오했다. 기존의 그리스도교, 즉 교회의 파괴를 자신의 사명이라고 생각하고, 이 열망을 달성하기 위하여 모든 수단을 다 동원하려고 했다.

특히 어느 한 사람의 신교도(新敎徒)가 가톨릭으로 개종하려고 한 자신의 자식을 살해했다는 뜻밖의 고발을 받고 체포되어 결국 사망하는 사건이 발생하자, 볼테르는 이 고발을 비난하고, 희생자의 가족을 구제하기 위해 노력함과 동시에, "파렴치한을 타도하라"라는 표어를 반복하며 규탄했다.

정치적 영역에서, 볼테르는 이성에 의한 인간의 점진적 향상을 요구하였는데, 특히 프랑스인이, 영국인이 이미 소유하고 있는 자유를 획득하기를 원하고 있었다. 그러나 그가 사망한 후 얼마 안 되어 일어난 프랑스대혁명과 같은 과격한 혁명을 바라고 있었던 것은 아니고, 대중이 평화적이고 점진적으로 향상되기를 기대하고 있었다.

그는 "내가 예견하는 일체의 것은 반드시 닥쳐올 것임에 틀림없는 혁명의 씨앗을 뿌리고 있는 것으로 생각된다. 그러나 나는 이미 그 증인이라는 기쁨을 가질 수 없을 것 같다"라고 말했다.

정확히 그는 혁명 전야인 1778년에 83세를 일기로 세상을 떠났다. 그리고 본인은 과격한 혁명을 바라지 않는다고 말했지만, 그의 평생 동안의 언동은, 루소의 그것과 더불어 프랑스대혁명이라는 세계사의 전기를 만드는 추진력이 되었다. 🅹

데이비드 흄
David Hume | 1711~76년

-실증주의의 길을 연 회의론자

독신의 철학자

초기 자본주의 무렵부터 상공업이 꽃피고 있던 영국에서는, 현실의 생활을 중시하고, 감각과 경험에 의해서 확인된 것이 아닌 한 믿지 않는 경향이 강했다. 그것이 베이컨이나 로크 등의 철학의 기조였는데, 그 중에서도 흄은 경험론을 주장하여 무신론자라고 여겨질 정도였다.

데이비드 흄은 스코틀랜드의 에든버러에서 태어났다. 흄의 어머니는 그가 세 살 때 일찍이 홀로 되었는데, 두 명의 아들과 한 명의 딸을 교육하기 위해 온 힘을 기울였다. 그를 보호했던 숙부는 목사였다.

흄은 12살에 에든버러대학에 입학했는데, 문학이 그의 마음을 사로잡아 유명한 문인이 되려는 야심을 가졌다. 그러나 그가 변호사가 되기를 바라고 있던 어머니와 숙부는 그것에 반대했다.

1734년경에 기회가 찾아왔다. 그는 이번에는 실무적인 일을 찾아 브리스틀에 있는 한 회사의 직원이 되었다. 그러나 이내 일에 염증을 느낀 그는 아무에게도 걱정을 끼치지 않고 지적인 일에 전념할 수 있는 은둔지를 찾았다. 그래서 프랑스로 건너가, 데카르트도 일찍이 체류한 적이 있는 라 프레슈에 거주하였으며, 여기에서 약 2년 동안 머물며 《인간오성론》을 써냈다. 이 저작은 흄의 철학서 중에서도 특히 독창적인 것이지만, 그 반면에 매우 복잡하고 난해하다고 알려져 있다.

《인간오성론》은 1739년 런던에서 출판되었지만 성공하지 못하고, 완전히 묵살당한 꼴이 되었다. 흄은 크게 실망하여, 그 후에는 세부적인 것에 천착하였으며, 보다 문학적인 에세이 형태로 이 주저(主著)의 전체적인 모습을 살려내는 것을 과제로 삼았다. 이처럼 흄은 서술을 수정·보완하여 한층 읽기 쉽게 함과 동시에 종교에 관한 부분 등을 첨가했다.

또 1741년에 에든버러에서 《도덕·정치론집》을 출판하고, 그와 동시에 그는 재정적으로도 자립할 수 있는 직업을 찾았다. 그를 위해 그는 제임스 생클레어(James St. Clair) 장군의 비서가 되었다. 장군이 오스트리아 계승전쟁에서 브르타뉴 해안에 상륙하려고 했을 때에도, 빈과 토리노에 외교사절로서 파견되었을 때에도, 장군을 수행했다. 이윽고 1748년에 획기적인 논문 〈기적에 관한 시론〉 등을 포함한 《인간 지성 연구》를, 그리고 1751년에 《도덕 원리에 대한 연구》, 1752년에 《정치론집》을 차례로 출판했다.

흄은 1751년 이래 에든버러에 거주하고 있었는데, 무신론자로 간주되어 글레스고대학의 정교수는 되지 못하고, 그 대신 에든버러의 법조학원의 사서에 임명되었다. 이것

오스트리아 계승전쟁 | 오스트리아 왕위 계승전쟁이라고도 한다. 독일과 오스트리아를 지배하던 합스부르크 왕 카를 6세는 외아들이 사망하자 딸인 마리아 테레지아에게 왕위를 물려주려고 새로운 왕위계승법을 제정했다. 그러자 기존의 관습에 따른 상속권자인 바이에른 선제후 카를 알베르트가 자신의 상속권을 주장하였다. 카를 6세가 세상을 떠나자 두 사람은 상속권을 두고 대립하였고, 결국 프로이센, 프랑스, 에스파냐 등이 개입하여 국제적 전쟁으로 비화했다. 1748년에 엑스라샤펠 조약을 체결하고 전쟁을 끝냈다.

은 도서관과 관련된 일을 하는 것이어서, 흄은 이 기회를 이용하여 열심히 독서하여 《영국사》와 경제론집을 발표했다.

흄은 또 프랑스에 건너가 백과전서파 사람들과 친교를 맺었는데, 특히 루소와도 친해졌다. 1766년에는 런던에 루소와 함께 귀국하였는데, 그 동안에 두 사람의 관계가 악화되어 결국 완전히 절교하게 되었다. 두 사람은 서로에게 상대를 "악마다" "배반자다"하고 매도하고 있었다. 1767년에 루소는 프랑스로 돌아가고, 흄은 런던의 외무성에서 단기간 머문 뒤 에든버러로 돌아갔다.

흄의 집에는 교양 있는 사람들이 모여들었는데, 그도 《자연종교에 대한 대화》를 완성하는 등 철학자다운 나날들을 보냈지만, 중병에 걸려 1776년에 세상을 떠났다. 그의 나이 56살이었다.

여하튼 흄은 평생 학문과 명상의 세계를 사랑하고, 그러는 가운데 영혼의 고양(高揚)이 이루어진다는 것을 발견했다. 독신을 고수했던 그는 "여성은 인생에 불가결한 것은 아니며 ┄┄┄┄책은 인생에 불가결한 것 가운데 하나인데, 나는 자신이 읽을 수 있는 것보다 많은 책을 소유하고 있다" 등의 명언을 남겼다.

획기적인 인식론

칸트는 《프로레고메나》에서 흄에 의해 독단의 꿈이 깨우쳐졌다고 고백했다. 분명히 흄은 획기적이고 명쾌한 인식론을 제창했다. 그는 경험주의적, 심리주의적 인식론자다. 그는 의식을 분석하고 있는 동안에 시각이나 청각 등 감각과 그것의 재생인 표상을 중시하고, 제 표상에 의한 연성이라는 개념을 고안해냈다. 더구나 그는 눈과 귀가 지각한 것만이 확실하다고 생각하는 (어떤 필연성도 수반하지 않는) 사실의 진리와, 두뇌가 구성한 수학, 논리학 등 (단순한 사고에서의 필연성을 보여주고 있는) 이성의 진리를 분명히 구별했다. 흄은 모든 자연법칙에 대해서도 과연 그대로인지 의문을 가졌다. 그는 특히 독단적 관념론이 말하는 것과 같은 실체의 개념과 인과율의 개념은 단지 심리적인 필연성에 준거하고 있음에 지나지 않는 것은 아니냐고 비판했다. 또 전통적 형이상학이 주장하는 이성적 견해라는 것을 모두 배격했다.

이러한 철학 비판 속에서 중심이 되는 것은 인과개념의 비판이다. 흄은 우선, "두 개의 사물이 인과관계를 이루고 있다는 것을, 우리는 무엇으로부터 알게 되는 것일까" 하고 물었다. 우리는 그것을 아프리오리(a-priori, 선천적)하게 알고 있는 것은 아니다. 왜냐하면 아프리오리의 인식은 동일한 것을 이해할 수 있을 뿐이며, 결과와 원인이 다른 인과관계 등은 알 수 없기 때문이다.

또 우리는 그것을 경험으로부터 아는 것도 아니다. 왜냐하면 경험은 우리에게 두 가지 사실의 시간적 연속밖에 보여주지 않기 때문이다. 따라서 경험으로부터 이루어지는 추리는 모든 습관에만 기초하고 있다. 어떤 것이 다른 것으로부터 필연적으로 생겨난다고 우리가 생각하는 것은, 어떤 것이 다른 것에 시간상 연달아 일어나는 것을 보아왔기 때문이며, 우리는 계속관계로부터 인과관계를 멋대로 만들어내는 것이다. 그러나 시간상의 연결은 인과적 연결과는 다른 것이다.

우리는 따라서 인과개념을 제시하여, 지각(知覺)에게 주어지는 것을 초월하여 멋대로 개념을 만들고 있는 것이다.

나아가 흄은 이미 로크가 비판했던 실체의 개념에 관해, 이것은 객관적 실재성이 전혀 아닌 주관적 개념이라고 했다. 흄은 또 자아의 개념도 부정했다. 실제로 '자신'이라든가 '나'라는 것은 잇달아 빠르게 나타나는 많은 표상에 다름 아니며, 우리는 이 복합물을 기초로 하나의 허구적인 기체(基體)를 날조하여, 그것을 '마음'이라든가 '자신'이라든가 하고 부르고 있는 것이다. 따라서 '자신'이라든가 '나'라는 것은 완전히 환상에 기초하고 있을 뿐이며, 또 영혼의 불사 등은 있을 수 없다고 했다.

이 정도로 회의적이 되면, 도덕과 종교에 관해서도 거리낌 없는 견해가 제시된다. 윤리의 입장에서 그는 결정주의, 쾌락주의, 공리주의적이라고 일컬어지지만, 종교에 관해서도 그리스도교의 기본인 '기적'을 부정하는 등 냉혹한 태도를 취하고 있다.

"기적에 대한 보고(報告)에는 지어낸 이야기가 많다."

예를 들면, 농촌에서 젊은 남녀가 우연히 마주보고 대화하는 것을 목격한 인물이, 이것은 연애다, 두 사람은 곧 결혼한다는 정보를 퍼뜨리면, 마을 사람들이 그것을 믿게 된다.

또 타키투스는, 로마 황제 베스파시아누스(A.D. 69~79년에 로마를 통치함)가 알렉산드리아에서 눈이 성치 않은 사람에게 침을 뱉어 시력을 회복시켜주고, 발이 아픈 자의 환부에 잠깐 자신의 발을 접촉한 것만으로 병을 낫게 했다고 전하고 있다.

타키투스(Publius Cornelius Tacitus, 55?~117?) | 로마 제정시대의 역사가로, 호민관 · 재무관 · 법무관을 거쳐, A.D. 97년에 집정관(콘술)이 되었다. 그 후 112년에 속주(屬州)인 아시아주의 총독이 되었으며, 젊은 시절에 체험했던 로마 제정(帝政)을 신랄하게 비판하는 책을 썼다. 저서로는 장인인 아그리콜라의 생애를 기록한 《아그리콜라전》을 비롯하여 《게르마니아》, 《연대기》, 《역사》 등이 있다.

세라피스(Serapis) | 사자(死者)의 남신(男神)인 오시리스(Osiris)와 동물신으로 성스러운 소인 아피스(Apis)가 합성된 우신(牛神). 명부(冥府)의 왕 또는 의술의 신으로 간주되기도 했다. 고대 이집트의 도시인 멤피스 지역에서 숭배되었는데 그 곳에는 이 신에게 제사 지내는 세라피움(Serapeum)이라는 신전이 있었다.

그러나 이런 것들은 이집트의 신인 세라피스의 기적을 모조리 그대로 로마 황제의 업적으로 옮겨놓은 것일 뿐인 이야기로, 설사 대역사가인 타키투스의 보고와 말이라도 의심스러운 것에 불과하다.

여기까지는 순조로운 논리였지만, 흄은 그리스도교의 기적 중의 기적인 사자(死者)의 부활에 관해서도, 그것에 관련된 증언 따위도 믿을 수 없다고 한 것은 중대하다.

흄은 이것에 관해 다음과 같이 기술하고 있다.

"일견 건강해 보이는 사람이 갑자기 죽게 되어도 놀랄 것까지는 없다. 이와 같은 죽음은—분명히 다른 경우에 비해 이상하기는 하지만—드물게나마 있기 때문이다. 그렇지만 죽은 사람이 되살아났다고 하면, 이것은 틀림없이 기적이다. 그러한 경우는 어떤 시대에도, 어떤 지역에서도 결코 관찰된 적이 없기 때문이다. 따라서 조리가 통하는 경험은 모든 기적에 반대하고 있다. 그렇지 않으면 그러한 사건들은 결코 기적이라는 이름을 붙일 수 없기 때문이다.

조리가 통하는 경험에 의하면, 우리는 사물의 본성으로부터 모든 기적의 존재에 반대하는 완전한 증거를 직접 갖게 된다. 확고한 반증이 제시되지 않으면 이 증거가 부정되는 것은 아니며, 따라서 기적은 믿을 수 없는 것이 될 것이다."

이렇게 보면, 흄은 예수의 부활에 관한 증언에 의심을 품고 있었다고 보아도 좋을 것이다. 또 그는 사람이 죽은 다음에 간다는 내세(來世)와 피안(彼岸)의 존재에 대해서도 부정적이어서 다음과 같이 말한다.

"우리가 현재 살고 있는 세계야말로 중요하며 현세(現世)를 자신이 몰두해야 할 유일한 대상이라고 생각하지 않고, 갖가지 자연현상을 전혀 고려하지 않고서 현세의 생활은 내세(來世)라는 미래로 가는 단순한 통로에 불과하며, 이 통로를 나가면 더욱 더 넓고도 전혀 다른 양식의 내세로 인도된다고 생각하는 사람들이 있다. 그러나 이 생각은 단지 그들 자신의 공상의 소산일 뿐이다."

흄은, 무신론자라고 단정하게 한 이런 견해를 표명했기 때문에 세간에서 무시당하는 것을 개탄하여, 현대인과 비교하면 고대의 에피쿠로스가 상당히 유물론적 · 무신론적 견해를 피력했을 때에도 문화적인 고대의 아테네에서는 박해받지 않고 오히려 정중하게 대접받았다고 서술하여, 현대인의 불관용 풍조를 비판하고 있다.

흄의 이러한 사고방식은 프랑스의 계몽주의와 칸트의 철학에 영향을 주었고, 나아가 실증주의의 길을 열게 되었다.⬛

장 자크 루소
Jean-Jacques Rousseau | 1712~78년

-자유의 정치철학의 창시자

너무나도 선진적인

"자연으로 돌아가라"라는 말로 유명한 루소는, 스위스의 도시국가인 주네브 공화국에서 실력 있는 시계 직인의 차남으로 태어났다. 태어난 지 며칠 후에 어머니가 사망하였고, 아버지도 루소가 10살 때 실종되었기 때문에 숙부와 고모 밑에서 자랐다.

13살이 된 루소는 조각가의 제자로 들어갔지만, 15살 때에 그 곳을 떠나 방랑생활에 들어갔다. 그 후, 사부아 공국에서 유복한 바랑 부인과 만난 루소는 그의 비서 겸 애인이 되어 철학과 자연과학, 역사 등을 배울 기회를 가졌다. 이 바랑 부인과의 만남이 없었다면, 사상가 루소는 탄생하지 못했다고 해도 좋을 것이다.

바랑 부인과의 밀월관계는 10년 정도 계속되었는데, 루소에게 애인이 생기면서부터 두 사람의 관계는 깨지게 되었다. 그래서 루소는 파리로 가서 사상가인 디드로와 철학자 콩디야크 등과 깊은 친교를 맺었다.

파리 시절의 루소는 《백과전서》에 기고했지만, 음악가와 정치가로의 길은 모두 실패하고, 더구나 사교계에서도 어울리지 못 한 채 번민의 날들을 보내게 된다.

그 때 우연히 눈에 띈 것이 디종 (Dijon) 아카데미의 현상논문 모집 공고였다. 그는 《학문예술론》으로 이 현상논문에 입선한다(1750년). 사상가로서의 데뷔를 한 것이다.

이 책은 당시의 사회와 문화의 본연의 모습을 독자적인 도덕적 관점에서 비판한 것으로, 유럽의 사상가들에게 강한 충격을 주었다.

디드로(Denis Diderot, 1713~84) | 철학자이자 문학가로, 18세기 프랑스의 대표적 계몽주의 사상가이다. 달랑베르, 튀르고, 루소, 볼테르 등과 함께 《백과전서》 출간을 주도한 백과전서파의 대표자이다. 존 로크의 후원자였던 샤프츠베리 백작의 영향으로 이신론(理神論)으로 기울었으며, 작품 《맹인서간》에는 무신론의 경향까지 보여 투옥되기도 했다. 《백과전서》의 편찬에 평생을 바쳤다. 《달랑베르의 꿈》과 《수도녀》를 비롯한 많은 저작이 있다.

그 때까지 번민했던 생활이 거짓말처럼 바뀌고, 1752년에는 오페라 〈마을의 점쟁이〉가 처음 공연되는 등 오페라 작가로서도 성공을 거두지만 그의 흥미는 이미 철학 쪽에 기울어져 있었기 때문에, '자기 개

콩디야크(Etienne Bonnot de Condillac, 1715~80) | 프랑스의 계몽주의 철학자로, 데카르트의 관념론과 라이프니츠, 스피노자의 추상적이고 형이상학적인 방법을 거부하며 경험론을 강조하였다. 대표작으로는 《감각론》(1754)이 있다.

혁'이라는 명분으로 오페라 작가를 그만두고 그 뒤로는 사상가로서만 살기로 결심한다.

그 후 《인간불평등기원론》, 《정치경제론》(둘 다 1755년)을 발표한 루소는, 사상가로서 확고한 지위를 구축하여 국왕으로부터 연금을 수여할 수 있는지를 타진할 정도가 되었다.

그러나 문화인으로서는 칭송받게 되었지만 사교계에서 어울릴 수 없었던 루소는, 연금 수여를 단념하고 파리를 떠나 시골에 내려가 칩거

했다.

그 후에도 장편소설 《신(新) 엘로이즈》, 《사회계약론》(1762년) 등의 작품을 연달아 발표하는데, 특히 《신 엘로이즈》는 엄청난 베스트셀러가 되었다. 하지만 《에밀, 혹은 교육에 관하여》(1762년. 아래에서는 《에밀》로 표기)는 파리 고등법원에 의해 금서로 판결 받았기 때문에, 루소는 스위스로 망명했다.

그러나 스위스에서도 이 책은 발매금지 처분을 받고, 더구나 시민들에 의해 박해 받았기 때문에 철학자 흄을 믿고 영국으로 망명했다.

《에밀》뿐만이 아니라, 루소의 작품 내용은 너무나도 진보적이었고, 더구나 자신에 차 있었기 때문에, 저명인들의 반감을 산 경우도 적지 않았다.

예컨대, 18세기의 프랑스에서 가장 유명한 사상가이자 작가인 볼테르에게 《인간불평등기원론》을 헌정했을 무렵, 조소적인 평론을 받았다고 한다. 이 때부터 루소와 볼테르는 격렬하게 대립하게 된다.

그 후 루소는 은인인 흄과도 사이가 틀어졌다(루소는 자기중심적이어서, 이 원인도 루소의 피해망상에 의한 일방적인 것이라고 알려져 있다. 흄도 울화통이 터졌기 때문에, 두 사람은 최후에는 서로 매도할 정도로 험악한 관계가 되었다). 루소는 1767년에 프랑스로 귀국하여, 파리에 숨어 지내면서 자서전인 《고백》을 완성했다. 이어서 《고독한 산책자의 몽상》에 착수했지만, 뜻을 이루지 못하고 1778년에 갑자기 사망했다.

지혜를 주는 서양의 철학과 사상

금서의 선언

《에밀》은 고아인 에밀이 이상적인 교사 밑에서 성장하는 과정이 루소의 교육론과 함께 묘사된 소설이다. 그는 이 책에서, 아이들에게 자유로운 사고방식을 할 수 있도록 기르기 위해서는 엄격한 예의범절보다도 풍부한 감정 표현을 하게 하는 것이 중요하다. 또 교사는 아이들이 태어나면서부터 가지고 있는 자질을 발견하여 그것을 신장시키고, 지성과 감정을 균형 있게 발달시키는 것이 중요하다고 기술하고 있다. 아이들은 엄격하게 가르치는 것이 당연하게 여겨지던 풍조였던 당시로서는 획기적인 견해여서, 당연히 가정과 학교에서의 교육 본연의 자세에 크게 영향을 미쳤다.

이 책은 5편으로 구성되어 있으며, 에밀의 유아기부터 성인기까지가 묘사되어 있다. 각각의 편에서는, 연령에 따른 발달의 과정과 사고, 행동 등의 특징이 묘사되어 있어, 최근의 발달심리학과 같은 시각에서 인간의 성장을 파악한 것으로서 오늘날에도 높이 평가받고 있다.

이와 같은 교육서가 어째서 금서로 단죄되었던 것일까? 그 이유는 에밀의 15살부터 20살까지의 모습을 묘사한 부분에 있다. 루소는 여기에서 '사부아 사제의 신앙고백'이라는 특별한 설화를 첨부하였다. 그리고 루소 특유의 이신론을 기술하였기 때문이다.

그는 종교비판이라기보다도, 구체제 전체를 비판하기 위하여 이 설화를 첨부했는데, 교회의 반응은 상

이신론(理神論, deism) | 신의 존재는 인정하지만, 그것은 그리스도교처럼 인격적인 것이어서는 안 되며, 기적과 신의 계시 등은 존재하지 않는다는 생각. '자연신론'이라고도 부른다. 1606년에 영국의 J. 톨런드와 M. 틴들이 주장하였으며, 프랑스의 18세기 계몽주의 시기에 볼테르와 디드로, 루소 등이 제창한 대표적인 그리스도교 사상이다.

상 이상으로 극렬했다. 평소에는 대립하고 있던 가톨릭과 프로테스탄트 교회가 함께 엄하게 루소를 비난하며 파리 고등법원에 제소했다. 그 때문에 이 책은 발매한 지 한 달도 채 되지 않아 금서선고를 받게 된다.

문명의 발달과 인간의 타락

볼테르가 혹평했던 《인간불평등기원론》은 원래 《학문예술론》과 마찬가지로 디종 아카데미의 현상논문에 응모하기 위해 씌어진 것이다. 유감스럽게도 낙선하여 현상금을 받지는 못 했지만, 이 책은 〈주네브 공화국에의 헌사〉라는 장을 추가하여 암스테르담의 출판사에서 간행되었다.

이 책에서 루소는, "문명이 발달하면 발달할수록 인간은 타락하며, 부도덕하고 불행한 상태에 빠진다. 인간이 도덕적으로 훌륭한 상태에 있는 것은 자연상태(원시상태)에 있을 때이다"라고 말하고 있다. 루소에 의하면 국가의 기원은 다음과 같다.

> "'이 땅은 나의 것이다'라고 선언하고, 그것을 믿는 좀 모자라는 무리를 발견한 것이 국가의 진짜 창립자이다. 만약 '이러한 자가 말하는 것을 믿지 말라. 토지는 누구의 것도 아니며, 거기에서 나는 과실은 만인의 것이다'라고 말하는 자가 있었다면, 그 후에 일어나는 수많은 전쟁과 범죄를 막을 수 있었을 것이다."

결국 소유권의 발생이 바로 국가 발생의 기원이며, 그것은 동시에 인류의 불행의 시작이기도 했다는 것이다.

이 논리는 인간의 문명을 모두 부정하는 것처럼 받아들여졌기 때문에, 볼테르는 "이 책을 읽으면, 나는 네 발로 걷고 싶어진다"라고 혹평했다.

국가의 주권은 시민에게 있다

나아가 루소는 《사회계약론》에서, 국가는 시민이 재산과 생명을 양도한다는 사회계약에 있어서만 성립한다고 생각했다. 이 계약은 자유의지에 의해서 이루어지기 때문에, 이 계약에 의해 성립된 국가의 주권은 시민에게 속하게 되며, 설사 그 국가에 군주가 존재한다고 해도 그것은 단순한 행정관에 불과하다고 주장하고 있다.

루소는 이 책에서, 노예제에 관해서도 당시의 주류파와는 다른 생각을 가졌다.

예를 들면 네덜란드의 법학자 호로티위스는 '노예는 전쟁에서 승리한 자가 얻는 당연한 권리'라고 한다. 승자는 패자의 목숨을 뺏을 권리를 가지고 있다. 그러나 패자는 자유를 포기하는 대신 자신의 목숨을 돌려받을 수 있다. 이리하여 패자는 스스로 자청하여 노예가 된다는 사고방식이다.

한편 루소는, 전쟁은 하나의 정치사회가 다른 정치사회에 대항하여 일어나는 것이며, 인간 대 인간의 전쟁은 있을 수 없다. 그렇기 때문에 승자에게 패자의 목숨을 빼앗을

호로티위스(Hugo Grotius, 1583~1645) | 네덜란드 출신의 법학자로, '국제법의 아버지' 혹은 '자연법의 아버지'라고 불린다. 델프트의 명문 가문에서 태어나 변호사와 공직에 종사하였으나, 1619년에는 종교분쟁에 휘말려 종신형과 재산몰수형을 선고받고 복역하던 중, 1621년에 아내의 도움으로 탈옥하여 파리로 도망하였다. 프랑스에서는 루이 13세의 후원하에 집필활동에 전념하여 대표작인 《전쟁과 평화의 법》을 집필하였다. 세 권으로 되어 있는 이 책은, 전쟁의 권리·원인·방법에 대하여 기술하고 있는데, 국제법 전반을 체계적으로 정리한 최초의 저작으로 평가된다.

권리 따위는 존재하지 않는다고 지적했다. 나아가 "자유의 포기란 인간이 인간으로서의 자격을 포기하는 것이다"라고 기술하여, 인간을 노예로 삼을 권리는 누구에게도 없다고 주장하고 있다.

　이와 같은 루소의 사상은, 볼테르의 혹평을 보아도 알 수 있듯이, 당시에는 '전혀'라고 해도 좋을 정도로 받아들여질 수 없는 것들이었다. 그러나 프랑스혁명(1789~94년)이 시작되자, 특히 급진파인 자코뱅파에게 지지를 받아 급격히 확산되게 되었다.ⓞ

임마누엘 칸트
Immanuel Kant | 1724~1804년

– 인간의 인식과 그 한계를 설파한 독일 관념론 철학의 시조

검소한 생활

임마누엘 칸트는 1724년에 동프로이센의 쾨니히스베르크, 현재의 러시아령 칼리닌그라드에서 태어났다. 더구나 그는 생애의 대부분을 이 지역에서 보냈다. 그는 경건한 마구(馬具) 제작자의 아들로, 그 지역의 대학에서 철학과 신학을 공부한 후, 일단 가정교사가 되었다. 그가 쾨니히스베르크대학의 강사가 된 것은 1755년, 정교수에 취임한 것은 1780년이다.

칸트의 사상은 대체로 세 개의 시기로 나뉜다. 우선 주저(主著)《순수이성비판》을 쓰기까지의 젊은 날인 '전비판기(前批判期)'. 이어서 《순수이성비판》과 《실천이성비판》, 《판단력비판》을 쓴 '비판기', 그리고 말년의 사상을 전개한 '후(後)비판기'이다.

그는 완전히 기계장치처럼 면학에만 몰두하는 규칙적인 생활을 했다. 그러나 당시의 세계적인 학자와의 편지를 통해 사상 교환은 왕성하게 했다. '전비판기'에 칸트는 자연과학 연구에 열중하여, 특히 1755년에는 《일반 자연사 및 천체의 이론》을 저술했는데, 이것은 태양계의 발생에 관한 이른바 칸트·라플라스 이론의 기본을 서술한 것이다.

칸트는 당초에는 라이프니츠와 볼프(127쪽 참조) 등이 주장한 합리주의적 계몽철학(후에 그는 이것을 '독단론'이라고 불렀다)에 따르고 있었는데, 루소의 저작에 접하고 이성 만능의 사고방식을 바꾸었다. 또 1766년에 《형이상학의 꿈에 의해 해석된 시령자(視靈者)의 꿈》이라고 제목을 붙인 저술을 발표하고, 그 글에서 영계(靈界)를 보았다는 스웨덴의 시령자인 스베덴보리(138쪽 참조)의 주장을 공상이자 미망이라고 비판했다. 그와 동시에 라이프니츠와 볼프 등의 독단(獨斷)철학도 현실의 경험에 기초하지 않은 형이상학의 꿈이라고 단정했다.

그리고 그는 1770년에 취직논문으로 《감성계 및 예지계(睿知界)의 형식과 원리》를 저술하여 '비판기'로의 이행을 분명히 했는데, 여기에는 흄 등 영국 경험주의자의 저작에 대한 연구가 크게 기여했다.

1781년에 그는 마침내 주저(主著)인 《순수이성비판》을 발표했다(개정된 제2판은 1787년에 출판되었다). 이로써 그는 기존의 모든 형이상학은 독단적이라고 단정하고, 인간의 인식능력과 그 한계의 분석에 의해 이론적 학문으로서의 철학의 가능성을 찾으려고 했다.

▶ 칸트의 《순수이성비판》 초판의 표지

《순수이성비판》 이후에 씌어진 주요 저작의 하나로서는, 1783년의 《프로레고메나》가 있다. 이 책에서 칸트는, 그 이론철학을 주저보다도 더 쉽게 서술하고 있다. 1785년에는 《도덕 형이상학의 기초 놓기》가 출판되었는데, 이 책에는 3년 후에 출판된 《실천이성비판》(1788년)의 근본사상이 모두 포함되어 있다. 또 그 사이에 《자연과학의 형이상학적 제 원리》가 출판되었다.

그 후 《판단력비판》(1790년)이 세상에 나왔다. 앞에서 언급한 대로 이 시기는 칸트의 '비판기'라고 불리고 있다. 말년에는 《단순 이성의 한계 내에서의 종교》(1793년), 《도덕의 형이상학》(1797년), 그리고 《제(諸) 학부의 논쟁》과 《인간학》(둘 다 1798년)이 출판되었다. 이것은 칸트의 마지막 저작이다.

그런데 한 번도 쾨니히스베르크와 그 주변을 나온 적이 없었던 칸트는, 대학에서의 수업을 성실히 하여 자신의 사정에 의해 휴강을 한 적은 없었다. 또 산책조차도 매우 규칙적으로 했다고 한다. 그 칸트가 산책을 2~3일 거른 적이 있었는데, 그것은 루소의 교육론인 《에밀》에 매료되어 독서에 빠졌기 때문이었다고 한다.

독신으로 성실하기만 한 생활을 했던 칸트에게도 즐거움은 있었다. 그것은 하루에 한 번 하는 식사였다. 그는 아침식사로 홍차 두 잔만을 마셨고, 저녁에는 식사를 하지 않았다. 하지만 점심식사는 꽤 사치스럽게 했는데, 오후 1시부터 4시까지 친한 친구들을 불러, 스프, 쇠고기 요리, 생선 요리 등을 즐겼다. 그는 요리에 관해서는 일가견이 있었는데, 그 때문에 《순수이성비판》을 쓰지 않느냐고 친구들로부터 말을 들을 정도였다.

또 그는 여행도 변변히 하지 않았을 텐데도 세계의 움직임에는 정통하여, 영국에서 온 손님에게 런던의 다리의 구조를 상세하게 들려주었다. 그 손님은 놀라서, "당신은 몇 년 정도 런던에 살았습니까?"라는 질문을 받았을 정도였다. 그러나 칸트는 "나는 프로이센의 국경을 넘은

적이 없습니다"라고 대답했다고 한다.

이론이성의 한계

칸트는 자신이 이루어낸 철학에서의 변혁을, 천문학에서 코페르니쿠스에 의하여 이루어진 개혁과 비교하고 있다. 즉 코페르니쿠스가 천동설을 지동설로 변혁한 것과 마찬가지로, 인식론에서 획기적인 업적을 이루었다는 것이다.

칸트는 "코페르니쿠스는 모든 별이 관찰자의 주위를 회전한다고 상정해서는 천체의 운동을 제대로 설명할 수 없었기 때문에, 관찰자를 회전시키고 반대로 별을 정지시키면 좀 더 잘 설명할 수 있지 않을까 하고 시험해보았다"라고 말하고 있다. 그렇다면 칸트는 어떤 변혁을 한 것일까?

칸트는 우선 인간의 인식능력과 그 한계를 보여주려고 했다. 칸트에 의하면, 참된 인식은 감각과 오성(지성·사고력)의 공동 작업에 의해서만 가능해진다. 즉 인간의 인식은 감성이 받아들인 잡다한 감각적 재료에, 시간과 공간의 형식 및 오성의 인식 형식(카테고리, 예컨대 인과율)을 적용함으로써 성립한다. 이처럼 인간의 인식은 대상에 의해 결정되는 것이 아니라 감성 및 오성의 인식능력에 의거하여 가능해진다는 점에서 분명히 주객전도, 코페르니쿠스적 전회를 실현시켰다.

코페르니쿠스적 전회(전환) | 칸트가 기존의 철학적 이론에 비하여, 자신의 철학적 관점이 획기적으로 다름을 비유하여 일컬은 말. 즉 코페르니쿠스가 기존의 천동설을 부정하고 지동설을 주장했듯이, 철학에서 인식은 대상(對象)에 주관이 따름으로써 성립된다고 하던 기존의 입장을 반전시켜, 주관의 선천적 형식이 대상의 인식을 결정한다고 한 것을 가리킨다.

그 반면, 인간의 인식이 미치는 범위는 경험적 세계(현상계, 감성계)에 한정되며, 경험을 초월한 세계는 이론적 인식의 대상이 될 수 없다. 예를 들면, 장미꽃의 색깔, 모양, 향기 등의 현상은 알지만, 그 배후에 있는 장미의 본성(물자체)은 알 수 없다. 나아가 이러한 사소한 사물뿐만 아니라, 일반적으로 머릿속에서만 생각해낸 경험에 의하지 않은 것, 영혼의 불사, 신의 존재 등에 대해서 운운하는 것은 이론적 이성의 입장에서 보면 월권이고 불손하다는 것이다.

물자체(物自體, Das Ding an sich) | 칸트 철학의 핵심적 개념으로, 인식주관에 대립하여 나타나는 현상으로서의 물(物)이 아니라, 인식주관으로부터 독립하여 그 자체로서 존재하며 현상의 궁극적 원인이라고 생각되는 물 그 자체를 말하며, 본체(本體) 또는 선험적 대상(先驗的 對象)이라고도 한다. 칸트에 따르면, 우리의 눈에 보이는 것은 물 그 자체가 아니라 우리의 인식주관이 감각을 통해 재구성한 것이라고 한다. 따라서 우리는 우리의 감각을 통해 느껴지는 부분만을 인식할 수 있을 뿐이며, 물 그 자체를 인식하는 것은 불가능하다고 한다.

예를 들면, 영혼불멸을 증명하려고 하는 것은 무리다. 분명히 인간은 살아 있는 동안에는 개인의 영혼이 불변이라고 말할 수 있겠지만, 일단 죽으면 어떨까? 인간의 죽음은 모든 경험의 끝인 한, 영혼의 사후의 생활이나 그 세계의 생활 등에 대해서는 전혀 증명할 수 없다. 신의 존재에 대해서도 마찬가지다. 신의 존재를 이론적으로 증명하려고 해도, 이것은 경험을 초월한 공허한 이상에 불과하며, 현실적이지 않다고 칸트는 말한다.

이러한 칸트의 이론이성에 관한 견해는 지나치게 엄격하여, 세상을 허무하게 여긴 나머지 극(劇)시인인 하인리히 폰 크라이스트처럼 자살한 사람까지 나왔다. 그런 경우도 있어서인지는 몰라도, 칸트는 신의 존재나 영혼의 불사와 같은 인간의 가장 근본적인 원망(願望)과 신앙을, 실천이성이라는 사고를 고안해냄으로써 구출했다.

실천이성이라는 샛길

칸트는 인간이 이론적 경험과는 별도로 실천적·도덕적인 경험을 가지고 있으며, 신앙으로 영혼의 불멸과 신의 존재를 원하고 있다는 것을 알고 있었다. 칸트는 확실히 자연의 경험적 세계는 인과율에 얽매인 필연적인 상태에 놓여 있지만, 선한 의지에 기초한 직감이 이루어지기 위해서는 이러한 필연성에 좌우되지 않는 행위의 자유가 보장되지 않으면 안 된다고 생각했다.

이리하여 칸트에 의하면, 인간은 감성적 존재로서는 필연적으로 자연계에 속하지만, 도덕법칙에 따른 자유로운 주체로서의 예지계에도 속해 있다. 신의 존재와 영혼의 불멸 등은 분명히 이론적 인식의 대상은 아니지만, 도덕의 법칙에 따른 자유로운 인격의 요청과 신앙의 대상이 된다. 칸트는 이렇게 말한다. 도덕률은 엄격한 것이기 때문에, 항상 "무엇무엇 해야 해"라고 무조건적으로 명령한다. 그리고 이것은 언제 어디서나 인간생활에 적용되는 것이다.

"너의 의지의 격률(규칙)이 항상 동시에 보편적인 법칙으로서 타당할 수 있도록 행위하라!"

이것이 칸트의 도덕률이다. 분명히 그는, 인간은 자신의 의지만이 아니라 의지를 가진 다른 주체를 수단으로서가 아닌 목적으로서 대하라고 하며, 이런 생각을 정리한 《실천이성비판》에서 그는 다음과 같이 기술하고 있다.

지혜를 주는 서양의 철학과 사상

"······항상 새로운 고양된 감각과 경외로운 마음을 가지고 나의 마음을 채워주는 것이 두 가지 있다. 그것은 내 머리 위의 별이 반짝이는 하늘, 그리고 내 마음 속에 있는 도덕률이다."

틀림없이 숭고한 윤리관이다.

판단력비판 등등

칸트는 두 개의 비판서에 이어 예술 및 자연의 미의 근본 원칙, 그리고 생물계에서의 합목적성을 다룬 《판단력비판》(1790년)을 출판했다.

칸트는 물리적 자연과 도덕의 중간에 있는 존재로서 생물계와 예술 등이 있다고 생각하고 있었는데, 이 책에서 이들 대상을 고찰하고 판단하는 능력을 두루 검토하였다.

다음으로 종교에 대해서 칸트는, 《단순한 이성의 한계 내에서의 종교》를 저술했는데, 그 내용은 오로지 도덕만을 다루고 있다고 평가되고 있다.

그런데 칸트의 말년의 저작으로서는 소책자이지만 《영구평화를 위하여》(1795년)가 유명하다. 이 책에서 칸트는, 국제사회에 도덕법칙을 적용해야 한다고 주장하며, 특히 상비군의 철폐, 민주적인 법치국가의 건설, 국제법의 제정, 국제 평화기구의 설립 등이 영구평화의 조건이라고 말한다.

그 외에 칸트에게는, 자신의 이성을 사용할 용기를 가지고 권위와 전통에 맹종하려는 인간의 미성년 상태로부터 벗어나라고 호소한 〈계몽이란 무엇인가〉라는 논문도 있다. 또 최후에는, 그 때까지의 칸트의 저작과 같은 논리적 저작이 아니라, 쉽게 읽을 수 있는 《인간학》(1798년)이 있다. 그 책에서는 예를 들면, "노인은 젊었을 때의 일을 잘 알고 있지만, 조금 전에 일어난 것조차 잊어버린다. 완전히 속이 텅 빈 통과 같은 존재다. 머리는 언제나 텅 비어 있고, 해악도 심각하다" 등 노인의 폐해를 주장하고 있다.

칸트의 전성기는 세 가지 비판을 내놓은 무렵으로, 노년에는 쇠약함이 드러났는지도 모른다. 그러나 칸트가 세상을 떠난 1804년 2월 12일에는, 이 위대한 인물의 얼굴을 한번 보려고 쾨니히스베르크의 모든 사람들이 그의 집에 몰려들었다. 장례식도 성대했다고 전해진다.⬛

제레미 벤담

Jeremy Bentham | 1748~1832년

-법의 기준을 고치려고 한 공리주의의 추진자

법체계를 혁신하다

런던의 부유한 변호사 집안에서 태어나, 신동이라고 불렸던 벤담은 놀랍게도 고작 12살 때 옥스퍼드대학에 입학했다. 더군다나 그는 영국 최고인 이 대학을 15살에 졸업하여 문학사 학위를 취득했다. 또한 링컨 법학원에서 법률의 실무를 공부하고, 18살에 옥스퍼드대학에서 문학석사 학위를 취득한다. 그리고 24살에 변호사 자격을 얻었다.

이렇게 뛰어났기 때문에 그의 아버지는 그가 대법관이 될 거라고 믿어 의심치 않았다. 그러나 벤담은 대법관은커녕 변호사조차 되려고 하지 않고, 오로지 법체계를 혁신하는 데에 몰두하고 있었다.

벤담이 이와 같은 길에 들어선 것은 옥스퍼드대학에 다닐 때 윌리엄 블랙스톤이라는 인물을 만나면서부터였다. 그는 '법은 자연 속에 기초를 갖는다' 라는 자연법론의 지지자

윌리엄 블랙스톤(William Blackstone, 1723~80) | 옥스퍼드대학에서 법학을 공부한 뒤 변호사가 되었다. 그 후 이 대학에서 영국법을 강의하면서 재능을 크게 인정받았다. 이 때의 강의를 기초로 하여 《영국법 해설》을 출판하였다. 이 책은 산업혁명 이전까지의 영국법 전반을 체계화하고 해설한 것으로, 영국과 미국의 법학 발달에 커다란 영향을 미쳤다.

였고, 판례법(과거의 판례를 기준으로 한 법의 분류개념)으로서 역사에 의해 만들어진 영국법이야말로 신이 만든 법이라고 할 수 있는 자연법을 구체화한 것이라고 생각하고 있었다.

그러나 벤담에게 당시의 영국은 극소수의 대지주계급과 관리들이 권력을 휘두르는 시대에 뒤떨어진 봉건적인 모순으로 가득 찬 국가였다. 그는 그것을 긍정하는 블랙스톤의 자연법론의 결점을 묵과할 수는 없었다.

벤담은 블랙스톤이 지지하는 자연법론에 대한 비판과 "공리주의야말로 법의 기본이어야 한다"라고 쓴 《통치론 단편(斷片)》을 5년 이상에 걸쳐 집필하여 1776년에 발표하자 일약 법학계에서 각광을 받게 된다.

나아가 자신의 법률이론을 굳힌 벤담은 1789년에 주저인 《도덕 및 입법의 원리 서론》을 출판했다.

벤담은 다음에 발표한 《법 일반론》에서 법과 법체계의 구체적인 문제점을 지적하고, 나아가 민법 등의 각 법 부문의 입법 원리를 서술하여, 어느 나라에서도 이용할 수 있는 기본적인 법전을 만들려고 했다.

그러나 영국에서의 벤담에 대한 평가는 생각보다 높지 않아, 그가 내세운 기본적인 법전에 대한 반응도 좋지 않았다. 그래서 그는 기본적인 법전을 실제로 사용할 국가를 찾기 위해 유럽 각지를 여행했다.

벤담의 이론에 최초로 주목한 사람은 스위스인인 뒤몽으로, 벤담의 《도덕 및 입법의 원리 서론》을 프랑

뒤몽(Pierre Etienne Louis Dumont, 1759~1829) | 스위스 제네바 출생의 진보적인 정치인이자 저술가이다. 1782년에 보수파의 압력을 피해 러시아를 거쳐 런던으로 갔으며, 그 후 파리에 머물면서 프랑스 혁명에 관여하였다. 1814년에는 제네바로 돌아와 시의회 의원이 되어 법체계 정비에 노력했다.

스어로 번역하여 파리에서 출판했다. 덕분에 벤담의 이름은 영국보다도 유럽 대륙에서 유명해져, 1792년에는 프랑스 국민의회로부터 명예 프랑스 시민의 칭호를 받게 된다.

벤담의 이론에 의하면, 사회의 행복을 실현하기 위해서는 범죄자의 생활조건도 향상시킬 필요가 있었다. 그래서 그는 1791년에 '팬옵티콘'이라는 신형 교도소를 고안하여, 그것을 채용하도록 의회에 건의했다.

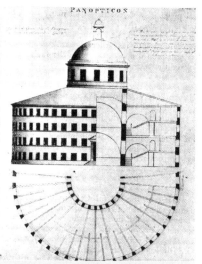

▶ 팬옵티콘(panopticon) | 죄수들을 효율적으로 감시하기 위해 제레미 벤담이 고안한 원형감옥으로, '모두'를 의미하는 'pan'과 '보다'는 의미의 'opticon'의 합성어이다.

팬옵티콘은 당시의 비참한 교도소를 좀 더 인도적이고 효율적으로 보완한 것이다. 이 건물에서는 감시인이 특정한 장소에 서면 교도소 내 수형자들의 일거수일투족이 훤히 눈에 들어오도록 설계되어 있다.

벤담은 자신의 돈으로 토지를 구입하여, 이 교도소의 모형까지 제작한 뒤 강력하게 의회에 제안하였다. 그러나 조지 3세가 자유주의자인 벤담을 싫어하여, 1813년에 팬옵티콘 계획은 최종적으로 포기되었다. 이로써 벤담은 사회의 행복을 저해하는 것은 기득권을 잃어버릴 것을 두려워하고 있는 특권계급 사람들이며, 그것은 좋지 않은 상황이라고 생각했다.

그는 정치적 급진주의자로서 의회 개혁을 부르짖어, 《의회 개혁 문답》(1817년), 《급진적 개혁법안》(1819년), 《헌법전》(1830년) 등을 차례로 발표했다. 1824년에는 《웨스트민스터 평론》을 창간하여 벤담주의를 영국에 확산시키려고 했다.

그의 사상에 찬동하는 사람은 점차 증가하여, 1832년에는 선거구의 공정한 재구성이 이루어지고, 시민계급에게 폭넓게 선거권이 주어지는 등 선거법이 크게 개정되었다. 당시 이미 병상에 있던 벤담은 이 개정안이 통과되었다는 사실을 들은 직후에 세상을 떠났다고 한다.

최대 다수의 최대 행복

자연법이란, 시간과 장소를 초월하고, 나아가 인간의 자유의지에도 의존하지 않는 보편적이고 윤리적인 법을 말한다.

그러나 벤담은 자연과학의 연구가 발전하고 있기 때문에 보편적이라고 했던 자연법도 개혁해야 한다고 생각했다.

그런데 규범이라고 생각되어 왔던 자연법을 개혁하는 데에서 새로운 규범으로 삼아야 하는 것은 무엇인가? 벤담은 그것을 '최대 다수의 최대 행복'이라고 말했다. 즉 가능한 한 많은 시민을 위해 가능한 한 많은 행복을 실현시킬 수 있는 것이 중요하다고 생각했던 것이다.

또한 벤담은 사회의 행복이란 시민 한 사람 한 사람이 느끼고 있는 행복의 총합이라고 생각했다. 그는 '강도, 지속성, 확실성, 원근성(遠近性), 다산성(多産性), 순수성, 범위'라는 7개의 기준에 의해 쾌락과 고통을 수치화하여 행복의 총량을 계산하려고 생각했다. 이것을 '벤담의 행복계산(Jeremy Bentham's felicific caculus)'이라고 한다.

시민이 느끼고 있는 행복의 총량을 크게 하기 위해서는 하층민의 생활을 향상시키지 않으면 안 된다. 그러기 위해서 그는, 예컨대 '팬옵티콘'에 의해 죄수의 고통을 줄이려고 생각했던 것이다.

공리주의

그런데 벤담의 사고의 근저에 있는 것이 공리주의이다. 이것은 사람에게 행복과 쾌락을 가져다주는 행위는 선(善)이며, 불행과 고통을 가져다주는 행위는 악(惡)이라는 사고방식이다. 이 사고방식은 일견 상식적인 것으로 보이지만, 그의 공적은 이 상식을 이론화하여 학문적으로 끌어올렸다는 점에 있다.

분명히 사람은 언제나 행복과 쾌락을 추구하고 고통을 피하면서 살고 있다. 그러나 종교인과 수도승 중에는 일부러 고통을 찾아 쾌락을 거부하는 자도 있다. 그것은 공리주의에 반하는 행위는 아닌가 하는 의문에 대해, 벤담은 다음과 같이 답하고 있다.

"종교인과 수도승 중에 고통을 추구하는 자가 있는 것은 분명하다. 그러나 그들은 사후에 행복과 쾌락이 얻어진다고 믿고, 그를 위해 현세의 고통을 감수하며 쾌락을 거부하고 있는 것이지 고통 그 자체가 최종 목표는 아니다."

이것은 '개미와 베짱이'의 우화를 생각하면 이해하기 쉽다. 개미는 베짱이에게 놀림을 당하면서 여름 동안에도 열심히 일하여 식량을 굴속에 쌓아두고 있었다. 그것은 힘든 노동이 목적이 아니라 겨울의 '배고픔'이라는 고통으로부터 벗어나기 위한 행동이었다.

그런데 벤담이 내세운 공리주의에는 커다란 결점이 지적되고 있다. 그것은 모든 인간의 쾌락을 공존공영하게 하는 것은 곤란하다는 점이다.

예를 들면 A씨에게 있어서 쾌락은 자신의 땅을 넓히는 것이라고 하자. 그리고 경계선을 옮김으로써 그것은 달성되었다. A씨는 더없이 행복하다. 그러나 경계선을 옮김으로써 자신의 땅이 좁아진 옆집의 B씨는 어떨까? 틀림없이 불행하다고 느낄 것이다.

좀 더 극단적인 예를 들어보면, 사람을 다치게 하거나 죽임으로써 쾌락을 느끼는 자도 있다. 그러나 피해자에게는 고통이 있을 뿐이다. 이렇다면 시민이 느끼는 행복의 총량은 언제까지 가더라도 커지지 않고, 사회의 행복이 달성될 수 없다. 이 의문에 대해 벤담은 다음과 같이 답하고 있다.

"사회에 대해 유해한 행위를 한 자에 대해서는 그 행위로 얻어진 쾌락보다도 훨씬 큰 고통을 주면 된다. 그리하면 사람들은 그 고통을 두려워하여 선한 행동을 하게 된다."

벤담은 이 고통이라는 것을 '제재'라고 부르고, 이것을 정하는 것이 입법자의 일이라고 지적한다. 그리고 그는 이 사고에 기초하여 기본적인 법전을 작성한 것이다.

이처럼 공리주의에는 몇 가지 결점이 지적되고 있다. 그러나 19세기 이래 유럽의 정치와 경제의 사상에 큰 영향을 미쳤던 것도 또한 사실이다.◎

요한 고트리프 피히테
Johann Gottlieb Fichte | 1762~1814년

-자급자족의 국가와 국민의 제창자

파란만장한 생애

요한 고트리프 피히테는 1762년에 독일 작센 주의 작은 마을에서 직물 직인의 아들로 태어났다. 8명의 자식을 가진 대가족의 장남이기도 하여 생활은 결코 즐겁지는 못했다.

피히테는 고학 끝에 1780년에 예나대학 신학부에 입학하였으며, 곧 라이프치히대학으로 옮겨 법학과 철학을 공부했다. 돈이 없어서 작센에서 가정교사를 했는데, 얼마 지나지 않아 스위스 취리히에 유아를 상대로 하는 가정교사 자리가 생겨 그 곳으로 이사했다.

그 곳에서 그는 4살 연상인 현지 상인의 딸 요한나 마리아 란과 알게 되었다. 그가 피히테의 심정을 잘 이해해주었기 때문에 피히테는 강하게 매료되어 두 사람 사이에는 진정한 애정이 싹텄으며, 1790년에 약혼을 했다. 그런데 당시 일어난 프랑스혁명에 대해서는 피히테는 최종단계까지 동정적이었다.

그 사이에 피히테는 칸트 철학에 경도되었다. 처음에는 자신의 의지가 아니라 어떤 학생으로부터 "칸트 철학을 배우고 싶습니다"라는 부탁

을 받은 것이 계기가 되었다. 사례를 바라고 그 제안을 받아들여 칸트의 책을 읽고 있는 동안에, 곧 그 사상에 홀딱 빠져버린 것이다.

그러나 그 후에도 생활은 편해지지 않았다. 피히테는 좋은 가정교사 자리를 찾아 바르샤바의 백작 가문에까지 나가보았지만 이것도 실패로 끝나고 말았다.

그러나 바르샤바는 쾨니히스베르크에 가까운 곳이었기 때문에, 1791년 7월에 그 곳의 칸트를 방문했다. 칸트는 처음에는 피히테에게 특별한 관심을 보이지 않았다. 그러나 어떻게 해서든 칸트에게 인정받고 싶었던 피히테는, 칸트의 사상에 가까운 〈모든 계시의 비판 시도(Versuch einer Kritik aller Offenbarung)〉라는 익명의 논문을 발표했다. 세간에서는 이것이 칸트의 종교론이라고 착각할 정도로 훌륭했다. 그래서 그 일부를 훑어본 칸트도 피히테의 재능을 인정하고, 그를 호의적으로 대하게 되었다. 그리고 칸트가 이 논문의 집필자는 피히테라는 사실을 발표했기 때문에, 피히테의 명성은 순식간에 높아졌다. 피히테는 1793년에 취리히로 돌아와 요한나와 결혼했다. 그 사이에 바이마르 대공국(칼 아우구스트 공이 지배했던 소국)의 정부는 피히테를 예나대학의 교수에 임명했다. 괴테의 추천도 그 인사에 큰 역할을 했다고 한다.

예나에서 피히테는 눈부시게 활약하여, 대학에서의 공개강의에는 청중이 많이 몰려들었다. 또 그는 저작활동에 힘써, 1794년에 《지식학의 개념에 대하여》라는 주저(主著)의 모태가 되는 논문을 출판하는 등 독자적인 철학체계를 구축하고 있었다.

그러나 피히테가 한때 그리스도 교회의 예배 시간과 겹칠 염려가 있는 일요일의 오전 시간을 강의시간으로 책정했기 때문에 물의를 빚었

다. 또 난폭한 행동을 하는 학생 단체를 해산시키려
고 했기 때문에, 학생들의 반발을 사 피히테의 집이
학생들에 의해 습격을 당하여, 돌멩이에 의해 유리
창이 깨지기도 했다. 더구나 "피히테는 무신론자다"
라는 소문이 퍼져, 그는 결국 예나대학을 떠나지 않
을 수 없게 되어, 베를린에 새로운 거처를 구했다.

▶ 나폴레옹 보나파르트
(Napoleon Bonaparte,
1769~1821)

다행히 프로이센 정부가 피히테에게 호의적이어
서, 그는 1800년에 《인간의 사명》, 《봉쇄된 상업국
가론》 등을 저술하고, 한때는 에어랑겐대학의 교수가 되었다. 또 나폴
레옹의 프랑스군이 주둔하고 있는 데에도 불구하고, 독일 국민의 자각
을 촉구하는 유명한 〈독일 국민에게 고함〉이라는 연속강연을 했다.

그 후, 베를린대학이 프로이센 정부에 의해 설립되어, 피히테는 먼저
철학부장에 임명되고, 이어서 총장에 선출되었다. 그러나 그는 나폴레
옹이 모스크바에 원정한 1812년에 스스로 사임했다.

1813년에 프로이센, 러시아, 오스트리아 동맹군이 본격적으로 나폴
레옹에 대항하는 전쟁이 시작되자, 피히테는 설교사로서 전장에 나가려
고 했지만, 그 바람은 받아들여지지 않았다. 그리고 종군간호사가 된 아
내가 걸린 발진티푸스에 자신도 감염되어, 1814년에 파란만장한 생애
를 마감하게 되었다.

피히테 철학의 핵심은 《지식학》

피히테 철학의 중심은 《지식학》이다. 《지식학》은 약 20번이나 고쳐
썼다는 고심의 작품이다. 피히테는 우리의 모든 의식의 근저에 절대적

인 자아라는 것이 있다고 생각했다(이것은 숭고한 이념이다). 그러나 통상의 자아는 유한하며, 타자인 세계[이것을 '비아(非我)'라고 한다]와 대립하는 현실세계의 모든 문제는 자아와 비아의 상호제한[상극(相剋)]으로부터 일어난다. 그런데 자아가 몰두하지 않으면 안 되는 것은 현실을 이론적으로 인식하는 것, 또한 도덕률과 법률의 작성이다. 현실의 인식의 주체가 이론적 자아이고, 도덕률·법률의 주체가 실천적 자아이다.

피히테에 의하면, 인간은 의식의, 비유하자면 심오한 경지에 해당하는 절대적 자아를 이상으로 삼아 노력하지 않으면 안 된다. 분명히 인간의 이론적 자아는 세계(비아)를 인식하려고 노력하고 있다. 그 근저에는 비아(非我)에 실제로 몰두하고 있는 실천적 자아가 있다. 따라서 이론적 자아는 실천적 자아에 종속되며, 실천적 활동이야말로 자아의 본성이다.

피히테는 이렇게 생각함으로써, 칸트가 일단 분할하여 규명했던 이론이성과 실천이성을 통일적으로 파악하려고 생각했다. 어떻든 이것은 경험을 초월한 형이상학이다.

이러한 지식학의 사고방식이 기본이 되어, 갖가지 분야에서 피히테의 독자적인 견해가 표출되었다. 우선 종교철학에서는, 피히테는 신은 개인적·인격적 존재가 아니라 도덕적 세계질서와 동일하다고 보아야 한다고 했다. 그러나 나중에 그는 그리스도교적 신비주의적인 신앙을 주장하게 된다. 이 생각은 1806년의 《복된 삶을 위한 지침 또는 종교이론(*Die Anweisung zum seligen Leben, oder auch die Religionslehre*)》에 정리되어 있다.

〈독일 국민에게 고함〉

피히테는 역사철학에도 힘을 쏟았다.

피히테는 인류가 5단계를 거쳐 점차 본격적인 이성적인 상태로 복귀한다는 설을 주장했다.

이것은 당시 유행했던 신화 연구에서 영향을 받은 것으로 보이는데, 여하튼 그는 태초에 인류 중에는 이성적 본능을 가진 민족이 일부 존재하고 있었다고 했다. 이것은 규범민족 또는 원민족(原民族)이라고 불리는 것으로, 평화스럽고 목가적인 생활을 하고 있었는데, 후에 주변의 야만인에 의해 그 생활은 방해받았다. 그러나 애초에는 그들 사이에서는 교육이 이루어져, 감각적이고 충동적인 행동을 권위 있는 이성에 의해 제어하는 것을 배우고 있었다.

피히테는 이처럼 훌륭한 태초의 상태를 찬양했다. 그리고 나폴레옹 군대의 북소리가 들리는 가운데 행해진 그 유명한 〈독일 국민에게 고함〉이라는 제목의 강연에서는, 마치 독일 민족이 오늘날에도 이 규범민족 또는 원민족과 동일한 것처럼 예찬했다. 나아가 그는 이 연설에서,

▶ 독일 국민에게 연설하는 피히테의 모습을 묘사한 그림

독일인에게 부과된 역사적 의무는 이성적인 국가를 만들어 타민족의 모범이 되는 것이라고 했다.

그러나 피히테는 독일 국민 속에 이기심이 깃드는 것을 염려하여, 이 것을 교육학자인 페스탈로치의 주장대로 주체적인 정신을 중시하는 교육에 의해 타파하려고 했다. 그리고 이와 같은 교육에 의해 진정으로 독일 국민의 공동체의식이 깨우쳐졌을 때 비로소 독일 국민은 잃어버린 독립을 회복할 수 있다고 주장했다.

이 연설은, 격렬한 애국심으로 가득 차 있는데, 그 때문에 피히테가 프랑스군 당국에게 붙들려가는 것은 아닌가 하고 걱정하는 사람도 있을 정도였다.

피히테는 이와 같이 교육의 중요성을 강조했는데, 그 때문에 학자의 양성도 중요시했다. 나아가 학자의 사명은 학생과 강의를 듣는 사람이 모든 생활의 상태를 이성적이고 자유롭게 질서를 세워가도록 지도하는 것이라고 했다. 또 1813년에 《국가론》에서, 국가란 "신의 이념이 현대의 세계 속에 실현된 것"이라고 하여, 국가는 도덕적 질서와 자유를 보장할 수 있다고 기술했다.

페스탈로치(Johann Heinrich Pestalozzi, 1746~1827) | 취리히대학교에 다니면서 애국자 단체에 소속되어 사회운동에 참여하였다. 1771년에는 노이호프에 농민학교를 세워 운영하였으나 실패하였고, 그 후로는 사색과 저술활동에 전념하였다. 전인적이고 조화로운 인간성 함양을 교육의 이상으로 삼았다. 대표작으로는 《은자의 황혼》, 《린하르트와 게르트루트》, 《백조의 노래》 등이 있다.

자급자족의 경제

국가와 국민이 무엇을 해야 하는가, 피히테는 이상주의를 내걸고 간절히 말했다. 실제 경제생활의 본연의 상태와 국민의 일상생활의 태도에 관심을 가졌던 그는, 일찍이 1800년의 《봉쇄된 상업국가론》에서 이 문제를 다루었다.

당시의 독일은 국제적으로 상당히 어려운 상황에 놓여 있었다. 독일은 높은 생산력을 가진 영국으로부터의 자립과 프랑스 나폴레옹의 군사적·정치적 지배로부터의 독립을 바라고 있었다.

피히테는 독일 국민의 생존권 확보를 위해 노동을 중요시하는 것은 당연하지만, 그 때 국가는 각종 노동에 종사하는 사람 수를 제한하고 조정해야 한다고 했으며, 나아가 국민의 외국과의 상거래도 금지하는 '상업의 봉쇄'를 국가의 정책으로 삼으라고 강조했다. 결국 자급자족 경제체제의 확립을 주장한 것이다.

오늘날의 세계화된 국제무역 속에서 살아가는 우리에게 이 사고방식은 당연히 시대착오적인 것으로 생각된다. 하지만 강대국에게 포위되어, 국내 산업을 번창시키지 않으면 자립도 독립도 불가능한 어려운 상황에 있었던 그 당시 독일의 형편을 생각하면, 피히테의 견해를 꼭 보수반동적이라고 간주해서는 안 될 것이다.

피히테는, 예를 들면 농산물이든 공업제품이든 국민은 국산품으로 만족해야 하고, 특히 젊은이들은 사치스러운 외국 제품 따위에 눈을 돌려서는 안 된다고 주장한다. 더구나 또한 어쩔 수 없이 외국산 재료가 필요하다면, 예컨대 외국의 농산물 가운데 독일의 풍토에 적합한 것을 선택하여 앞으로는 수고를 아끼지 말고 그것을 국내에서 재배해야 한다고 말하고 있다.

피히테는, 칸트가 주장하듯이 통상과 교역에 의해 국제평화가 보장되는 것이 아니라, 여러 국가가 충돌하는 상업이익이 갖가지 전쟁의 진짜 원인이라고 주장하여, 국제무역을 세계의 평화를 어지럽히는 것이라는 사고방식을 분명히 했다.

이렇게 보면, 피히테는 그의 이론철학에서든 도덕철학에서든, 혹은 경제관에서든 아무리 봐도 독일적인 완고한 교조주의자처럼 생각된다. 그러나 그에게서는 실제로 마음씨 착한 선생님을 연상케 하는 정열이 느껴진다. 게다가 이론이성의 한계를 주장한 칸트를 한 단계 뛰어넘은 실천적 철학을 제안함으로써, 셸링과 헤겔에게 영향을 미쳤다.⯎

게오르규 빌헬름 프리드리히 헤겔
Georg Wilhelm Friedrich Hegel | 1770~1831년

-유럽 철학사상 최고의 이론 구축자

만원을 이룬 강의

게오르규 빌헬름 프리드리히 헤겔은 1770년에 독일 서남부의 슈투트 가르트에서 태어났다. 아버지는 뷔르템베르크 공국의 재무관으로, 가정 은 소박하고 독실한 프로테스탄트적인 분위기로 가득 차 있었다. 그리 고 헤겔은, 자신이 13살 때 사망한 어머니를 평생 그리워했다.

18살 때 신학 연구를 위해 튀빙겐 대학에 입학했는데, 그 때 5살 연하 이며 후에 철학자가 된 프리드리히 빌헬름 요셉 셸링과 시인 프리드리 히 휠덜린과의 친교를 두텁게 했다. 헤겔은 그 후, 스위스와 프랑크푸르 트암마인에서 가정교사를 하였고, 1801년에 예나대학의 사강사(私講師 : 계약교수를 말함-역자)가 되었다.

헤겔은 그 무렵에는 지적 직관을

프리드리히 빌헬름 요셉 셸링(Friedrich Wilhelm Joseph Schelling, 1775~ 1854) | 니체와 피히테로 이어지는 독일 관 념론 철학을 헤겔로 연결시켜주는 역할을 하였으나, 그의 사상은 점차 유미주의적이 고 신비주의적으로 변질되었다. 헤겔이 세 상을 떠난 후 그의 후임으로 베를린대학 교 수가 되었다. 그는 헤겔의 사상을 '소극 철 학'으로 간주하며 '적극 철학'을 설파함으 로써 '이성'과 '체계'를 깨뜨리는 실존철학 의 탄생에 기여했다. 주요 저서로 《선험적 관념론의 체계》, 《인간적 자유의 본질에 관 한 철학적 고찰》 등이 있다.

▶ 횔더린(Johann Christian Friedrich Hölderlin, 1770~ 1843)

중시하는 셸링 철학을 지지하여, 최초의 소저(小著)인 《피히테와 셸링의 철학체계의 차이》에서도 그 생각을 전했지만, 후에는 셸링과 완전히 대립하는 매우 독특한 철학체계를 수립했다.

1805년에는 예나대학의 교수가 되었는데, 정국의 변화로 인해 그 직위를 잃었다. 그러나 그는 예나 시대에 최초의 독창적인 저서인 《정신현상학》을 완성했다. 때마침 나폴레옹과의 전쟁이 한창이었는데, 나폴레옹의 예나 입성을 목격하게 되면서 헤겔은 "나는 이 세계정신이 말을 타고 도시를 지나가는 것을 보았다"라고 친구들에게 편지로 써서 보냈다.

1807년, 생활이 어려워진 헤겔은 밤베르크로 이사하여 정치신문을 편집하기도 하고, 뉘른베르크의 김나지움(중등 및 고등 교육기관)의 교장으로 있으면서 1812년부터 1816년까지 《대논리학》을 집필했다. 헤겔은 1816년에 하이델베르크대학 교수가 되어, 여기에서 《엔치클로페디(Enzyklopädie der Philosophischen Wissenschaften im Grundrisse)》를 저술했다. 또 1818년에는 베를린대학에 초빙되었다. 그의 철학은, 말하자면 프로이센 국가 공인 철학으로서 인정받게 되어, 1821년에는 《법철학(Grundlinien der Philosophie des Rechts)》을 완성했다.

헤겔은 베를린대학에서는 거의 철학의 전 부문에 걸쳐 강의를 했는데, 그 때 속기되었던 그의 강의내용—역사철학, 미학 등—은 그가 세상을 떠난 후 제자들과 친구들에 의해 출판되었다.

그 강의는 "말이 자주 끊기고 생기가 부족하다"라고 비판하는 사람도 있었지만, 그의 저술 그 자체보다도 구체적인 묘사가 많고, 그리하여 깊은 사상이 표현되어 있어 독자적인 매력을 가지고 있었다.

헤겔은 철학자와는 사이가 좋지 않아서, 젊어서 명성을 얻은 셸링과는 심하게 대립하였고, 또 추상적 사고보다 구체적인 의지를 중시하는 쇼펜하우어로부터는 '사기꾼'이라고 매도되었다. 그러나 당시의 학생들에게 그는 크게 지지를 받아, 그의 강의는 항상 만원으로 성황을 이루었다.

또 그는 학자보다도 일반인들과의 친교가 두터워, 사교적인 모임에서도 인기를 끌었다. 1829년에 베를린대학 총장이 되었을 때도, 전임자인 피히테보다 실용적으로 책임을 완수했다.

가정생활도 평온하여, 평생 독신으로 산 라이프니츠나 칸트와 비교하여 현실적이었다. 그는 1811년 41살 때, 뉘른베르크시의 시의회 의원의 장녀인 마리 폰 투헤르라는 20살 이상 젊은 여성과 결혼했는데, 두 사람 사이에서는 훌륭한 자식이 두 명 태어났다.

그러나 베를린대학 총장이 되어 매우 복 받은 말년을 보냈던 헤겔도, 불행히 1831년에 콜레라에 걸려 그 해 11월에 사망했다.

그의 유해는 생전에 그 자신이 바랐던 대로, 피히테의 묘 옆에 묻혔다.

헤겔 철학의 골격

헤겔은, 정신은 모두 현실로 되는 것이 진리이며, 따라서 모든 현실은 이성적이라고 하였다. 또 이 정신은 절대적 세계이성이며, 세계사 속에서 전개되고 있다고 보았다.

헤겔에 의하면, 모든 것은 생성하면(正), 그것과 대립하는 것이 나타나고(反), 그것에 의해 정신은 전개한다. 특히 역사는 정신이 사유를 실현하는 과정이며 그리고 양자가 보다 높은 입장으로 통합된다(合)는 변증법 논리이며, 그것에 의해 정신은 전개한다. 특히 역사는 정신이 자유를 실현하는 과정이며 인간의 자유 의식의 진보를 나타낸다.

이 변증법은 개념의 법칙(논리학)임과 동시에 현실의 법칙이다. 왜냐하면 헤겔에게 있어서는 사고와 존재는 동일했기 때문이다.

헤겔 철학체계도 변증법으로 구성되어 있다. 그것은 논리학, 자연철학, 정신철학으로 나뉜다.

먼저 논리학은, 이성이 가장 단순한 존재개념으로부터 절대적 이념[神]에 이르는 모양을 관찰한다. 다음으로 자연철학은, 이념이 물질적 세계 속에 들어와 활동하고 발전하는 상황을 살핀다. 정신철학은 인간 정신을 다루는 것으로, 주관적 정신(심신의 관계, 오성, 의지), 객관적 정신(법률, 도덕, 그 중에서도 높은 단계인 인륜), 그리고 그것을 통일하는 절대적 정신(국가)의 세 가지로 분류된다. 그 중에서도 인륜은 중요하여, 이것은 사회생활의 기초가 되는 규칙이며, 가족, 공동체, 시민사회를 거쳐 국가로 발전한다. 특히 이성적 국가가 인륜의 완성형태, 절대정신의 발로이며, 개인은 국가의 법과 제도에 따름으로써 국가의 성원이라는 것을 완수하여 자유롭게 된다.

생전의 출판물

생전에 출판된 주요 저작은 《정신현상학》, 《대논리학》, 《엔치클로페디》, 그리고 《법철학》이다.

그 중에서 예나 전투 직후인 1807년에 출판된 《정신현상학》은 난해하지만 가장 생기 넘치는 헤겔의 저작으로 간주되고 있다.

이것은 헤겔이 스스로 '의식의 경험의 학문'이라고 이름 붙였듯이, 우리의 의식이 경험에 의하여 점차 진리를 파악해가는 과정을 파헤친 것이다. 우선 감각에 의해 파악된 사물을 진정한 실재라고 생각하는 최저단계에서 출발하여, 의식은 점차 진리에 대한 인식을 심화시켜 마침내 절대자의 인식, 즉 절대지(絶對知)의 단계에 이르는 것이다.

더욱이 《정신현상학》의 서론에서, 헤겔은 그 때까지 동조해왔던 셸링의 지적(知的) 직관을 중시하는 동일철학과 결별하고, 독자적인 노선을 걷겠다는 점을 분명히 하고 있다.

다음으로 논리학은 대개 《대논리학》이라고 일컬어지는 저작에서 전개하고 있는데, 그것은 우리가 올바른 판단과 올바른 추리를 하기 위해서 필요한 형식적인 규칙을 고찰하는 형식논리학이 아니라, 궁극적으로는 참된 실재—헤겔에 있어서는 절대자에 다름 아니다—를 파악하기 위한 카테고리의 변증법을 기술한 것이다.

《엔치클로페디》는 《대논리학》을 줄여서 정리한 〈소논리학〉 외에 〈자연철학〉, 〈정신철학〉 등을 포함하는, 이른바 헤겔 철학의 종합편이다. 그 중에서 〈정신철학〉은 헤겔 철학의 핵심이자 정수이며, 특히 역사 해석이 독특하다고 평가받는 한편, 〈자연철학〉은 그다지 믿기 어렵다고 보는 사람들이 많다.

《법철학》은 헤겔이 인륜에 대해 서술한 저서로, 이것들은 객관적 정신이 현실 속에서 법, 도덕, 인륜의 세 가지로 구체화되며, 다시 인륜은 가족, 시민사회, 국가의 세 단계를 거쳐 변증법적으로 발전한다고 서술되어 있다.

그런데 《법철학》에서 헤겔은, 법이 지녀야 할 모습은 현실에서는 프로이센 국가에 의해 완전하게 실현되어 가고 있다고 생각했다는 점을 분명히 하고 있다. 그 때문에 그는 프로이센 국가의 현상을 긍정하는 어용철학자라고 비판을 받기도 했다.

호평 받은 강의록

헤겔의 베를린대학에서의 강의는 학생들과 청강생들에 의해 정리되어, 그가 세상을 떠난 뒤에 출판되었다. 거기에는 미학, 종교철학, 철학사 등도 포함되어 있는데, 특히 역사철학이 호평을 받아 오늘날에도 널리 읽히고 있다.

헤겔은 거기에서, 세계사란 정신이 자신의 본질인 자유를 실현해 가는 과정이며, 그것은 인류의 자유에 대한 의식의 진보로서 나타나고 있다고 한다.

그렇지만 헤겔은 고대의 동양을 경시하여, "동양인은 아직 정신이, 또는 인간 그 자체가 본래 자유라는 점을 알지 못한다. 그들은 (군주와 같은) 고작 한 사람만이 자유라는 것을 알고 있을 뿐이다"라고 서술함으로써, 동양적인 전제국가를 비판했다. 또 그는 동양사상도 경시하였는데, 예를 들면 공자의 말씀을 다룬 《논어》에 대해서도, "이 가운데는 옳은 도덕적 잠언이 있지만, 그것은 상식의 영역을 벗어나지 못한다. 뒷부분은 에둘러 말하는 설화와 성찰, 게다가 반어(反語)뿐이다"라고 서술하고 있다. 이 점에서, 유교 특히 주자학을 인생철학의 정수를 보여주는 것이라고 높이 평가한 쇼펜하우어와는 크게 다르다.

이어서 헤겔은 고대 그리스로부터 로마까지의 노예제를 가진 시민의 사회, 최후에 모든 사람이 사람으로서 자유로운 유럽의 근대국가로 역사는 발전했다고 서술했다. 그 때 근대국가의 모체가 된 게르만 제 민족의 그리스도교 수용을 평가하여, "게르만 제 민족에 이르러 비로소 그리스도교 덕분에 인간이 인간으로서 자유롭고, 정신의 자유가 인간의 가장 고유한 본성을 이룬다는 의식에 도달했다"라고 썼다.

또한 헤겔은 다음과 같이 요약하고 있다.

"세계사란 자유의 의식에서의 진보를 의미하는 것이고, 그 진보를 필연성으로 인식하는 것이 우리의 의무이다."

후세에 끼친 영향

낭만주의의 경향도 보이지만, 헤겔의 사상은 유럽의 철학사 중에서 최대의 이론적 체계가 되었다.

그가 세상을 떠난 직후에는, 경험주의와 실증주의의 입장에서 헤겔철학이 말만 앞서고 시대에 뒤떨어진 형이상학이라고 비난한 사람노 있었다. 그러나 맑시즘이 역전한 형태이지만, 헤겔의 변증법을 받아들인 유물사관을 발견하고 키르케고르가 헤겔 사상과 대립하면서도 실존적 변증법을 전개했던 것과도 관련되어, 헤겔을 재인식하려는 움직임이 고조되어 오늘날에도 세계 각국에서 헤겔 연구는 매우 활발히 이루어지고 있다.🔥

알투르 쇼펜하우어

Arthur Schopenhauer | 1788~1860년

-고독을 사랑한 정신의 체득자

고독한 인생

알투르 쇼펜하우어는 1788년에 단치히(지금의 폴란드령 그단스크)에서 태어났다. 아버지는 부유한 은행가였고, 어머니는 후에 대중 여류작가가 된 요한나이다. 15살 때 부모와 함께 영국, 프랑스, 벨기에, 스위스, 그리고 독일 각지를 여행했다. 1805년부터는 함부르크에서 상업 실습에 종사했다. 부모는 이미 단치히를 떠나 함부르크로 이사한 상태였다.

1805년에 아버지가 사망하자, 어머니는 바이마르로 거처를 옮겼다. 젊어서부터 사변적이었던 쇼펜하우어 자신은 상점에서 일하는 것에서 아무런 즐거움도 발견할 수 없었고, 아버지도 세상을 떠났기 때문에 오로지 학문의 길을 선택하게 되었다.

그는 1809년 괴팅겐대학에 들어가 의학과 자연과학을 배우고, 후에는 철학 연구에 전념하게 된다. 특히 존경했던 철인은 플라톤과 칸트였다. 그는 베를린대학으로 건너가 피히테의 강의를 들었지만 만족할 수 없었다. 1813년에 〈충족이유율의 네 가지 근원에 대하여〉를 예나대학에 제출하여 학위를 받았다. 그 후, 그는 어머니가 거주하는 바이마르에서 괴테와 알게 되어 색채론(色彩論)을 공동으로 연구했다. 또 이 무렵부터 인도 철학에 관심을 기울이고 있었다.

그는 드레스덴에서 교직에 종사하며 〈시각과 색채에 대하여〉라는 논문을 썼는데, 1819년에 주저인 《의지와 표상으로서의 세계(Die Welt als Wille und Vorstellung)》의 정편(正編)을 발표했다(1844년에는 증보하여 속편이 출판되었다). 또 아버지의 유산의 일부를 확보하여 생활을 안정시키고, 1820년에 베를린대학에서 사강사(私講師)에 취임했다. 자신의 철학체계에 깊은 자신감을 갖고 당시 욱일승천의 기세에 있던 헤겔 교수와 맞서, 헤겔과 같은 시간에 강의를 했다. 그 때문에 청강생은 거의 없었다.

그런 일이 있은 지 한참 후에, 헤겔도 감염되어 사망한 콜레라가 창궐했다는 소식에 놀란 쇼펜하우어는 1831년에 베를린을 탈출하여 프랑크푸르트암마인으로 건너가 평생을 그 곳에서 살았다.

그의 그 후의 저작으로서는, 《자연에서의 의지에 대하여》(1836년), 《도덕의 기초에 대하여》(1841년), 그리고 수상집인 《파레르가 운트 파라리포메나(Parerga unt Paralipomena)》(1851년)를 들 수 있다. 최후의 작품인 이 《파레르가 운트 파라리포메나》는 그의 저작 중에서 가장 인기가 있어 널리 읽히게 되었다.

▶▶ 바그너(Wilhelm Richard Wagner, 1813~83)

그의 이름은 널리 알려지게 되었는데, 예를 들면 1854년에는 음악가 바그너가 그의 밑에서 그의 음악론을 칭송하는 말을 첨부하여 〈니벨룽의 반지〉 악보를 증정했다. 그러나 모차르트, 베토벤, 롯시니를 숭배한 쇼펜하우어는 실제로 연주를 들어도 바그너 음악에는 호감을 갖고 있지 않았다.

쇼펜하우어가 71살 생일을 맞았을 때에는 세계 각지에서 축사가 도래했다고 하는데, 평생 독신으로 살았던 쇼펜하우어의 생활은 고독했던 것 같다. 1860년 9월의 어느 날

아침, 쇼펜하우어는 여느 때처럼 냉수욕을 한 뒤 식탁에 앉았을 때 갑자기 건강이 나빠져, 72살을 일기로 이 세상을 떠났다.

맹목적 의지

쇼펜하우어 철학의 골자는 주저인 《의지와 표상으로서의 세계》(1819년) 속에 나타나 있다. 그것에 의하면, 우선 인식된 모든 세계는 단지 주관에 대한 객관에 다름 아니며, 따라서 모든 세계는 표상이며 현상이다. 이 현상계는 시간, 공간, 인과율에 의해 파악되고 기억되는 과학의 대상이 된다. 그러나 현상계에 대해 그 심오함 때문에 인식할 수 없는 세계의 핵심은 물자체이다. 이 정도까지는 대체로 칸트의 학설에 따르고 있다.

그러나 쇼펜하우어는, 물자체는 실은 의지라는 새로운 견해를 제시하였다. 이 의지는 인간의 의욕뿐만 아니라, 자연계 모두에게서 볼 수 있는 맹목적인 힘이며 무한한 노력이다. 분명히 의지는 과학적으로는 인식할 수 없지만, 무릇 살아 있는 것에게는 직접 확실한 사실이다.

인간은 스스로의 육체 안에서 뿐만 아니라 무기적(無機的)인 자연으로

부터 동식물에 이르기까지, 이 맹목적 의지의 객체화를 볼 수 있다. 성욕, 야심 등 인간의 욕망은 물론이고, 무기적 세계에서는 중력, 식물에서는 자극, 그리고 동물에서는 동기 등 모두가 이 의지의 객체화이다.

그런데 의지는 맹목적인 힘이며, 항상 부족함으로 고민하며, 끊임없이 저지당하여 뜻한 대로 진행하는 것은 불가능하다. 이리하여 일체의 생은 고통이다.

쇼펜하우어는 특히 근대사회의 인간의 고민을 중요하게 보고 있다. 그에 의하면, 근대인이 누리는 순간적인 쾌락 따위로는 진정한 만족을 얻을 수 없다. 인간은 하나의 욕망이 이루어져도 또 다른 몇몇 욕망에 직면하기 때문이다. 더구나 욕망의 충족 운운하지만, 그것은 겉으로만 그렇기 때문에, 욕망이 한 가지 달성되어도 이미 새로운 욕망이 얼굴을 내민다. 쾌락 다음에 오는 허무함은 어찌해볼 도리가 없는 것이다.

쇼펜하우어는 "허무함을 방치해 두면 마침내는 그것을 느끼고 있는 인간의 얼굴에 절망의 표정이 나타난다"라고 쓴 후에, "다른 모든 해악에 대항하는 것과 마찬가지로, 허무함을 퇴치하기 위한 공공의 시책이 (로마 제국처럼) 국가 정책 차원에서도 제시되게 되었다. 그것은 곧 이 허무함이라는 해악은, 이것과는 완전히 대조적인 해악인 기아와 마찬가지로 인간을 최악의 무법상태로까지 몰아넣기 때문이다. 민중은 빵과 곡예(서커스)를 필요로 한다"라고 말한다.

해탈의 길

쇼펜하우어는 이처럼 말한 뒤, 고뇌로부터의 구제의 길로서 원시불교를 연상케 하는 듯한, 다음과 같은 주장을 내놓았다.

그것은 욕망과 야심의 원천인 의지를 근본적으로 부정하는 것이다. 그러나 여기에 이르는 데에는 도덕의 길을 거쳐, 종교의 경지에 들어설 것이 요구된다. 모든 세계의 재앙과 허무함에 대해 생각하고, 나아가 의지에게 강요당하여 고통받고 있다는 것을 생각하면, 누구나 모든 생물에 대한 동정심이 생겨날 것이다. 이것이 도덕의 기초이다. 동정이란, 실은 함께 괴로워하는 것이다.

온갖 살아 있는 것, 모든 것의 모든 고통에 동정하는 사람은, 이미 자신이 살아 있다는 것에 구애받지 않고 살려고 하는 의지 그 자체를 부정하게 된다. 그리스도교, 힌두교, 특히 불교에서의 수행 생활은 이러한 의지 부정의 발로이다. 그리고 이것을 실현하기 위한 수단이 금욕과 고행이며, 최종 목적은 니르바나, 즉 열반의 경지에 도달하는 것이다. 즉 번뇌를 떨쳐버리고 절대자유의 상태가 되는 것이다.

그러나 쇼펜하우어는 고뇌로부터 인간을 구제하는 방법으로서, 종교적인 생활에 들어가는 것 외에, 예술을 창조하거나 혹은 예술작품을 감상하는 것을 들고 있다.

예를 들면 바쁜 사회생활 속에서 고뇌하는 사람도, 좋은 음악을 들었을 때나 잠시 미술관에 들러 훌륭한 그림 등의 작품을 접한 뒤에, 비록 짧은 시간일지라도 평상시의 고뇌를 모두 잊고 예술 속에 도취하는 경우가 있을 것이다.

그렇지만 여기에는 반론이 있다. 예를 들면, "음악을 비롯한 예술에 접한다는 것은, 삶의 고통으로부터 해탈이 아니라 살아 있는 상태에서의 즐거운 위안에 불과하다. 예술적 해탈이 가능한 것은 모든 사람에게 가능한 것이 아니라 고작 일부의 사람들에게 한정되어 있다. 그런 의미에서 예술은 특권계급의 것이다"라고 비판받았다.

또 쇼펜하우어의 미학을 염두에 두고, 그의 철학을 귀족 취향의 철학이라고 비난한 사람도 많았다.

일상적인 구제

쇼펜하우어는 63세 때인 1851년에 《파레르가 운트 파라리포메나》, 라틴어로 '부록과 추가'라는 의미를 가진 수필집을 썼다. 그는 주저(主著) 이외의 저작은 모두 주저를 보충하는 것, 보완하는 것이라고 말했는데, 이 수필집도 그 중 하나이다.

그러나 그 가운데는 〈여자에 대하여〉, 〈자살에 대하여〉 등 세속적인 일들을 신랄하게 다룬 것도 많아 많은 독자를 갖게 되었다. 그 중에서도 평가를 받은 것은 〈생활의 지혜를 위한 아포리즘〉이라는 약간 긴 에세이이다. 고뇌와 허무함으로 가득 찬 이 세상에서 사람이 어떻게 하면 구애받지 않는 안정된 마음을 가질 수 있는가를 설파한 것이다.

주저에서는 삶으로부터의 구제의 길로서, 금욕적 생활, 특히 종교에 의한 구도와 예술의 감상 등을 들었는데, 이 에세이에서 쇼펜하우어는 사람들이 사회와 가정에서 머물렀던 대로 일상생활의 여러 가지 문제에 대처하는 구체적인 방책을 제시하고 있다.

그 요점은, 사람은 모든 사물의 허무함, 이 세상에서 입을 모아 칭송받는 모든 것은 공허하다는 것을 확신하고, 웃으면서 이 세상의 허상을 응시하는 마음의 평정을 얻는 것이다. 그러기 위해서 쇼펜하우어는 무엇보다도 사람은 고독에 견디고, 고독을 사랑하는 정신적 경지를 체득하지 않으면 안 된다고 주장하고 있다.

또 항상 사람은 건강하고 명랑한 정신을 가져야 한다고 기술하고 있다. 그러한 평정한 경지를 사랑한 쇼펜하우어는, 유럽에서 중세 이래 칭송받았던 기사도와 같이 "사물을 결정하는 것은 정신적 탁월함이 아니라 완력이다"라는 가르침은 야만이라고 비판했다.

이러한 무력 부정의 태도를 염려해서인지, 구소련 등에서는 그의 저작을 대학에서 학생들에게 읽히는 것을 제한할 정도였다. 그러나 전체주의 국가라면 어떤지 모르지만, 현재의 평화적 민주사회에서는 그의 평온한 철학은 온화하고 훌륭한 탁견으로 평가받고 있다.🅹

존 스튜어트 밀
John Stuart Mill | 1806~73년

—정신적 행복과 창조적 생활을 추구한 공리주의자

경제학의 교과서

밀의 아버지 제임스 밀은 벤담(163쪽 참조)의 협력자로 알려져 있으며, 저명한 경제학자이기도 했다. 그는 자신의 아들을 공리주의자로 키우려고 생각하여, 3살 때부터 그리스어를 배우게 했고, 8살에 라틴어, 그리고 17살까지는 기하학, 경제학, 심리학, 법학 등을 완전히 습득하게 하는, 유별난 조기 천재교육을 실시했다.

밀은 아버지의 바람대로 벤담의 사상에 강하게 영향을 받아 공리주의자가 되어, 20살이 되기 전부터 정부를 비판하는 논문을 여러 편 발표하고, 때로는 데모에 참가하여 경찰에 체포되기도 했다.

그러나 아버지에게 있어 밀의 체포는, 자기 아들이 본격적인 공리주의자가 되었다는 것에 다름 아니었기 때문에, 웃는 얼굴로 그를 인수하러 경찰에 갔다고 한다.

그러한 밀에게 정신의 위기가 찾

> **공리주의(功利主義)** | 행위의 목적이나 선악 판단의 기준을 인간의 이익과 행복을 증진시키는 데에 두어야 한다고 주장하는 철학 사상이다. 따라서 어떤 행위의 정당성은 결과의 좋고 나쁨에 의해 결정된다는 결과론적 인식이 전제되어 있다.

아온 것은 21살 때였다. 그는 강한 우울증 상태에 빠졌던 것이 계기가 되어, 그 때까지의 자신의 인생을 벤담의 공리주의 이론에 기초하여 되돌아보았다.

그러자, 지금까지 자신이 행복하다고 느꼈던 것은 실은 아버지에게 인정받는다는 행복이었고 자신을 위한 진정한 행복은 없어, 아버지라는 지배자를 행복하게 하기 위한 것에 불과했다는 결론에 도달했던 것이다.

나아가 밀은 그 때까지는 참정권이 주어져 있지 않던 노동자계급을 무시한 벤담의 공리주의는 잘못된 것은 아닌가 하는 의심을 갖기에 이르렀다. 1832년에 이루어진 선거법의 개정으로 선거권이 주어진 것은 산업자본가 등 부유층뿐이어서 유권자 수는 그 때까지 50만 명이었던 데에서 약 80만 명으로 증가하는 데 불과했다.

밀이 이와 같은 생각을 갖게 되었던 것에 대해서는, 사회활동가 해리엇 테일러의 영향을 빼놓을 수 없다. 유부녀인 테일러는 우울증으로 고

해리엇 테일러(Harriet Taylor, 1856~1915) | 그는 외과의사인 토마스 하디의 딸로 런던에서 태어났다. 18세 때에는 부유한 사업가인 존 테일러와 결혼했다. 두 사람 모두, 그리스도의 신성을 부정하고 오로지 하느님의 신성만을 인정하는 교파인 유니테리언 교회에서 활동하면서 정치적으로 급진적 성향으로 나아갔다. 그 과정에서 헤리엇은 여성의 참정권을 지지한 유니테리언 교파의 지도자인 윌리엄 폭스와 친해지게 되고, 여러 급진적 서클들에서 활동하다 존 스튜어트 밀을 만나게 된다. 그는 자신을 남성과 동등한 동료로서 대해주는 밀에게 호감을 갖게 되었고, 밀도 테일러에게 깊은 인상을 받는다. 밀은 자신의 저서들에 대해 헤리엇에게 평가를 부탁하는 등 두 사람의 관계는 깊어졌다. 이로 인해 헤리엇 테일러는 남편과의 관계가 악화되어 별거하게 된다. 하지만 주변에서는 밀과 헤리엇의 관계에 대해 의심을 갖게 되자, 두 사람이 성적 관계를 부인하지만 점차 사회적으로 고립되기 시작한다. 헤리엇은 이후 세상을 떠날 때까지 꾸준히 여성의 권리 확대를 위해 활동하였으며, 경제적으로나 학문적으로 밀에게 많은 도움을 주었다.

생하고 있던 밀과 친밀한 관계를 맺었고, 그를 정신의 위기로부터 구해냈다. 그와 더불어 그는 노동자와 여성의 권리에 대해 말하고, 그에게 사회주의 사상(마르크스가 사회주의 사상을 완성시키기 이전이었기 때문에, 이 때의 사회주의는 프랑스의 생시몽이 중심이 되어 제창했던 사회개량 사상을 가리킨다)을 전해주었다.

이 때부터 밀은 개인의 자유를 존중하면서 공리주의의 사고를 체계화하고, 때때로 사회와 정치가 시민의 자유에 위협이 된다고 주장했다.

그리고 그의 사상이 집대성된 《논리학 체계》(1843년)와 《경제학 원리》(1848년)를 발표했다. 이 두 권의 책이 영국의 사상가와 경제학자들에게 미친 영향은 지대하며, 특히 《경제학 원리》는 대학에서 경제학 교과서로서 사용되었을 정도이며, 그는 그 후 '고전경제학의 완성자'로 불리게 되었다.

그 후에도 《자유론》(1859년), 《공리주의론》(1861년), 《여성의 예종(隷從)》(1869년) 등을 발표하면서, 노동자와 여성의 권리와 노동조건의 개선을 위해 활동했다. 그리고 1865년에 하원의원에 당선되자 노동자의 참정권 획득과 남녀평등 등을 지지했다. 그 때문에 밀은 '영국 사회주의의 아버지'라고 불리게 되었다.

그런데 밀과 해리엇 테일러는 1851년에 해리엇의 남편이 사망한 후 정식으로 결혼했다. 그러나 해리엇은 1858년에 프랑스 남부의 아비뇽에서 갑자기 사망하여 두 사람의 결혼생활은 겨우 7년도 못 되어 끝나버렸다. 그 후, 밀은 해리엇의 딸과 함께 아비뇽에서 살면서 그를 정신적으로 받쳐주면서 저작활동을 계속했다.

아비뇽에서는 후에 저명한 곤충학자가 된 파브르가 살고 있어서, 말년의 밀은 그와 함께 곤충을 채집하였다고 한다.

파브르(Jean Henri Fabre, 1823~1915)
| 프랑스의 곤충학자 · 박물학자로 여러 학교에서 교사로 근무하였으며, 1854년 31세 때 동물학자인 레온 뒤프르의 저서를 읽고 감명을 받아 곤충 연구를 시작하였다. 1855년에 노래기벌에 대한 연구논문을 발표한 뒤 르키앙 박물관장이 되었으나 보수 학계의 공격과 비방을 받고 물러났다. 평생 가난한 생활을 하였으며, 여러 곳을 전전하다 1878년에는 마지막 거처인 세리냥의 아르마스로 이사하여, 8년여의 작업을 통해 10권에 이르는 방대한 《곤충기》를 집필하였다.

불만족한 소크라테스

밀은 젊었을 때, 정신의 위기를 맞아 공리주의를 재검토하는 기회를 가졌다. 그러나 벤담이 제창한 공리주의를 모두 부정하지는 않았다.

밀은 벤담과 마찬가지로, '사회의 궁극적인 목표는 행복이다'라고 생각하고 있었다. 그러나 밀은 벤담처럼 행복(쾌락)을 수치로 나타내려고 생각하지는 않았다.

예를 들면, 병을 앓고 있는 사람이 평상시처럼 건강을 회복하면, 그것만으로 행복하다고 느낄 것이다. 그러나 건강한 사람들은 건강한 것을 당연하다고 생각하여 그것을 행복하다고 느끼는 경우는 거의 없고, 여러 가지의 기쁨이 찾아오지 않는 한 행복을 느끼지 않는다.

또 육체적인 쾌락을 행복이라고 느끼는 사람도 있는가 하면, 정신적인 기쁨을 행복이라고 느끼는 사람도 있다. 밀에 의하면 정신적 행복은 육체적 행복보다도 중요하다. 그러나 그것을 얻는 것은 매우 어렵기 때문에, 정신적 행복을 추구하는 자는 불만족한 경우가 많다.

그러나 그와 같은 사람들은 참을 수 있는 능력이 있고, 자신이 불만족스럽다고 해서, 정신적 행복이 결여되어도 태연한 사람들을 그 사람들은 좋아하거나 부러워하지는 않는다.

이것은 《공리주의론》의 제2장에서 지적되어 있는 것인데, 여기에서는 또 "만족한 돼지보다도 불만족한 인간이 되는 편이 좋고, 또 만족한 바보보다는 불만족한 소크라테스가 되는 편이 좋다"라는 유명한 말이 기록되어 있다.

행복에 대해 밀을 괴롭힌 것은, 경제사회의 발전과 자연 파괴의 관계였다. 사람들이 행복해지기 위해서는 어느 정도 물질적인 풍요가 없어서는 안 된다. 그러나 그것을 실현하려고 하면 할수록 분명히 자연은 파괴되어 환경의 악화를 초래한다.

그렇지만 밀은 인간이 정신적 행복을 얻기 위해서는 자연환경의 보존은 빼놓을 수 없는 것이라는 생각도 갖고 있었기 때문에, 두 가지 문제 해결이 딜레마가 되어버렸던 것이다.

이것을 해결하기 위해서, 밀은 경제성장을 추구하지 않는 사회를 제안하고, 이것을 '정지상태'라고 불렀다. 그러나 정지상태가 되면 사회는 노동자를 안정적으로 고용할 수 없게 되어버린다. 그 때문에 노동자들로서도 지적 능력을 높이고, 노동조합을 결성하고, 창조적인 생활을 할 필요가 있다고 생각했다.

위해(危害)의 원리

이미 세상을 떠난 아내 테일러로부터 사회주의 사상을 전수받고, 이것에 일방적으로 경도된 듯이 보였던 밀이었지만, 그의 총명한 두뇌는 사회주의가 안고 있는 문제점을 간과하지 않았다.

예를 들면, 생시몽주의에서는 과학적 지식을 가진 산업가가 중심이 되어 노동자(시민)들을 통합해내는 사회구조를 가지고, 나아가서는 재산의 사적 소유와 상속을 금지하는 사회주의를 지향하고 있었다.

생시몽(Duc de Saint-Simon, 1675~1755) | 파리에서 왕족 다음의 신분인 대귀족의 아들로 태어났으며, 1702년 군에서 퇴역한 뒤 궁정생활을 하였으나, 그의 특권과 오만함이 국왕이었던 루이 14세에 의해 거부되어 불우한 젊은 시절을 보냈다.
루이 14세 사후에는 다시 권력에 복귀하였으나 에스파냐 대사를 끝으로 은퇴한 뒤 《회상록》을 집필하였다. 이 저술은 문체와 내용, 그리고 문학성 등에서 낭만파로부터 높은 평가를 받았다.

이 사회구조는 산업가에 의한 노동자의 억압이 없을 것처럼 생각된다. 그러나 밀은 "이와 같은 사회구조를 만들어내기 위해서는, 집단을 지도하는 자의 절대적 전제가 필요하며, 산업가와 노동자 간에 압도적인 지식의 차이가 있을 경우에만 실현 가능하다"라고 비판적인 의견을 기술하고 있다.

그렇다면 민주적인 색채를 짙게 해가면 되지 않느냐고 하면, 그렇다고 하기도 어렵다고 밀은 말한다. 왜냐하면 거기에서는 '다수자에 의한 전제'가 기다리고 있기 때문이라는 것이다.

유럽에서는 소수의 귀족에 의한 전제정치가 행해지고 있어, 그것을 '악'이라고 하여 수많은 사상가와 정치가들이 민주주의의 확대를 위해 투쟁해왔다.

그러나 참정권을 가진 자가 증가한다는 것은, 다수의 투표를 얻은 사람이나 의견이 주도권을 쥐게 되어, 소수자의 자유가 억압되게 된다. 이것이 다수자에 의한 전제라는 논리다.

밀은, 이와 같은 상태가 되지 않기 위해서는 시민의 지성을 높이고, 어떤 압력에도 굴하지 않고 자유롭게 선택할 수 있는 보장이 필요하다고 생각했다.

그렇다면 인간에게 있어서의 자유라는 것은 어떤 것일까? 밀의 《자유론》에 따르면, 그 답은 다음과 같다.

"인류가 누군가의 행동의 자유에 간섭하는 것이 정당화되는 유일한 근거는 자기방위이다. 또 국가와 사회가 시민의 의사에 반하여 권력을 행사해도 정당화되는 유일한 목적은, 다른 시민에게 해가 되는 것을 저지하는 것이다. 설사 잘 되라고 생각하여 행한 것이라고 해도, 타인의 자유에 간섭하는 것은 피해야만 하며, 결코 강요해서는 안 된다."

또 그는 "사람들은 자신들이 바라는 행위가 다른 사람에게 해를 가하지 않는 한, 좋아하는 것은 원하는 만큼 하도록 자유로워야 한다"라고 쓰고 있다. 밀은 이 사고방식을 '위해의 원리'라고 부르고, 이 사상을 지지하는 사람들을 '리버테리언'(libertarian; '자유의지론자' 혹은 '자유론자'라고 번역됨—역자)이라고 말한 것이다.⓪

쉐렌 키르케고르

Søren Aabye Kierkegaard | 1813~55년

—절망과 신앙을 분명히 한 실존주의의 창시자

개인의 실재를 강조

키르케고르는 덴마크 코펜하겐의 부유한 상인의 가정에서 7남매의 막내아들로 태어났다. 아버지인 미카엘은 엄격한 크리스천이었고, 또한 동시에 신을 두려워하고 있었다. 그 이유는 가난한 집에서 태어난 것을 원망하여 어린 시절부터 신을 저주했기 때문이었다.

그 후 미카엘은 코펜하겐에서 성공하여 부를 얻었지만, 자신의 아들들은 모두 그리스도와 마찬가지로 34살에 죽는다는 믿음에 사로잡혀 있었다.

실제로 키르케고르와 장남을 제외하고 나머지 5명의 자식들이 34살 이전에 사망하였고, 어머니와도 사별하게 되자, 키르케고르도 '그것은 아버지가 저지른 죄 때문이다'라고 생각하기 시작했다. 그는 그것을 '대지진(大地震)'이라고 불렀다. 그리고 이 죄 의식은 키르케고르의 저작에 큰 영향을 미쳤다.

1830년에 코펜하겐대학에 입학하여 신학을 배운 키르케고르는, 그 과정에서 헤겔의 사상에 집하게 되는데, 그의 생각에 공감할 수 없어 평생 대립관계를 유지했다.

헤겔은 이성에 의해서만 인식되는 이데아와 신이라는 개념을 '절대 정신'이라고 생각하고, 세계사의 발전 과정을 변증법을 이용하여 설명했다. 그것에 의해서 모든 사상(事象)은 절대정신의 자기실현이라는 형태로 설명할 수 있다는 결론을 도출했다.

그에 반해 키르케고르는, 사상(事象)에는 제각기 한도와 영역이 있어 하나로 통합하여 설명하는 것은 불손하다고 반론을 제기했던 것이다.

1840년에 키르케고르는 10살 연하인 레기네 올센이라는 여성에게 구혼하여 약혼했다.

그러나 그 다음해에 약혼을 일방적으로 파기해버린다. 이것은 사랑이 식어서 한 혼약 파기가 아니라, '내적 고뇌(자신의 성격과 결혼은 양립할 수 없을 거라고 고민했다고 전해진다)'에 의한 파기이며, 그 후에도 키르케고르의 그에 대한 사랑은 변하지 않았다고 한다.

이 체험은 그의 머릿속에서 '사랑의 내면적 반복 가능성'이라는 주제가 되어, 그 후의 저작에 큰 영향을 미치게 되었다.

당시 목사가 되기 위해 신학 공부를 계속하고 있던 키르케고르는 이 체험을 전후하여 자신이 목사가 될 의도가 전혀 없다는 점을 분명히 느끼고, 집필활동에 전념하게 된다.

1841년에 《이로니의 개념》을 발표한 후, 덴마크를 떠나 베를린에서 철학을 공부하면서 《이것이냐 저것이냐》, 《반복》(둘 다 1843년), 《철학적 단편》, 《불안의 개념》(둘 다 1844년), 《철학적 단편을 위한 결말의 비학문적 후서(非學問的後書)》(1846년), 《죽음에 이르는 병》(1849년), 《그리스도교의 수련》(1850년) 등의 저작을 차례로 발표했다.

그 사이 그는 1847년에 자신의 나이가 34살을 넘어서자 "이 나이까지 살아 있다는 것이 놀랍다"라고 썼다. 더구나 이 해에 레기네는 프릿츠 슈레겔과 결혼식을 올렸다.

여하튼 그는 일약 유명인이 되었는데, 대중지인 《코르사르》('해적'이라는 뜻)의 공격을 받았다. 이 사건은 그가 '수평화'에 대한 식견을 깊게 하는 계기가 되었다.

수평화란, 뛰어난 재능을 가진 인물의 존재를 허용하지 않는 사회라는 것으로, 말하자면 '모난 돌이 정 맞는다'라는 뜻이다. 이러한 수평화의 경향을 추진해 나가는 것은 이름 없는 대중이다. 그러나 그는 자신의 저작을 인정받기 위해서는 대중의 힘이 필요하다는 딜레마를 안고 있었다.

그렇기 때문에 키르케고르는 《이것이냐 저것이냐》를 익명으로 발표했지만, 그럼에도 불구하고 수평화의 해악을 모두 막아낼 수는 없었다.

그런데 대중에게 판단을 위임한 경우, 책임의 소재가 흐지부지 되는 경향이 발생한다. 이 경향을 이용하여 대중사회 속에서 태연하게 권위를 유지하고 있는 덴마크 국교회에 대해 말년의 키르케고르는 《순간》이라는 소잡지에서 격렬하게 공격했다.

이 공격과 논쟁은 그의 신체에 큰 스트레스를 주었는지, 그는 《순간》의 원고를 안은 채로 노상에서 쓰러져 그대로 사망했다.

그의 저작은 독일어로 씌어져 있었기 때문에, 19세기 동안에 그의 사상을 이해한 것은 독일과 덴마크 등 극소수 나라의 지식인들에 한정되어 있었다.

그러나 제1차 세계대전 후에 개인의 실존을 상소하는 실존주의 사상이 유럽 각지에서 인기를 끌게 되자, 실존주의의 창시자라고 일컬어지는 키르케고르의 이름은 일약 유명해지고, 그에 상응하는 정당한 평가를 받기에 이르렀다.

그리스도와 같은 존재

그렇다면 키르케고르는 실존을 어떻게 설명하고 있는 것일까? 《철학적 단편》에 따르면, 실존이란 자신이 지금 여기에 있고, 그 존재가 유일무이하다는 것을 깨달음으로써 찾아진다. 그러나 돌과 꽃이라는 존재는 유일무이하지는 않은 같은 종류의 다른 돌과 꽃으로 대체할 수 있다. 이와 같은 존재는 불완전하여 실존이라고 말할 수 없다고 한다.

또 실존에는 미적 실존, 윤리적 실존, 그리고 종교적 실존이라는 세 단계가 존재하고, 이 과정을 거쳐 사람은 참된 자기를 자각한다고 한다. 각각의 단계는 다음과 같이 해설되어 있다.

- 미적 실존 : 인생의 목표가 향락적 생활이어서, 오로지 미와 쾌락을 추구하는 단계. 그러나 미와 쾌락을 어느 정도 얻어보았자 만족할 수는 없다.
- 윤리적 실존 : 미적 실존으로 만족할 수 없다는 것을 알고, 사람은 자신의 인격을 높이고 윤리를 중요시하여 보편적인 것을 추구하게 된다.
- 종교적 실존 : 실존적 고뇌에 눈 떠서, 신앙을 추구함으로써 이성으로부터 비약할 수 있고, 참된 자기에 가까스로 도달할 수 있다.

그리고 키르케고르는, '어떻게 하면 사람은 그리스도와 같은 존재가 되는 것일까?'라는 것을 평생의 과제로 삼고 있었다.

덧붙이자면 이 실존을 이해하기 위해서는, 키르케고르와 레기네의 관계를 예로 들어도 좋다.

레기네를 처음 본 키르케고르는, 아마도 그의 아름다움을 원해서 구혼을 하고 약혼을 했을 것이다. 그러나 그것에 만족할 수 없다는 것을 안 그는, 레기네와의 약혼을 일방적으로 파기해버린다—미적 실존.

혼약은 파기했지만, 키르케고르의 레기네를 생각하는 마음에는 변함이 없다. 그러나 이미 그는 자신의 여자는 아니다. 때로는 남자와 친밀한 듯이 대화하는 장면을 목격하고는 질투심을 느낄 경우도 있을 것이다. 이 마음을 가라앉히기 위해서는 사람과 사람이 공존하기 위한 규범인 윤리적인 생각에 도달할 필요가 있었다—윤리적 실존.

분노와 질투를 초월한 키르케고르는, 레기네에 대해 숭고함과 존엄함조차 느끼게 된다. 이미 그는 레기네의 미와 육체를 원하는 것이 아니라, 이성으로부터 비약한 종교적 단계까지 도달한 것이다—종교적 실존.

절망의 세 가지 형태

키르케고르의 대표작인 《죽음에 이르는 병》은 그리스도 교회를 비판한 책이기도 하다.

그는 우선 죽음에 이르는 병이란 정신의 병, 즉 '절망'을 의미한다고 썼다(이것은 《구약성서》 〈요한에 의한 복음〉 제11장 제4절 '나사로의 부활'과 관련하여 예수가 "나사로는 죽었느니라, 그러나 이 병은 죽음에 이르지 않느니라"라고 논한 것에서 유래하고 있나).

또 절망에는 세 가지 형태가 있다고 쓰고 있다. 각각의 형태에 대한 해설은 다음과 같다.

- 절망하고 있다는 것을 알지 못하는 절망 : 이것은 비본래적(非本來的)인 절망이라는 것이며, 당시의 그리스도 교회를 가리키고 있다고 전해진다.
- 절망하여 자기 자신이기를 원치 않는 나약함의 절망 : 일반적인 절망의 해석에 가장 가까운 것이다. 희망과 바람을 달성하지 못 한 자기 자신이 용납되지 않기 때문에, 그것이 심해져서 자신이 자기 자신이라는 것을 부정하는 상태이다. 그러나 이렇게 생각한다고 해서 자신이 자기 자신이라는 사실이 부정될 수 없기 때문에, 점점 더 절망이 깊어지는 딜레마에 빠진다.
- 절망하여 자기 자신이기를 바라는 절망 : 절망의 원인을 자신 이외의 것으로 전가하려는 상태. 그러기 위해서는 자기 자신이 절망했다는 것을 강하게 인식하게 된다. 이 부분만을 본다면, 박해를 받은 약자들이 한 곳에 모여 결속을 다지는 모양과 흡사하다. 그러나 이 절망은 제3자를 공격하는 것이기 때문에 키르케고르는 '범행'이라는 말도 덧붙이고 있고, '자기의 안에 있는 영원한 것의 절망적 남용'이라는 별명으로도 불리고 있다.◐

칼 마르크스
Karl Marx | 1818~83년

-자본주의 사회의 모순을 폭로한 실천적 이론가

노동자들의 단결

마르크스는 1818년에 부유한 유대인 변호사의 아들로 프로이센(독일)의 트리어에서 태어났다. 부모는 랍비(유대교의 성직자를 말함. 그리스도교의 신부나 목사와 비슷한 직책을 갖는 사람)를 배출한 유서 깊은 가문이었는데, 아버지가 프로테스탄트로 개종했기 때문에 그도 프로테스탄트를 믿게 되었다.

아버지는 자유주의자 루소에 경도되어 있었기 때문에, 마르크스도 그 영향을 받아 1836년에 본대학에 입학하여 법률을 공부했다. 그 다음 해에 그는 베를린대학 법학부로 옮겨 법률 지식을 더욱 심화시켰다.

당시 독일의 대학생들 사이에서는 "이성적인 것은 현실적이며, 현실적인 것은 이성적이다"라는 말로 표현되는 헤겔 사상이 인기를 모으고 있었다. 그렇지만 저임금 중노동에 허덕이는 독일의 노동자를 둘러싼 '현실'은 도저히 이성적으로 받아들여질 수 없는 상황이었다.

그러한 헤겔 사상을 비판하는 '헤겔 좌파'에 마르크스는 참가하여, 그 사상의 일부를 〈데모크리토스와 에피쿠로스의 자연철학의 차이〉라는 논문으로 정리하여, 예나대학에 제출하여 철학박사 학위를 받았다.

마르크스는 대학에 남기를 바랐지만, 프로이센 정부에 의해 헤겔 좌파의 배제가 이루어지고 있었기 때문에 그 바람을 이룰 수 없었다.

대학을 졸업한 후에는, 진보적인 기사를 게재하는 것으로 알려져 있던 《라인신문》에 기고하게 되며, 그것이 계기가 되어 1842년에 그 신문의 편집장이 되었다.

이리하여 자유롭게 언론을 전개할 수 있는 장을 갖게 된 마르크스는, 지면을 통해 정치와 사회의 모순들을 날카롭게 비판했다. 그러나 그것이 프로이센 정부의 의구심을 부채질하여 그는 편집장을 사임하고, 파리로 거처를 옮겨 철학자로서 집필활동에 전념하게 되었다.

하지만 파리도 안주할 곳은 되지 못했다. 1843년에 마르크스는 헤겔 사상을 비판하고 노동자의 자유를 호소하는 내용의 《독불연지》를 창간했다. 타국에 이주한 뒤에도 그의 활동에 대해 눈에 불을 켠 채 지켜보던 프로이센 정부는 그의 급진적인 사회주의 사상에 두려움을 느껴, 프랑스 정부에 압력을 가하여 마르크스를 국외 추방으로 내몰았다.

프로이센 정부의 집요한 간섭에 싫증이 난 마르크스는, 1845년에 프로이센 국적을 포기하고 벨기에로 이주했다. 그리고 연속된 박해를 받으면서도 그의 사상은 흔들리지 않았으며 끝내 과학적 사회주의 사상을 완성시켰다. 그리고 엥겔스 등과 '공산주의자 동맹'을 설립하여, 1848년에 《공산당선언》을 발표했다.

때마침 유럽에서는 혁명의 폭풍우가 휘몰아쳐, 독일에서도 노동자들이 중심이 된 3월혁명이 발발했다. 그것을 기회라고 생각한 마르크스는, 쾰른으로 이동하여 거기에서 《신라인신문》을 창간하고, "만국의 프롤레타리아여, 단결하라"를 기치로 혁명을 지지하는 논문을 다수 게재하였다.

그러나 마르크스가 생각하고 있었던 것만큼 노동자들의 결속은 강고하지 못 해, 이 혁명운동은 1849년에 패배하게 된다.

체포 직전에 당시 체류하고 있던 독일을 떠난 마르크스는, 파리를 거쳐 런던으로 망명했다. 공산주의자 동맹도 내부 분열과 '쾰른 공산당 재판'에 의해 붕괴되었기 때문에, 그는 조직활동에서 손을 떼고 다시 집필활동에 전념했다.

런던에 체류할 때의 그의 지지자

공산주의자 동맹 | 1847년에 마르크스와 엥겔스가 런던에서 창립한 국제 비밀 노동자 혁명운동 조직으로, 프랑스에 망명한 독일 공화주의 혁명운동가들이 결성한 의인동맹(義人同盟)을 모체(母體)로 하여 조직되었다. 결국 2월혁명의 반동화 문제에 대한 조직 내부의 의견대립과 쾰른 공산당 사건으로 인해 1852년에 해산되었다.

3월혁명 | 1848년 2월에 일어난 2월혁명으로 프랑스에서 제2공화정이 수립되자, 이에 영향을 받아 3월 13일에, 반동적인 '빈 체제'에 저항하여 그 중심지인 오스트리아의 수도 빈에서 시민들이 민주주의를 요구하며 폭동을 일으킴으로써 촉발되었다. 이로 인해 억압정책을 펴던 오스트리아의 재상 메테르니히가 런던으로 망명하고, 헌법 개정을 약속했으나, 독일의 범위 설정을 놓고 분열이 일어나 결국 수구파의 반동에 의해 혁명 세력은 붕괴되고 말았다.

는 엥겔스뿐이었다고 해도 좋을 정도의 상태여서, 하루하루의 식비도 조달하기 힘든 상태였다. 그러나 그러한 역경에 처해 있었음에도 불구하고 집필의욕은 쇠퇴하지 않아, 미국의 《뉴욕 트리뷴》지에 기고하면서 경제학 연구에 몰두하였고, 10년에 걸쳐 마침내 《경제학비판》제1권을 발표했다(1859년).

그 후, 마르크스는 《자본론》을 집필하면서 국제적인 노동자운동조합인 '제1인터내셔널'에 참가했다. '제1인테내셔널'은 곧 해체의 쓰라림을 겪게 되었지만, 《자본론》제1권은 1867년에 무사히 간행되었다.

당초 프로이센 정부가 우려했던 대로, 그의 저작이 유럽의 사상가와 노동자들에게 미친 영향은 커서, 독일과 프랑스에서 마르크스주의자라고 불리는 자들이 점차 대두하기 시작했다.

말년이 되어 건강을 해친 마르크스는 그러한 사람들을 지원하면서 《경제학비판》과 《자본론》의 집필을 계속했지만, 뜻을 이루지 못하고 1883년에 세상을 떠났다.

마르크스 사후, 엥겔스는 그가 남긴 방대한 초고를 기초로 하여 《자본론》의 제2권과 제3권을 완성하고, 또 엥겔스의 지도하에 카우츠키가 《잉여가치학설사》를, 베른슈타인이 《마르크스·엥겔스 왕복서간집》을 각각 완성했다.

카우츠키(Karl Johann Kautsky, 1854~1938) | 체코 출생으로 빈대학을 졸업한 뒤 1875년에 오스트리아 사회민주당 당원이 되었다. 1880년에 스위스로 건너가 마르크스주의자가 되었다. 1883년에는 독일 사회민주당의 기관지인 《노이에 차이트》를 창간하여 편집을 맡았으며, 1891년 독일 사회민주당이 채택한 에르푸르트 강령을 기초하기도 하였다. 베른슈타인의 수정주의를 비판하며 마르크스주의를 옹호하였으나, 제1차 세계대전이 발발하자 반전을 주장하고, 초제국주의론(超帝國主義論)을 부르짖으며 폭력혁명과 소수 사회주의자에 의한 독재에 반대하여 레닌으로부터 수정주의자로 비판을 받았다. 주요 저서로는 《농업문제》, 《프롤레타리아트 독재》, 《유물사관》 등이 있다.

베른슈타인(Eduard Bernstein, 1850~1932) | 독일의 베를린에서 유대인 철도기관사의 아들로 태어나 1872년 사회민주노동당 당원이 되어 활약하였으며, 엥겔스, 카우츠키 등과 더불어 마르크스주의의 대표적 이론가이다.
1878년에 독일 사회민주당의 기관지인 《노이에 차이트》에 〈사회주의의 제 문제〉를 기고하는 등 마르크스주의를 수정하려 시도하여 사민당 내부 우파의 이론적 지도자가 되었다. 그는 정통 마르크스주의자들과는 달리 사회혁명이 아니라 의회를 통해 점진적으로 사회주의를 구현해야 한다고 주장하여, 카우츠키와 로자 룩셈부르크 등 정통 마르스크주의자들과 논쟁을 벌였다.

프롤레타리아

마르크스가 《신라인신문》의 편집장이 되고 나서 알게 된 것은, 소농민의 문제와 목재 도벌의 문제, 토지소유의 분할 등 사회에 만연된 모순이었다.

예를 들면, 가난한 농민들은 주변의 산들에 널려 있는 고목을 주워 땔감으로 하여 근근이 생활하고 있었다. 하지만 주변의 산들이 자본가의 소유로 됨에 따라 그 때까지 허용되어 왔던 고목 줍기가 목재 도벌로서 처벌받게 된 것이다.

마르크스는 이 현실에 대해 다음과 같은 논리로 강하게 반발했다.

"본래 보편적이고 공공적이어야 할 법률이 흔들려, 산림 소유자의 이익을 옹호하는 입장으로 변화한 것은 강하게 비판받아야 마땅하다. 만약 농민들이 벌채된 나무를 훔친 것이라면, 그것은 삼림 소유자의 소유권을 침범한 것이지만, 그들은 쓰러진 고목을 주운 것에 불과하다. 삼림 소유자에게 수목의 소유권이 있는 것은 사실이지만, 쓰러진 고목은 이미 수목이라는 소유권으로부터 분리된 것으로, 그것을 주웠다고 하여 그들의 소유권을 침범한 것은 아니다."

이와 같은 신랄한 논조의 마르크스가 정부에게 탄압을 받은 것은 앞에서 서술한 대로이지만, 그는 그에 대항하기 위해 '소외'라는 사고방식에 의해 노동의 본질과 자본주의의 구조적 결함을 밝혀냈다.

헤겔은 '소외'를 "자기 자신을 부정하고, 자신에게 서먹서먹한 타인이 되는 것"이라고 정의했는데, 마르크스는 더욱 확대해석하여 "인간이 자기 자신이 만들어낸 것에 의해 지배되는 상황"이라고 생각하여, 그와 같이 지배당하고, 시민이면서 시민 취급을 받지 못하는 노동자를 '프롤레타리아'(정식으로는 프롤레타리아트. 어원은 로마의 하층민을 가리키는데, 이는 곧 임금노동자를 표현하게 된다)라고 이름지었다.

사회주의 국가의 원동력

자본가와 지배자들, 아니 국가조차 프롤레타리아 없이는 존속할 수 없다. 그런데 왜 그들은 프롤레타리아를 소외시키는 것일까? 그 문제에 대해 마르크스는 다음과 같이 답하고 있다.

"인간의 노동이라는 것은 본래 자기 자신이 가지고 있는 창조적 에너지를 자연에 대해 작용하여, 그 결과 완성된 생산물을 통해 인간이 공동적인 존재라는 것을 분명히 하는 행위이다.

하지만 노동력을 돈으로 사는 것을 기본으로 하는 자본주의 하에서는, 생산물은 자본가의 소유가 되기 때문에 노동자는 생산물로부터 소외된다.

생산물이라는 것은, 인간이 영위하기 위해서 없어서는 안 된다. 영위에 없어서는 안 되는 것으로부터 소외된다는 것은 곧 인간의 영위로부터도 소외되고 있다는 것을 의미한다.

이리하여 노동자가 열심히 노동하면 노동할수록 노동단가는 낮아지고, 노동은 단순히 고역이 되어버림과 동시에, 자기 자신의 창조적 에너지를 일절 사용할 수 없기 때문에 그들에게 즐거움은 없으며, 단순히 육체적·정신적으로 피폐해질 뿐이다. 이것은 곧 노동으로부터도 소외되는 것이다. 이리하여 노동자들은 모든 것으로부터 소외되는 것이다.”

결국 자본주의 사회에서는 노동자는 궁핍해지는 것이 필연적이다. 헤겔은 이것을 이상국가 건설을 위한 필요악이라고 긍정했지만, 마르크스는 그것을 감수해서는 안 되며, 프롤레타리아가 그 사회 전체를 부정하고 이상국가를 건설해야 한다고 생각했다. 즉 자본주의 사회를 혁명에 의해 변혁해야 한다는 것이다.

이와 같은 그의 생각이 정부에 의해 ‘위험사상’으로 간주되었던 것은 당연했다고 할 수 있을 것이다.

마르크스의 사상은 20세기에 들어서자 레닌과 마오쩌둥에 의해 실현되어, 사회주의 국가를 건설하는 원동력이 되었다. 그러나 그 장대한 실험은 21세기를 목전에 두고 차례로 실패하여, 마르크스의 사상은 너무 이상적이었던 것은 아닌가 하는 혹독한 평가를 받게 되고, 오늘날은 마르크스주의를 표방하는 나라가 극소수밖에 없는 형편이다.◐

프리드리히 엥겔스
Friedrich Engels | 1820~95년

-마르크스주의의 완성도를 높인 이론가

프롤레타리아와의 공동투쟁

마르크스와 더불어 과학적 사회주의(이른바 마르크스주의)를 제창한 것은 엥겔스다. 그는 방적업을 운영하는 유복한 사업가의 장남으로 독일의 라인 지방에서 태어났다.

그는 김나지움을 중퇴한 후, '청년독일파' 라 불리는 자유주의 문학운동에 참가하고, 1841년부터 지원병으로 베를린에 머무는 동안 헤겔좌파의 구성원들과 교류를 깊게 했다.

병역을 마친 후, 아버지의 회사에서 일하기 위해 영국의 맨체스터로 이주하게 된 엥겔스는, 도중에 쾰른의 라인신문사를 방문했다. 거기에서 그는 마르크스와의 운명적인 만남을 갖게 된다.

맨체스터에서 2년 동안 머물며 사업가로서의 수완을 연마한 엥겔스는 그 사이에 산업혁명을 달성한 영국 노동자들의 모습과 자본주의 경제의 이면을 목격하게 된다. 그것은 노동자들에게 가해지고 있는 혹독한 노동조건이었다.

그 현상에 충격을 받은 엥겔스는, 마르크스가 자본주의 경제의 모순에 몰두하는 계기가 되었다고 전해지는 《국민경제비판대강》(1844년)을 《독불연지》에 기고함과 동시에 《영국노동자계급의 상태》(1845년)를 발표했다.

그 후, 마르크스와 함께 《신성가족》, 《독일 이데올로기》 등을 발표한 엥겔스는, 공산주의자 동맹의 창립에도 중심적인 역할을 했다.

1848년에 들어 유럽 각지에서 혁명이 발발하자, 엥겔스는 마르크스와 함께 《신라인신문》에 수많은 논문을 발표하여 프롤레타리아와의 공통투쟁을 주장했다. 그리고 《신라인신문》이 폐간 위기에 몰리자, 혁명군에 가담하여 라인 지방에서 정부군과 싸웠다.

그러나 이 혁명은 실패로 끝나고, 엥겔스는 스위스를 거쳐 1850년에 마르크스가 이주해 있던 런던으로 망명했다.

이로부터 20년 동안 엥겔스는 방적공장의 경영에 종사하게 된다. 그렇다고 해서 혁명을 잊은 것은 아니었다. 그는 마르크스에게 물심양면으로 원조를 하면서 두 사람이 사상을 심화시킴과 동시에, 미국의 신문에 여러 논문들을 기고하여 높은 평가를 얻었다.

1860년대에 들어, 마르크스가 발표한 《경제학비판》과 《자본론》의 영향을 받아 유럽 각지에서 마르크스파가 탄생하기 시작하자, 엥겔스는 1870년에 공장 경영을 중지하고 런던으로 이주했다. 거기에서 마르크스와 함께 마르크스파를 지도하는 한편, 《반뒤링론》(1878년), 《공상에서 과학으로》(1880년), 《가족, 사유재산 및 국가의 기원》(1884년), 《포이어바흐론》(1886년), 《자연변증법》 등 수많은 작품을 발표했다.

그리고 1883년에 마르크스가 세상을 떠난 후, 그가 중심이 되어 '제2인터내셔널'을 결성했다. 엥겔스는 《자본론》 제3권을 간행한 나음해인

1895년에 세상을 떠나지만, 이 조직은 그로부터 약 20년에 걸쳐 유럽 각지의 사회주의 운동을 지도하는 역할을 하며 노동운동에 강한 영향을 미쳤다.

엥겔스는 후세 사람들이 묘지에 참배하는 것을 꺼려, 유골을 도버해협에 뿌리도록 유언했다. 그 유언은 고인의 바람대로 이루어졌다.

마르크스 이론을 보완하다

일반적으로 엥겔스는 마르크스의 협조자로 인식되고 있지만, 그가 독자적으로 개척한 경제이론은 때로는 마르크스의 이론을 능가하고 있으며, 역으로 마르크스의 사상에 강한 영향을 미쳤다. 그리고 구소련(지금의 러시아)에서 실천되었던 '정통파 마르크스주의'에는 《반뒤링론》에서 전개한 엥겔스의 사회과학 사상이 강하게 남아 있다.

《반뒤링론》의 제1장에 스스로 가필하여 제작한 《공상에서 과학으로》라는 팜플렛은 마르크스주의 입문서로서 가장 많은 사람들에게 읽힌 작품이라고 일컬어진다.

엥겔스는 마르크스의 유고를 정리하여, 《자본론》의 제2권과 제3권을 간행한 것으로도 유명한데, 이 작업은 매우 힘들었다고 한다.

우선 엥겔스는, 심하게 악필이어서 읽기 힘든 마르크스의 글씨를 모두 고쳐 쓰고, 그 때부터 편집 작업에 들어갔다. 그러나 마르크스의 유고는 급하게 휘갈겨 쓴 것이 많고, 이론적으로 미완성인 부분도 많았다.

엥겔스는 원고의 불완전한 부분─예컨대 사회주의 이론과 역사의 결부 및 자본의 사적 성격과 사회적 성격의 대립 등에 대해서는 그의 생각에 따라 보강하고, 마르크스의 잘못된 견해 등을 정정하면서, 차근차근 편집 작업을 계속했다. 이리하여 마침내 1885년에 제2권 《자본의 유통과정》을, 그리고 1894년에는 제3권 《자본주의적 생산의 총 과정》의 간행에 이르게 되었다.

이와 관련하여, 마르크스의 구상에 의하면 《자본론》은 모두 4권으로 구성되었다. 훗날의 연구에 의해, 엥겔스의 지도하에 카우츠키가 편집한 《잉여가치학설사》가 그 제4권에 해당한다는 것이 판명되었다.

그러나 이 편집 작업으로 인해 엥겔스는 현저하게 시력이 감퇴하여, 《자연변증법》을 마지막까지 집필하는 것을 단념했다.

생시몽, 오웬, 밀 등 마르크스와 엥겔스 이전에 사회주의 사상을 내세운 사람은 적지 않다. 그러나 그것은 사상만으로 끝나고, 실천되지는 않았다. 그것은 왜일까? 엥겔스는 이 물음에 대해, 다음과 같이 답하고 있다.

"우선 그들은 프롤레타리아의 대표자로서 등장한 것은 아니었다. 그리고 개개의 집단에서가 아니라 지구상의 전 인류를 해방하려고 했다. 이것은 너무나도 커다란 목표여서 공상적이라고 하지 않을 수 없다."

그러나 엥겔스는 그들의 시도를 부정한 것이 아니라, "공상 속의 곳곳에 천재적인 사상의 맹아가 보인다"라고 높이 평가하고 있다. 그리고 왜 공상적으로 끝났는가 하는 이유에 대해서는, 그들이 활동했던 19세기 초엽은 자본주의가 아직 미성숙했다는 점을 들고 있다.

자본주의가 미성숙한 때는, 생산성이 그만큼 높지 않기 때문에 프롤레타리아가 소외되는 경우는 별로 없고, 부르주아(자본가)와의 대립도 명확하게 존재하지 않는다.

그 무렵의 사람들은, 실제로는 아직 첨예화하지 않은 경제문제의 해결 수단을 머릿속에서 상상하고만 있었던 것이다.

더구나 문제 해결 후에 출현한다고 했던 것은 유토피아(78쪽 참조)라는 공상의 사회였다. 유토피아를 자세히 말하면 말할수록 그들의 시도는 공상의 수렁으로 빠져들게 되는 것이다.

빛과 그림자

자본주의의 상황과 사회주의 사상의 관계를 조금 쉽게 말하자면, 빛과 그림자의 관계라고 해도 좋을 것이다. 빛이 강하면 강할수록 그림자의 윤곽은 뚜렷해진다. 이것이 자본주의의 발전에 의하여 분명해진 사회주의 사상이다.

그러나 약한 빛에서는 그림자는 흐릿하게만 나타난다. 19세기 초엽의 흐릿한 자본주의의 빛에 비추어진 사회주의 사상은, 이와 마찬가지로 분명하지 않았다.

그리고 마르크스에 의하면, 마르크스와 엥겔스가 활동했던 19세기 말에 일어났던 사회주의 혁명은 당연히 일어날 것이 일어난 것이라고 말한다.

그 근거로 삼는 것이, 인류사회의 역사는 유물론에 입각해 있다는 다음과 같은 '유물사관'의 논리이다.

인간은 사회생활을 하기 위해서 자연을 상대로 필요한 것을 생산하고, 그것을 소비하면서 사회를 유지해 간다. 이러한 경제활동이 기본이며, 사회의 하부구조를 이루고 있다. 법률과 정치 등은 이러한 토대 위에 서 있는 상부구조이며, 여러 가지 사회의식도 하부구조를 반영하고 있다.

이렇게 보면, 경제 특히 생산양식이 법률·정치 등 여러 가지 인간의 정신생활을 또한 제약하게 된다. 바꾸어 말하면, 인간의 의식이 인간 존재의 본연의 모습을 결정하는 것이 아니라, 인간 사회의 하부구조가 인간의 의식을 결정하는 것이다. 따라서 생산양식이 발전함에 따라 여러 가지 모순이 발생하게 된다. 이것에 의해 사회는 변혁되고 마침내는 혁명이 일어난다.

즉 아시아적→고대적→봉건적→자본주의적으로 발전해온 생산양식이 결국 프롤레타리아와 부르주아의 대립을 낳아, 유럽 각지에서 혁명이 일어나는 것은 당연하다고 마르크스와 엥겔스는 생각했던 것이다.◐

프리드리히 니체
Friedrich Wilhelm Nietzsche | 1844~1900년

－초인을 지향하는 인간의 직시자

천재적 생애

프리드리히 니체는 1844년 10월 15일 독일 작센 주의 레켄에서 목사의 아들로 태어났다. 그의 어머니도 성직자 가정 출신이었다. 5살 때, 니체는 아버지를 여의고, 가족은 잘레 강변의 나움부르크로 이사했다. 소년 니체는 완전히 여성들만으로 둘러싸여 자랐다고 해도 과언이 아니다.

하지만 14살 때 프포르타 학원에 입학하면서부터는 엄격한 남성적 생활 속으로 들어가게 되었다. 그는 그리스와 라틴의 고전어 교육을 주로 하는 수도원 같은 엄격한 학원에서 생활하고, 1864년에 이 학원에서 대학 입학 자격시험에 합격했다. 그는 고전어의 언어학 전공에 뜻을 두고, 처음에는 본대학에서, 그리고 이어서 은사인 프리드리히 리츨을 따라 라이프치히대학으로 옮겨 공부했다. 여기에서 그는 뒤에 문헌학자로서 유명해진 에르빈 로데(Erwin Rohde)와 친교를 맺게 된다.

이미 25살 때, 니체는 스위스의 바젤대학의 교수로 초빙되어, 1869년부터 1879년까지 여기에서 거주했다. 그 동안 그는 철인 쇼펜하우어와 음악가 바그너에 심취했다. 니체는 철인 쇼펜하우어와는 그 저작을 통해 아는 사이였을 뿐이지만, 바그너와는 24살 때 라이프치히에서 있었던 그의 누이 브록하우스 부인의 집을 방문했을 때 만난 적이 있었다. 그 때 이래 사상적 대립으로 인해 결별할 때까지 바그너와의 교제를 깊게 하고 있었다.

니체는 너무나도 학문에 열중했기 때문에, 과로로 시신경과 뇌신경에 장애를 일으켰다. 그래서 교직을 떠나 저작활동에 전념하기로 결심했다. 그는 바젤대학에 취직하고 나서부터 스위스인으로서 독일 국적을 상실했는데, 30살(1874년)을 넘어서부터 44살에 정신착란을 일으키기까지 10여 년은 병약한 신체를 염려하면서 저작활동을 계속하기 위해 스위스, 이탈리아, 프랑스의 각지를 전전하며 오로지 대자연 속에서 살았다.

그러나 그 동안의 저작 활동은 놀랄 만큼 뛰어난 면이 있다. 주요한 것으로, 바그너 음악을 찬미한 《비극의 탄생》(1872년), 《인간적인, 너무나도 인간적인》(1878~80년), 《서광》(1881년), 《즐거운 학문》(1882년), 《차라투스트라는 이렇게 말했다》(1883~84년), 《선악의 피안》(1886년), 《도덕의 계보학》(1887년), 《바그너의 경우》(1888년), 그리고 《권력에의 의지》라고 제목을 단 유고집(1901년)이 있다.

그러나 이러한 방랑생활을 시작하고부터 10년 뒤, 수면제와 진정제를 과도하게 사용하여 니체의 정신은 파괴되어 곧 정신착란의 징후가 나타나기 시작했다. 독일의 소설가 토마스 만은 학생 시절 쾰른에서 접촉한 창녀한테서 옮은 매독이 니체의 신경을 파괴시킨 원인이 되었다고 말하고 있다. 여하튼 가족으로부터 간호를 받으면서, 1900년에 바이마르에서 세상을 떠났다.

디오니소스적 환희

토마스 만(Thomas Mann, 1875~1955)
| 독일의 평론가이자 소설가로, 1933년에
나치에 의해 공산주의자로 몰려 스위스로
망명하였으며, 1942년 미국 캘리포니아로
이주했다. 1952년에 다시 스위스로 돌아와
그 곳에서 생을 마쳤다. 1929년에 노벨문학
상을 수상했으며, 대표작으로는 《꼬마 프리
데만 씨》(1898년), 《부덴브로크 가(家)》
(1901년), 《베네치아에서의 죽음》(1912년),
《파우스투스 박사》(1947년), 《거룩한 죄인》
(1951년), 《사기꾼 펠릭스 크룰의 고백》
(1922년/1954년) 등 다수가 있다.

니체의 초기 사상은, 우선 쇼펜하
우어의 의지 철학과 비극적인 바그
너의 음악에 의해 규정되었다
(1869~76년). 이 두 사람의 천재를 존
경했던 것으로 상징되는 초기 니체
의 낭만주의적 시기에는, 특히 그의
특이한 그리스 상(像)이 형성되었다.

그리스인들은 미와 빛의 신 아폴
론에 의해 표현되듯이 명랑하고 건강한 현세(現世)를 구가하는 조형미술
과 서사시를 만들어냈다. 그러나 니체에 의하면 그리스 비극은 원래 광
란과 도취의 주신(酒神)인 디오니소스를 찬미하는 반인반양(半人半羊)인
사튜로스(Satyrs)들의 코러스에서 비롯된 것이며, 이 코러스가 발전하여
대화적인 시극(詩劇)이 된 것이다.

그래서 니체는 일상적인 이해타산의 자아를 버리고, 고뇌와 도취를
통해 근원적인 자연과 합체하는 디오니소스적인 삶의 구가를 구현한 아
이스킬로스(20쪽 참조)와 소포클레스(19쪽 참조)를 찬미했다.

다른 한편 니체는, 뒤에 비극 작가인 에우리피데스(20쪽 참조)가 이러
한 디오니소스적인 근원으로부터 비극을 분리하여, 비극을 현실화·천
박화(淺薄化)했다고 비난했다. 또 이와 관련하여 소크라테스의 합리적인
도덕주의, 혹은 플라톤의 피안 존중을 생존의 현실로부터의 비겁한 도
피이며, 삶의 퇴폐 현상이라고 보았다. 이것을 서술한 《비극의 탄생》과
더불어, 이 시기에는 니체는 시대의 유행 사상을 비판한 《반시대적 고

찰》을 저술했다.

새로운 가치의 창조

제2기(1876~81년)의 니체는, 쇼펜하우어류의 생의 부정의 찬미와 대립하는 생의 긍정의 철리(哲理)를 제시했다. 또 그 때까지 존경했던 바그너가 실은 민중의 저열한 기호에 아첨하는 배우에 불과했다며 결별했다. 그는 초기의 도취적이고 낭만주의적 태도와는 표변한 현실적이고 과학적인 실증성을 강조하며, 종교, 형이상학, 그리고 예술에 대해 격렬하게 공격을 가했다.

이 시기를 대표하는 저작으로서는, 일체의 문화와 인간관계에서 보이는 이상의 실태를 폭로하고, 인간의 실제 그대로의 모습을 냉정한 과학자의 눈으로 직시한 《인간적인, 너무나도 인간적인》이 있다. 또 종래의 도덕을 천박하다고 공격하는 한편, 새로운 도덕의 탄생을 예감하는 《서광》, '신의 죽음'에 견디고, 또 영겁회귀, 즉 같은 것이 영원히 반복된다는 무의미한 삶을 즐기고 긍정해야 한다는 견해를 처음으로 제시한 《즐거운 학문》이 있다.

획기적인 제3기

그리하여 바야흐로 제3기(1881~88년)에 들어선다. 그 시기를 대표하는 저작에서, 그는 그리스도교의 종말론(세계와 인간의 종말, 즉 죽음, 최후의 신판, 천국, 지옥 등에 대한 견해) 대신 영겁회귀의 사상을 서술했다.

또 그는 시적 작품인 《차라투스트라는 이렇게 말했다》에서, 참된 가치 창조 가운데 새로운 존재 긍정의 길을 간 초인의 삶을 묘사하고, 신의 구제라는 환상을 버린 인간의 자기 구제를 지향하는 여러 가지 모습을 노래했다. 예컨대 차라투스트라는 말한다.

영겁회귀(永劫回歸, Ewige Wiederkunft) | 니체가 《차라투스트라는 이렇게 말했다》에서 주장한 사상으로, 영원회귀라고도 한다. 영원한 시간은 둥근 원형을 이루고, 그 속에서 인간을 비롯한 모든 사물이 무한히 되풀이된다는 내용이다. 이는 신이나 피안의 세계를 부정한 니체가, 자신의 운명을 자신의 의지에 의해 선택한 것으로 받아들이기 위한 운명애에서 비롯된 것으로 파악된다.

"형제여, 나는 자네들에게 맹세한다. 대지에 충실하자! 그리고 초지상적(超地上的)인 기대에 대해 말하는 것을 믿어서는 안 된다. 그들은 그것을 자각하고 있든 아니든 관계 없이, 타인에게 독을 뿌리는 자이다……."

차라투스트라는 자기 자신에 대해서도 영겁회귀를 할 것을 주장한다.

"나는 다시 온다. 이 태양과 함께. 이 대지와 함께. 이 원앙과 함께. 이 뱀과 함께—나는 결코 새로운 삶, 혹은 보다 나은 삶, 혹은 유사한 삶이 아니라, 바야흐로 영원히 다시 지금과 똑같은 삶으로 돌아온다. 그리고 다시 어른 아이를 불문하고 만인에 대해 영겁의 회귀를 가르친다."

이와 병행하여 니체는 새로운 가치 확립의 원리를 권력의지에서 찾으며, 고귀한 주인 도덕을 제안했다. 그리고 그것에 방해가 되는 노예 도덕의 파괴를 주장하여, 동정과 몰아를 설파하는 그리스도교와 대결했다.

이 시기에는 기존의 진리 관념과 도덕 가치, 그리고 종교의 교설에 포함된 잘못된 견해를 파괴한 《선악의 피안》, 《도덕의 계보학》, 《안티 그리스도》, 바그너와의 마지막 결별을 그린 《바그너의 경우》, 《우상의 황혼》 등의 저작이 씌어진다.

또 니체는 다가오는 자기 자신의 정신의 파괴를 예감하고 있었던 듯이, 자전적인 자기 저작에 대한 해설서인 《이 사람을 보라》를 썼다. 또 일단 《권력에의 의지》라는 제목으로 정리되었던 원고에서는, 권력에의 의지에 기초한 니힐리즘의 현대와 대결하려고 하는 수많은 견해가 산문 형태로 나타난다.

그런데 이들 저작 중 하나인 《도덕의 계보학》에서, 니체는 권력의지에 사로잡혀 획득물의 획득과 승리를 노리는 강인한 '금발의 야수'라고 일컬어지는 영웅적 종족으로서 일본의 사무라이를 들고 있다. 니체에 의하면, 영웅적 종족은 설령 문명화되어도 언제 폭발할지 모르는 위험을 내포하고 있으며, 그렇게 되었을 때에는 그들은 조야하고 원시적인 모습으로 되돌아온다고 전제한 뒤에, 다음과 같이 서술하고 있다.

"로마, 아랍, 게르만, 일본의 사무라이, 호메로스의 영웅, 스칸디나비아의 바이킹 등은 모두 이러한 요구를 가진 점에서 똑같다."

하지만 이 경우의 사무라이는, 아마도 샐러리맨화된 도쿠가와 시대의 무사가 아니라, 전국(戰國) 시대의 야성적 호걸을 가리킨 것으로 생각된다.

여하튼 금발의 야수 예찬이 니체가 말하는 노예 도덕을 믿는 그리스도교 신자들의 원한의 대상이 된 것은 분명할 것이다.

사후의 명성에 빛나다

그런데 니체는 이와 같이 힘 있게 시적인 문장을 써서 아포리즘(잠언)의 형태로 인간의 심층 심리를 살피고, 생기 있는 문명 해석을 했음에도 불구하고, 생전에는 그다지 평판을 얻지 못했다. 그러나 20세기에 들어서자 그의 인기는 갑자기 높아지고, 유럽 사상에 중대한 영향을 미쳐 새로운 인생관·세계관의 선구자가 되었다.

예를 들면, 독일의 철학자 하이데거는 니체의 업적을 높이 평가하여, 이렇게 말하고 있다.

> "니체는 '신은 죽었다'라고 선언함으로써 초감성적인 세계를 부정했는데, 신을 대신하여 '권력에의 의지'와 그 발로로서 초인을 출현시켜, 인간을 주관으로 하고 세계를 대상화하는 시도를 철저하게 함으로써, 데카르트 이후의 근대 형이상학을 완성시켰다."火

지그문트 프로이트

Sigmund Freud | 1856~1939년

-잠재적인 욕구를 해명한 정신분석의 창시자

정신분석학의 태두

지그문트 프로이트는 1856년, 당시 오스트리아 · 헝가리 제국의 일부였던 모라비아의 프라이베르크(현재 체코의 프르지보르)에서 유대인 모직상의 아들로 태어났다. 그가 3살 때, 프로이트 일가는 빈으로 이사했다.

어린 프로이트는 아버지로부터 사랑을 받고 있었다(아버지는 40살 때, 당시 19살이었던 어머니 아말리아와 재혼하고, 아말리아는 21살에 프로이트를 낳았다). 그러나 차례로 형제와 자매들이 태어나자 어머니의 관심이 자신으로부터 멀어지고 그들로 향한다는 불안을 체험하게 되며, 그것이 그의 성격과 학설의 형성에 큰 영향을 미쳤다.

유년 시절부터 뛰어난 지성을 보인 프로이트는 빈대학 의학부에서 공부하고, 1882년에 빈 종합병원에서 근무하게 되었다. 그는 특히 신경학에 관심을 가졌고, 코카인의 마취 작용을 발견하여 사강사에 임명되었나. 프로이트는 이미 1882년에 동문인 브로이어(Breuer)와 함께 히스테리 연구를 시작했는데, 1885년 파리에 유학했을 때 지도받았던 샤르코(J. M. Charcot)에게 영향을 받아, 히스테리에 이어 신경증의 연구에

▶ 프로이트의 결혼 사진과 아내 마르타 베르나이스

전념했다.

1895년에 브로이어와 공저로 《히스테리 연구》를 출간하고, 다음 해에 오랫동안 서로 사랑하는 사이였던 마르타 베르나이스와 결혼했다.

그 무렵 이미 정신분석학의 체계를 수립한 프로이트는, 《꿈 판단(Die Traumdeutung)》(1900년 ; 《꿈의 해석》으로 알려져 있음―역자), 《일상생활의 정신병리》(1904년), 《성욕론 3편》(1905년) 등을 차례로 간행했다. 이로써 정신분석이 단지 히스테리의 치료법만이 아니라 인간의 무의식을 연구하는 새로운 과학이라는 것을 분명히 했다.

1902년, 그는 빈대학의 원외교수(員外敎授; professor extraordinary)가 되었는데, 이 무렵부터 그에게 동조하고 공감하는 사람들이 점차 증가했다.

처음에는 프로이트, 슈테겔, 아들러 등 3명으로 시작한 '심리학 수요회'는 발전을 거듭하여 '빈 정신분석협회'가 만들어졌다. 또 취리히에 있던 융의 제창에 의해 프로이트 학설에 관심을 가진 사람들이 오스트

아들러(Victor Adler, 1852~1918) | 체코에서 태어나 생의 대부분을 오스트리아에서 보냈다. 엥겔스와 베벨 등을 알게 되어 오스트리아 통일사회민주당 창당을 주도하고, 주간지인 《평등》(1886년)과 당 기관지인 《노동신문》(1889년)을 창간하여 관여했다. 1905년 이후부터는 의회에 진출하였으나 제1차 세계대전의 발발에 반대하여 오스트리아 외무장관을 저격하여 사형을 선고받았다. 감형되어 종전 후에 출옥하였는데 아이러니하게도 자신이 외무장관에 선출되었다. 엥겔스와 함께 제2인터내셔널을 지도하였으나 수정주의 노선을 택하여 정통 마르크스주의자들로부터 기회주의자로 비판을 받기도 했다.

리아의 찰츠부르크에 모여 제1회 국제정신분석학회를 열었다. 1909년
에는 프로이트가 융과 함께 미국의 클라크대학에 초청되어 '정신분석
에 대하여'라는 주제로 평이하고 간명한 강연을 했다.

그러나 그가 신경증의 원인으로 너무나도 성적 요소를 강조했기 때
문에, 그로부터 이반하는 사람이 점차 나타나기 시작했다. 아들러와 융
이 그 중 대표자이다. 프로이트는 그에 아랑곳하지 않고, 1907년 이후
부터는 문학을 비롯한 예술 작품 및 사회제도와 종교 등에도 정신분석
의 방법을 적용하여, 그 성과를 《토템과 터부》(1913년), 《정신분석 입
문》(1916~17년), 그리고 《모세와 일신교》(1939년) 등의 저작을 통해 발표
했다.

프로이트는 1920년에 빈대학 정교수의 칭호를 받고, 다시 1932년에
국제연맹의 의뢰에 따라 아인슈타인과 함께 《왜 전쟁인가?》를 집필했다.

그러나 그 반전(反戰)적 문장은 히틀러의 분노를 사, 그의 저작은
1933년 레마르크의 반전 소설 《서
부 전선 이상 없다》 등과 함께 분서
되기에 이른다.

1938년에 나치 독일이 오스트리
아를 병합하자, 프로이트는 유대인
으로서 생명의 위험을 느껴 간신히
런던으로 망명했다. 그러나 상악암
(上顎癌)이 악화되어 얼마 지나지 않
아 다음해 9월에 사망했다.

레마르크(Erich Maria Remarque,
1898~1970) | 베스트팔렌 출생으로 제1
차 세계대전에 참전하였다. 전쟁이 끝난
후에는 초등학교 교사를 비롯하여 몇몇 직
장을 전전하였으나, 1929년에 자신의 참전
경험을 토대로 하여 《서부전선 이상 없다》
라는 반전 소설을 발표하여 세계적인 작가
가 되었다. 그 후 다시 전쟁 이후의 모습
을 그린 소설 《귀향》을 발표하였으나, 나치
스가 정권을 잡자 스위스를 거쳐 미국으로
망명하여 많은 작품을 썼다. 나치 정권은
그의 작품을 금지하고 그의 독일 국적을
박탈하였다.

프로이트 사상의 변천

그는 인간의 욕동(欲動)의 원인이 되는 무의식의 역학(力學)을 정확히 기술하고, 나아가 무의식 속에서의 저항과 억압의 실태를 밝혀냈다.

그 계기가 된 것은 히스테리의 치료이다. 그는 브로이어와 협력하여 카타르시스법을 확립했다. 히스테리는 잊혀진 마음의 상처나 외상으로부터 일어나는데, 이것을 치료하기 위해 우선 최면 상태에서 환자에게 심적 외상을 상기시켜 발산시키는 것이 이 카타르시스법이다. 그러나 이것은 재발하기 쉽다는 결함이 있다. 그래서 프로이트는 자유연상법을 채용했다. 이것은 마음속에 떠오르는 것을 차례차례 연상해가면, 잊혀 졌던 심적 외상에 도달할 수 있다는 방법이다.

이 방법으로 히스테리를 치료해 간 뒤에, 프로이트는 병의 원인이 되었던 관념을 회상하는 것에 대해 저항하는 힘이 있다는 것, 그리고 이 저항하는 힘이야말로 히스테리의 증상을 발생시키는 힘이라고 생각했다. 나아가 저항의 원인이 되는 관념을 억압하고 있으면, 곧 히스테리가 되어버린다고 했다. 또 그는 이러한 저항을 낳는 원인이 되는 관념은 성적인 것이라는 점을 발견했다.

처음에 프로이트는 인간의 욕동 가운데 배고픔과 성욕의 충족을 지향하는 것이 특히 중요하다고 했다. 그 가운데 에로스, 즉 성애의 욕동을 움직이게 하는 심적 에너지를 프로이트는 '리비도(libido)'라고 부르고, "인간이 탄생할 때 이미 존재하며, 유아기에 왕성하게 활동하고 있다"라고 주장했다.

프로이트는 유아 리비도는 우선 입술로 성적 쾌감을 추구하며, 이어서 항문애기(肛門愛期; 배변을 꺼리는 등), 남근기(여자 아이는 자신에게 남근이 없다는 것을 슬퍼한다) 등을 거쳐, 몇 년의 잠복기 뒤에 사춘기에 들어섰을 때 마침내 성숙한 성기로 쾌감을 추구하게 된다고 했다.

다음에 프로이트는 '오이디푸스 콤플렉스' 설을 제시했다. 그에 따르면, 남자 아이는 어머니에 대한 애착을 무의식 중에 강하게 느끼는 반면, 아버지에 대한 관심은 무의식 중에 줄어들며, 때로는 혐오하게 된다. 그래서 남자 아이는 아버지의 여러 가지 힘에 대해 외경심을 갖는다. 프로이트는 이러한 복잡한 심정을, 알지 못하고서 자신의 아버지를 죽이고 어머니를 아내로 맞아들인 그리스 신화의 오이디푸스 왕에 관련시켜 오이디푸스 콤플렉스라고 불렀다. 또 여아에게는 이성인 아버지에게 마음을 끌리고, 동성인 어머니에게 적대감을 품는 복잡한 콤플렉스(엘렉트라 콤플렉스)가 있다고 주장했다.

꿈 판단

프로이트는 이와 같이 인간이 유년기부터 성적 욕동에 의해 좌우되고 지배되는 모습을 상세히 서술했는데, 이 이론의 최대의 응용 분야의 하나는 '꿈 판단'이다. 인간의 정신생활에서 중요한 무의식의 욕동의 중심은 에로스인데, 이러한 무의식 세계의 해명에 기여한 것은 꿈의 해석이라고 했다. 그는 1909년에 미국에서 한 강연에서 다음과 같이 말하고 있다.

"꿈의 해석은 무의식의 지식을 얻기 위한 왕도(王道)이며, 정신분석의 가장 확실한 기조이다. ……만약 여러분들이 꿈의 생활의 여러 문제 해결법을 승인한다면, 정신분석이 여러분들의 사상에 기대하는 새로운 사항도 결코 곤란을 제공하지 않을 것이다. 여러분들은 우리가 밤에 보는 꿈의 산물이, 한편으로는 정신병 증상과 외적으로 매우 유사하며 또 내적 친근성을 가지고 있지만, 다른 한편으로는 각성한 생활의 완전히 건강한 상태와도 잘 순응하고 있다는 것을 잊어서는 안 된다."

프로이트에 따르면, 꿈의 대다수는 잠재적 소망의 발로이다. 자각하고 있을 때에는 인정하고 싶지 않은 욕구와 야심이, 수면 중에 꿈이 되어 출현한다. 특히 근친상간과 같은 사악한 성욕이 꿈속에서 종종 출현한다. 그러나 이것은 분석의 결과, 판명하는 것으로, 꿈속에서도 억압이 있기 때문에 성적 원망도 복잡하고 다양한 형태를 띠고 등장한다. 성기와 성 행위는 상징에 의해 나타난다. 남성의 성기는 지팡이, 막대기, 방망이 등, 여성 성기는 선반, 상자, 신발, 슬리퍼 등이다. 그리고 성교는 춤이나 계단을 오르내림에 의해 나타난다.

이와 같은 성욕 중시의 꿈 이론은, 프로이트에 대한 반발을 초래했다. 그러나 그의 꿈 이론이 옳다는 것은 현대의 수면과 꿈의 연구에 의해 오히려 실험적으로 확인되게 되었다.

말년의 사상

프로이트는 그 후에도 《토템과 터부》(1913년) 등의 저작을 발표했는데, 제1차 세계대전(1914~18년) 이후에는 환자의 치료에 등을 돌리고, 종교, 문명, 그리고 철학적 인간학에 전념하게 되었다. 이것은 정신분석의 방법을 이용하여 예술, 종교, 나아가서는 문명을 해석하려는 시도였다.

그 중에서도 《쾌락 원리의 피안》(1920년)은 중요하다. 이 책에서 프로이트는, 삶의 충동과 더불어 죽음의 충동을 인간이 가지고 있다는 점을 분명히 했다. 이리하여 생의 충동으로서의 에로스와 죽음의 충동의 대립과 저항이라는 견해는, 프로이트의 그 후의 문명론의 핵심이 되었다. 그리고 인간의 파괴성 혹은 공격성을 더욱 중시하게 되었다.

또 그는 자신의 학설을 수정하여, 기존의 '무의식=전의식(前意識)=의식'이라는 도식 이외에, 인간의 마음을 세 부분으로 이루어진 심적 장치로서 설명했다. 그것은 거시기(Es), 자아(ego), 초자아(super ego)의 세 부분으로 되어 있다. 특히 무의식을 나타내는 거시기가 에로스와 죽음의 충동의 장소이며, 쾌락 원리에 의해 작용한다. 이에 반하여, 자아는 현실 원리의 담당자이며, 거시기를 억제하여 현실에의 적응을 가능하게 하는 이성과 상식으로 불리고 있다는 점을 알려주고 있다. 마지막으로 초자아는 자아에게 둘러싸인 양심의 권위이며, 무의식적인 양심이라고도 말할 수 있는 것이다.

이렇게 서술한 후, 프로이트는 리비도의 유아기부터 발전도상에서의 장애는 신경증을 일으키는 기초가 되며, 그리고 그 후 자아와 거시기 사이에 갈등을 일으키는 것과 같은 체험이 계기가 되어 신경증이 발생한다. 거기까지는 가지 않더라도 자아는 거시기와의 갈등이 불러일으키는 긴장에 의해 불안과 불쾌를 피하기 위해 억압, 승화, 그 이외의 방위의 기능을 발동시킨다고 말했다.

프로이트는 이 해석을 단순히 개인뿐 아니라, 인류의 문명 전체에까지 확대하여 《문명 속의 불만》(1930년)에서, 문명과 제도, 그리고 예술, 과학 등은 성적으로 공격적인 힘을 극복한 성과, 즉 승화라고 간주했다. 이처럼 자아에 의한 방위 없이는 문명은 불가능하다는 것이다.

이와 같은 프로이트의 사상은 정신요법, 사회심리학, 교육학, 인류학, 종교심리학 등에 큰 영향을 미쳤다.

그러나 그가 개인의 리비도의 작동을 너무나도 중시했기 때문에, 보는 방법이 일면적이어서, 문화의 발전을 위한 사회구조의 변혁에까지 몰두하지 못 한 것은 불만이라는 의견도 있다.🔥

에드문트 후설
Edmund Husserl | 1859~1938년

-사상계의 위기를 초월한 연구자

초월론적 논리학

후설은 1859년에 오스트리아 제국의 프로스니츠(현재는 체코 공화국 영토)에서 양복점을 운영하는 유대인 가정의 차남으로 태어났다.

그는 빈의 실업계 고등중학교, 이어서 프로스니츠와 가까운 오르뮈츠의 고등중학교를 거쳐 라이프치히대학에 입학했다.

당시 후설의 관심은 수학에 있었기 때문에, 크로네커, 바이어슈트라스 등 저명한 수학자가 교편을 잡고 있던 베를린대학으로 옮겼다. 다시 바이어슈트라스의 추천에 따라 빈대학으로 옮겨, 〈변수 계산 이론에 대하여〉라는 논문으로 박사학위를 취득했다. 그 때 후설은 겨우 24살의 젊은 나이였다.

박사학위를 취득한 후설은, 베를린대학으로 돌아가 은사인 바이어슈트라스의 조수가 되었는데, 빈대학에서 그는 어떤 운명적인 만남을

> **크로네커(Leopold Kronecker, 1823~91)** | 독일의 수학자이자 논리학자로 "정수는 하나님이 만들었고, 그 밖의 모든 수는 인간이 만들었다"라는 유명한 말을 남겼다. 그는 정수론을 통한 수의 산술화를 절대적으로 신뢰하여 실수(實數)와 무한의 개념에 대해 게오르크 칸토어와 격렬한 논쟁을 벌였다.

경험한 상태였다.

당시 빈대학에서는 프란츠 브렌타노가 재직하고 있어, 그의 강의를 이따금씩 들었던 후설은, 그 내용에 강한 충격을 받고 철학의 세계에 경도되었다.

그래서 후설은 바이어슈트라스의 조수를 사직하고 다시 빈대학으로 가서(1884년) 브렌타노 밑에서 철학 연구에 전념하게 된다.

1886년에 유대교로부터 그리스도교 루터파로 개종한 후설은, 브렌타노의 추천을 받아 교수자격 논문인 〈수의 개념에 대하여〉를 할레대학에 제출하여, 이 대학의 사강사에 취임할 수 있었다.

그는 이 교수자격 논문을 기초로 하여 《산술의 철학》(1891년)을 완성하여, 최초의 저작으로 발표했다.

이어서 1900년과 1901년에 《논리학 연구》 전2권을 발표하는데, 그 책에서 현상학을 제창하고 심리학을 중시하는 철학을 철저히 비판했다.

이것과 때를 같이하여 괴팅겐대학에서 조교수 자리를 얻은 후설은, 1906년에 교수가 되어 《엄밀한 학(學)으로서의 철학(Philosophie als *strenge Wissenschaft*)》(1911년), 《이덴(순수 현상학과 현상학적 철학을 위한 여러 고안)》 제1권(1913년)을 발표하고, '현상학적 환원'의 방법을 확립하기에 이르렀다.

당시 지배적이었던 실증주의 학문은, '의식의 밖에 객관적인 세계가 존재하고 있다'라는 생각 위에 성립되어 있었는데, 그것은 단지 일상에서의 경험의 축적에 의해 그렇게 믿을 뿐인 사고 관습에 불과하며, 옳은지 그른지도 의심스럽다고 후설은 생각했다.

그래서 그는 현상학을 시작하기 위해서는 객관적으로 틀림없는 것부터 시작하지 않으면 안 된다고 생각했다. 이것이 '현상학적 환원론'이라고 불리는 절차이다.

《이덴》을 발표한 다음해에 제1차 세계대전이 발발하여, 후설은 아들을 잃었다. 그 기억으로부터 벗어나기라도 하려는 듯, 1916년에 프라이부르크대학으로 옮겨, 거기에서 정교수로서 1928년까지 강의를 했다.

프라이부르크대학 시기의 후설은 퇴직할 때까지 한 편의 논문도 발표하지 않았기 때문에, 이 시기를 '침묵의 시기'라고 부르는 사람도 있다. 그러나 실제로는 이 기간 중에도 왕성하게 집필하였으며, 그 성과는 퇴직 후에 발표되었다.

우선 최초로, 당시 후설의 조수를 역임한 하이데거의 편집에 의해 《내적 시간의식의 현상학 강의》(1928년)가 발표되고, 그 다음해에는 그의 대표작의 하나인 《형식논리학과 초월론적 논리학》(1929년)을 발표했다. 이 책에는 수학 등도 포함되어 넓은 의미에서의 형식논리학에서부터 초월적 논리하에 이르는 이치가 기록되어 있다.

1931년에는 후설이 파리에서 한 강연을 활자화한 《데카르트적 성찰》

이 출판되었다. 또 1936년에는 《유럽 제 학문의 위기와 초월론적 현상학》을 발표하는 등 끊임없이 출판을 했다.

후설의 청·장년기는 다른 저명한 철학자들에 비하면 평온무사했다고 할 수 있을 것이다. 그러나 말년의 그에게 커다란 위기가 찾아왔다. 그것은 1933년에 나치당을 이끌었던 아돌프 히틀러가 독일 정권을 장악한 것이다.

히틀러는 유대인을 철저하게 박해했다. 그리스도교로 개종했다고는 해도, 후설은 유대계였기 때문에 교수 자격을 박탈당하고, 대학에 진입하는 것이 금지되며, 모든 저작의 발매가 금지되는 등의 조치를 받아, 서재에 틀어박혀 있는 나날이 계속되었다.

1935년에 들어서 후설은 빈과 프라하에서 강연을 할 기회를 얻었다. 거기에서 그는 '유럽적 인간성의 위기에서의 철학'과 '유럽 제 학문의 위기와 심리학'이라는 제목의 강연을 하여, 청중으로부터 큰 갈채를 받았다.

그리고 이 두 강연을 기초로 하여 《유럽 제 학문의 위기와 초월론적 현상학》의 제1부와 제2부를 집필하였는데, 나치의 검열을 피하기 위해 베오그라드의 《필로소피아(*Philosophia*)》지에 발표했다.

후설의 구상에 의하면, 《유럽 제 학문의 위기와 초월론적 현상학》은 3부로 구성되었으며, 그는 그 제3부에 착수했지만 1938년에 병으로 쓰러져 세상을 떠났기 때문에 이 저술은 미완으로 끝났다.

노에시스-노에마

후설은 《논리학 연구》에서, 철학계에 충격을 가하게 되는 '현상학' 과 '현상학적 환원' 을 논했다.

이 논리를, 야구의 공이 눈앞에 있다고 가정하고 해설해 보자. 그 공은 어떤 모양을 하고 있을까?

당연히 '둥글다' 라는 답이 반복해서 나올 것이다. 그러나 정말 둥글다고 단언할 수 있을까? 우리의 눈에는 공의 일부밖에 보이지 않는다. 그럼에도 불구하고 공은 둥글다고 인식하고 있다. 즉 우리는 보이지 않는 것까지 보고 있는 셈이다.

덧붙이자면, 이 현상은 지각의 특징이라고도 할 수 있는 것인데, 실제로 보고 있는 것과 의식 속에서 형성되어 있는 것에 어째서 차이가 생기는지는 수수께끼로 되어 있다.

그런데 또 한 번 묻고 싶다. 눈앞에 있는 야구공은 어떤 모습을 하고 있을까?

이번에는 간단하게 답할 수는 없을 것이다. 왜냐하면 '어쩌면 보이지 않는 부분이 칼로 찢어져 있어서 둥글지 않을지도 모른다' 는 등의 의심이 생겼기 때문이다.

그런데 이처럼 옳다고 말할 수 없는 것을 현상학적으로 분석에 이용할 수 있을까? 당연히 답은 '아니오' 이다.

데카르트의 논리에서는, 이러한 회의가 한번 생기면, 우주가 무화(無化)되게 된다. 그러나 후설의 논리에서는 '눈앞에 있는 야구공은 둥글지 않을지도 모르시만, 둥글다고 생각된다' 라는 것으로 계속 존재한다. 이와 같은 의식의 관계를 '노에시스-노에마' 라고 한다.

'노에시스(noesis; 그리스어로 '사유, 지각, 인식'의 의미—역자)'는 실제로 대상을 지각하는 의식의 작용으로, 예를 들면 '지금 나의 눈앞에 있는 공은 둥근 것이다'라고 생각하는 것을 가리킨다. 한편 '노에마(noema; 그리스어로 '사유된 것'의 의미—역자)'는 객관적 실재가 아닌데도 불구하고 조작된 의식을 말하는 것으로, '일반적으로 공은 둥글다고 생각되고 있다'라고 생각하는 것을 가리킨다.

우주 속의 존재

또 하나의 예를 들어보면, 회전초밥집에서 연어알 초밥이 눈앞에 지나갔다고 하자. 그것을 연어알이라고 판단한 것은, 지금까지의 경험에 기초하여 실제 대상을 지각하려고 생각했기 때문이며, 그것은 노에시스이다.

그렇지만 정말 손으로 집어 접시에 담은 것은 노에마인 연어알이다. 이것을 '연어알이다'라고 하는 것은 자신의 머릿속의 의식이며, 실제로는 그것이 연어알과 비슷한 인조 연어알인지도 모른다. 그러나 먹어봐도 최근의 인조 연어알은 모양새가 훌륭하기 때문에 실물과 구별하기가 어렵다. 결국 그것이 진짜 연어알인지 아닌지는 증명할 수 없다.

이로써 진짜 연어알은 본래 있어야 할 '노에시스'이며, 접시에 담겨 있는 연어알은 '노에마'이다. 즉 이 둘 사이에는 확실한 격차가 있게 된다. 이것이 후설 논리의 한 가지 본보기이다. 여하튼 그는 엄밀한 논리를 구사하여, 언어기호, 시간의식, 그리고 생활세계 등 수많은 현재적 문제를 제기했다.

그러나 그는 명증성(明證性), 순수의식, 초월론적(선험적) 주관성 등 전

통적 사고방식을 응용하여 혁신과 전통이라는 신구(新舊) 사상의 관계를 보여주려고 했다.⓪

존 듀이
John Dewey | 1859~1952년
–실용적 문제해결 방법을 확립한 탐구자

실험학교에서의 교육이론 실증

미국 최초의 독자적인 철학이라고 일컬어지는 프래그머티즘을 완성한 사람이 듀이다. 1859년에 버몬트주 버링턴에서 식료품 가게의 셋째 아들로 태어나, 11살에 세례를 받았다.

고등학교 졸업 후, 그 지역에 있는 버몬트대학에 입학하여 콩트의 실증주의에 접하면서부터 철학에 강한 관심을 갖게 되었다고 알려져 있다.

1879년에 버몬트대학을 졸업한 후, 펜실베이니아의 고등학교와 버몬

콩트(Isidore Marie Auguste François Xavier Comte, 1798~1857) | 19세기 프랑스의 실증주의 철학자로 사회 연구에 실증적, 과학적 방법을 이용했기 때문에 사회학의 창시자라고 불린다. 그는 프랑스혁명기에 태어나 산업혁명의 격변기를 살았다. 이런 혼란스러운 상황 속에서 그는 당시 급진적 사상가인 생시몽과 교류하면서 많은 영향을 받았다.

그 후 생시몽과 결별한 그는 《실증철학 강의》 집필에 주력하여 '사회학'의 원리들을 창안하였으나 크게 주목받지 못했다. 그리고 이어서 종교적 색채가 강한 《실증정치체계》를 집필하고 '인류교'를 만들어 스스로 사제가 되기도 하였다. 이처럼 그의 학문은 많은 모순점들이 혼재되어 있지만 사회학을 창시하고 후대의 사상가들에게 커다란 영향을 끼쳤다.

트 지역 초등학교에서 교사로 근무했는데, 철학에 대한 관심을 떨칠 수 없어 1892년에 존스 홉킨스대학 대학원에 입학했다.

대학원에서는 헤겔 철학과 윤리학, 그리고 심리학 등의 지도를 받고, 2년 후에 박사학위를 취득했다.

그 후, 미시건대학에서 철학 강사를 했는데, 여기에서 초등중학교육에 강한 관심을 가졌다. 더불어 이 해에 듀이는 앨리스 치프먼(Alice Chipman)과 결혼을 한다.

듀이의 평가는 점차 높아져, 1888년에는 미네소타대학의 교수로 영입되었다. 그러나 그로부터 약 1년 후에는 다시 미시건대학으로 돌아가 철학과 주임교수가 되었다. 또 1894년에는 시카고대학에 초빙되어 철학, 심리학, 교육학과의 주임교수에 취임했다.

시카고대학 시기에 듀이가 집필한 두 권의 책이, 그를 역사의 무대 전면에 서게 했다.

시카고대학에 부임한 듀이는 우선 아내와 함께 실험학교로서 시카고대학 부속 초등학교를 만들었다. 그 곳에서 실험적인 지도와 교육이론의 검증을 실시하고, 그 결과를 정리한 《학교와 사회》(1899년)를 발표했다. 실험학교를 통한 교육이론의 실증이라는, 아무도 생각할 수 없었던 방법으로, 연구자뿐만 아니라 일반인도 충격을 받았다.

《학교와 사회》에서 듀이는, 학교에는 지식을 주입하기 위한 공부뿐만 아니라 작업과 일도 도입해야 한다고 주장했다. 이렇게 함으로써 학교를 현실의 사회에 좀 더 가까이 다가가게 할 수 있으며, 학생들은 그렇게 하여 얻은 지식을 활용하여 사회의 일원으로서 성장할 수 있다는 것이다.

그리고 1903년에는 동료들의 연구 성과를 정리한 《논리학적 이론의 연구》를 발표한다. '도구주의'라는 개념을 보급시킴과 동시에 프래그머티즘의 새로운 일파인 '시카고학파'를 형성했다.

1904년에 컬럼비아대학으로 옮긴 듀이는, 그 때까지의 과묵함이 거짓이었다는 듯이, 출판이나 강연 등의 방법으로 사회에 자신의 생각을 어필하려 하며, 1930년에 퇴직할 때까지 이 대학에서 연구를 계속했다.

컬럼비아대학 이래 발표했던 주요 저작은, 《민주주의와 교육》(1916년), 《인간성과 행위》(1921년), 《확실성의 탐구》(1929년), 《사고의 방법》(1933년), 《경험과 교육》(1938년) 등으로, 교육 관계뿐만 아니라 철학, 사회학, 심리학에까지 미쳤다.

강연활동은 미국 국내에 그치지 않고 멕시코, 중국, 나아가 소련에까지 나가는 등 적극적이었으며, 1919년에는 일본에 건너가 2개월에 걸쳐 동경제국대학(현재의 동경대학)에서 집중 강의를 했다.

덧붙이자면 당시의 강의 내용은 《철학의 개조》라는 제목으로 1920년에 발표되었다.

1949년에 발표된 《아는 것과 알려지는 것》이 듀이의 마지막 저작이며, 1952년에 세상을 떠났다.

자연주의와 도구주의

프래그머티즘이란, 그리스어인 '프래그마(행동)'라는 말에 기초한 조어(造語)인데, 철학자 찰스 샌더스 퍼스에 의해 19세기 말에 제창된 미국의 독자적인 철학이다. 그것을 철학자인 윌리엄 제임스가 계승하고, 듀이가 완성시켰다고 일컬어진다.

프래그머티즘의 기본사상에 대하여, 퍼스는 "의미란 행동에 대한 영향의 개념이다"라고 말했다.

프래그머티즘의 정의는, 제임스와 듀이에게 계승된 후에 확산되었는데, 퍼스가 생각하고 있었던 것보다 협의의 것이다. 그래서 듀이는, 후에 자신이 생각하는 프래그머티즘을 '프래그머티시즘(pragmaticism)'으로 고쳐 불렀다고 전해진다.

찰스 샌더스 퍼스(Charles Sanders Peirce 1839~1914) | 미국의 철학자이자 논리학자로 프래그머티즘의 창시자이다. 하버드대학교를 졸업한 그는 당시로서는 너무 독창적이고 앞서가는 철학과 논리학에 대한 논문들을 발표하여 그다지 주목받지 못하였다. 하지만 그가 세상을 떠난 지 20여 년 뒤인 1930년대에 그의 전집(전8권으로 1958년에 완간되었다)이 출판되면서 주목을 받기 시작했다. 그의 사상은 제임스와 듀이, 러셀 등에게 계승되어 이어지고 있다.

윌리엄 제임스(William James, 1842~1910) | 미국의 철학자이자 심리학자로, 하버드대학을 졸업한 뒤 강사로서 생리학과 생리학적 심리학을 강의하다 심리학 교수를 거쳐 철학 교수가 되었다. 저서로는 《심리학 원리》(1890)와 《프래그머티즘》(1907), 《근본적 경험론》(1904) 등이 있는데, 《프래그머티즘》에서 그는, 어떠한 관념이든지 그것을 믿는 자에게 유용하다면 그것은 진리라고 주장하였으며, 《근본적 경험론》에서는 경험이 바로 실재(實在)이며, 세계는 물질도 정신도 아닌 '순수경험'으로 이루어져 있다고 주장한다.

듀이는 프래그머티즘의 기본에 대하여, 형이상학적 비경험적 실재는 무의미하며, 어떤 명제가 옳은가 그른가 탐구를 거듭할 때, 우리를 옳은 방향으로 유도해가는 것은 진리인데, 진리라는 것은 그것을 추구하는 때와 장소에 따라 결정되는 것이라고 말하고 있다.

듀이에게 있어서 프래그머티즘은 철학에만 부합되는 것이 아니라 다른 많은 학문, 나아가서는 인간생활의 모든 분야에 관계되는 사상이었다. 그리고 이와 같은 그의 사고방식의 근저에 있는 것은 자연주의와 도구주의다.

자연주의는, 우선 자연과 경험, 자연과 문화, 물질과 정신이라는 두 존재가 분리된 것이라는 이원론을 완전히 부정한다.

원래 인간은 자연적인 생명체여서, 자연환경이 없으면 생명을 유지할 수 없다. 다른 동물과 인간이 유일하게 다른 점은, 인간이 지적 활동에 의해 문화적 생활을 영위한다는 점인데, 이 지적 활동도 자연환경과의 상호작용이라는 경험에서 유래하는 것이다. 따라서 자연과 문화를 분리된 것으로 취급하는 이원론은 오류라고 결론지은 것이다.

또 도구주의란, 인간의 지성 그 자체가 도구라는 사상이다. 이해하기 쉽게 말하면, 인간의 인식능력은 동물의 환경 적응능력이 발전한 것으로, 인간은 여러 가지 도구를 사용하여 환경에 잘 적응할 수 있도록 노력해왔다. 예를 들면 추운 환경에서 살지 않으면 안 될 때에는 땔감을 태워 따뜻하게 하고, 온도가 높아 해충이 많은 환경에 살 때에는 주거의 바닥을 높였다.

문제해결학습

이 때 우리는 도끼와 쇠망치뿐만 아니라 지성도 사용할 것이다. 즉 지성은 도끼와 쇠망치와 똑같은 도구라고 할 수 있다고 듀이는 주장한 것이다.

또 듀이는 과학을 가장 뛰어난 지적 탐구의 방법이라고 위치지우고, 인간의 모든 행위를 실험적 과학에 의해 탐구해야 한다고 생각했다.

듀이가 실험학교로서 시카고대학 부속 초등학교를 만든 것은, 도구주의라는 사상에 기초한 것이었다.

그 안에서 그는 문제해결학습이라는 학습방법을 실천하고, 아이들이 주체적으로 학습하는 것을 중시했다.

덧붙이자면, 문제해결학습이란 교사가 수업 전에 미리 준비하여 학생들에게 학습시키는 일반적인 과정을 거치지 않고, 그때그때 주어진 테마에 따라 평소 생각하고 있던 것을 사고한다는 것으로, 구체적인 수순은 다음과 같다.

(1) 문제를 깨닫게 한다—예를 들면, 학생들에게 '우리들의 학교'라는 테마를 준다.
(2) 문제를 명확하게 한다—학교 안에 어떤 문제가 있는가를 학생들에게 생각하게 한다.
(3) 가설을 제안한다—그 문제는 왜 일어났는가, 그리고 문제를 해결하기 위해서는 어떻게 하면 좋은지 가설을 세워본다.
(4) 가설의 의미를 추론한다—그 방법이 어떻게 해서 문제를 해결하

는 것인가를 생각한다.

(5) 가설을 검토한다—자신들이 실제로 조사·확인하고, 그 가설이
    타당한지 아닌지를 확인한다.

　듀이는 이 프로세스 자체가 문제해결학습의 목적이기 때문에, 가설
이 어긋났다고 해도 그것은 중요하지는 않다고 쓰고 있다.

　듀이에 따르면, 이 문제해결학습은

　"아이들의 자발적인 학습을 촉진할 수 있다."

　"사회에 나갔을 때 유용한, 실천적인 문제해결능력을 얻기 쉽다."

　"협조·책임 등 사회적으로 필요한 특성을 기를 수 있다."

　"사고력과 창조성을 신장시킬 수 있다."

등등의 장점이 있다고 하여, 현재에 이르기까지 교육 현장에서 이용되
고 있다. ⓞ

앙리 베르그송

Henri Bergson | 1859~1941년

－주관 · 객관의 이원론과는 다른 출발을 생각한 철인

노벨상 수상

노벨 문학상 수상자인 베르그송은, 1859년에 파리의 유대인 가정에서 태어나, 리세(lycée; 프랑스의 중등 교육기관으로 7년제임)를 졸업한 후, 고등사범학교에 진학하여 교육자의 길에 뜻을 두었다.

그는 학교에서 뛰어난 재능을 보여, 후에 사회주의 정치가가 된 장 조레스와 항상 수석 자리를 다투었다.

그러나 베르그송은 교수들이 신칸트학파라는 데에 강한 불쾌감을 느

장 조레스(Jean Jauras, 1859~1914) | 프랑스 제3공화국의 소신 있는 사회주의 정치 지도자로 29세에 무소속으로 의회 의원에 당선되어, 중도좌파 성향의 온건한 독립사회당에 입당하였다. 그 후 19세기 말 프랑스 사회를 들끓게 한 드레퓌스 사건에서 드레퓌스를 옹호하는 운동에 참여했다가 낙선하기도 했으나, 1902년에 다시 당선되어 의회활동을 계속했다.

그는 프랑스 우파 정부가 영국, 러시아와 함께 3국 군사동맹을 체결하는 것을 강력히 반대하며, 프랑스와 독일의 반제국주의 세력이 연대하여 유럽 평화를 확립하자고 역설했으나, 1870년의 보불전쟁에서 독일에 패배한 것을 굴욕으로 느끼고 있던 프랑스의 민족주의 세력으로부터 강한 미움을 샀다. 이러한 분위기 속에서 1914년 한 국수주의자 청년에 의해 암살되어 55세를 일기로 생을 마쳤다.

신칸트학파 | 인식은 대상을 모사한 것이 아니라 의식이 감각에 의해 가공되지 않은 직접적인 내용을 질서 지움으로써 성립하며, 신과 자유의지 등 경험에 속하지 않는 사물은 과학적 인식의 대상이 아니라 신앙의 대상이라고 한 칸트 사상을 지지하며, 19세기 말부터 독일을 중심으로 형성된 철학의 한 유파.

껴, 자주 교수들에게 반발했다고 한다.

1881년에 실시된 교수자격 국가시험에서도, 교수진에 대한 반발을 억제하지 못하여, 그는 현대 심리학에 관한 설문에 대해 심리학 전반을 격렬하게 비판하는 회답을 썼다. 그때문에 합격은 했지만, 2등의 성적에 만족해야 했다. 덧붙이자면 이 때 수석을 차지한 것은 앞에서 말한 조레스였다.

그 후, 베르그송은 리세의 교사로 근무하면서 학위논문을 집필하여, 1889년에 〈의식에 직접 주어진 것에 대한 시론〉이라는 논문으로 소르본대학에서 문학박사 학위를 수여했다.

후에 이 논문은 출판되어 철학자들의 높은 평가를 얻었다. 그 평가에 따라 베르그송은 장 가브리엘 타르드의 후임으로 콜레주 드 프랑스(프랑스 최고학부. 약 50개 정도의 강좌가 있으며, 아무나 강의를 들을 수 있다)에 초빙되어, 1900년부터 현대철학과 교수로 재직하게 되었다. 그의 강의는 대단히 인기를 끌어, 서서 듣는 경우도 드물지 않았다고 한다.

그 후의 베르그송의 경력은 다음과 같이 화려한 것이었다.

장 가브리엘 타르드(Jean-Gabriel de Tarde, 1843~1904) | 프랑스의 사회학자로, 범죄의 원인은 사회적 문제에 있다고 한 것으로 유명하다. 대표작으로는 《모방의 법칙》(1890)이 있다.

• 1914년 아카데미 프랑세스(프랑스 학술원에 해당 — 역자) 회원이 되다.
• 1917년 프랑스 정부의 특사로 미국에 파견되어, 당시 월슨 대

통령에게 제1차 세계대전 참전을 부탁하는 어려운 임무를 맡았다.

• 1922년 국제 지적협력위원회의 위원에 임명되어 의장에 취임.
• 1927년 노벨 문학상 수상.
• 1930년 레지옹 드뇌르 훈장 수장.

이와 같이 동분서주의 날들을 보내면서도, 베르그송은 《물질과 기억》 (1896년), 《웃음》(1900년), 《창조적 진화》(1907년), 《정신의 에네르기》 (1919년)와 같은 저작을 차례로 발표하였다.

그러나 역시 너무나 바빴기 때문에, 1914년부터 콜레주 드 프랑스의 강의를 중단하게 되며, 1921년에는 사람들에게 아쉬움을 남긴 채 정식 으로 사직했다.

말년의 베르그송에게 들이닥친 것이 나치스 독일의 등장이다. 그는 독일군의 침공을 피하여 파리를 떠나지만, 얼마 후 다시 파리의 자택으 로 돌아온다. 그는 로마 가톨릭으로 개종은 했지만, 유대인 동포를 방관 할 수 없었기 때문이라고 알려지고 있다.

기세등등했던 나치스 독일도 노벨상 수상자인 베르그송을 박해할 수 는 없어, 역으로 나치스의 선전을 위해 그에게 여러 가지 특권을 제시했 다고 한다.

그러나 베르그송은 그 제의를 모두 거절했기 때문에 생활이 힘들어 져, 난방도 되지 않는 집에서 살았다. 1941년 겨울, 그는 차가운 자택에 서 감기가 악화되어, 청빈한 가운데 이 세상을 떠났다. 이 때 나이 81살 이었다.

시간이란 무엇인가

베르그송은 박사학위를 취득한 학위논문인 〈의식에 직접 주어진 것에 대한 시론〉에서, 철학에서의 시간의 문제로 커다란 파문을 일으켰다.

그는 지금까지 철학의 세계에서 시간이라고 말해져 왔던 것은, 본래 분할할 수 없는 것을 공간적인 것에 의해 분할한 것이라고 비판했다. 순수한 시간으로서의 의식과 정신은 공간에 의해 결정되는 것이 아니라, 유동적이고 자유로운 것이라고 했다.

즉 시간이란 '물질'이 아니라 '작용'이다. 그리고 시간처럼 분할할 수 없는 것을 베르그송은 '지속(la duree)'이라고 불렀다.

베르그송은 "시간이란 지연(遲延) 그 자체이다"라고 말하고 있다. 이것은 어떤 의미일까?

눈앞에 모래시계가 있다고 생각해보자. 모래시계는 중심의 구멍을 통해 모래가 위에서 아래로 이동하게 함으로써 시간을 측정하는 장치이다. 그런데 만약 모래시계의 중심 구멍이 거대하다면 어떻게 될까? 순식간에 모래가 낙하해버리기 때문에, 아무리 시계를 뒤집어도 시간을 잴 수 없을 것이다.

즉 모래시계로 시간을 잴 수 있다는 것은, 모래가 지연되면서 서서히 떨어지기 때문이라고 말할 수 있지 않을까? 이것이 베르그송이 말하는 시간과 지연의 관계이다.

또 그는 시간, 내면성, 자유 등을 '정신의 규정성(規定性)'이라 하고, 공간, 외면성, 필연 등을 '물질의 규정성'이라고 하는 명확한 이원론적 입장을 취하면서도, 양자는 연속적으로 이행한다는 견해를 보였다.

그런데 앞에서 언급한 베르그송의 논문 〈의식에 직접 주어진 것에 대한 시론〉은 책으로 출간된다. 그 일본어판 제목이 《시간과 자유》라고 한다. 이것은 논문이 영역될 때 번역자가 베르그송에게 허가를 얻어 붙인 제목을, 다시 일본어로 번역한 것인데, 이 제목은 꽤 핵심을 찌르고 있다. 왜냐하면, 베르그송은 이 책에서 '자유'라는 것에 지금까지와는 전혀 다른 정의를 부여하고 있기 때문이다.

지금까지 철학자들이 생각해온 자유라는 것은 윤리적 자유인데, 의사(意思)가 욕망에 속박당하지 않고 자기 자신의 이성적인 도덕명령에 따르는 것을 가리켜 왔다.

좀 더 간단하게 말하자면, 많은 가능성 중에서 한 가지를 선택하는 것—즉 선택의 자유를 가리키고 있었다.

그러나 베르그송에게 있어서 '선택의 자유'는 참된 자유는 아니다. 이 세상에는 상상하는 것이 불가능한 새로운 가능성이라는 자유가 있으며, 선택의 자유 등은 참된 자유 중 매우 일부분에 지나지 않는다는 것이다.

지각과 실재

《물질과 기억》에서 베르그송은 '이마주'라는 것을 정의했다. 이마주는 영어의 이미지(image)를 말한다. 즉 '인상, 상, 모습'이라는 의미를 가지고 있다. 그러나 베르그송의 정의에 의하면, 이마주란 다음과 같은 의미를 갖는다.

"이마주란, 우리의 감성이 열렸을 때에만 지각되며, 닫혀 있을 때에는 지각되지 않는 것이다."

그런데 베르그송은 '생(生)의 철학'의 대표자라고 일컬어진다. 그는 존재를, 특히 생명으로서 파악했다. 그리고 생명을 오성(논리적 지성)에 의해서가 아니라 직각(直覺)으로 사상(事象)의 흐름을 감지하는 창조적 활동에 의하여 파악했다. 이것을 '에랑 비탈(elan vital)'이라고 말한다.

베르그송은 이리하여 수량적, 결정론적으로 세계를 해석하는 기계론과 실증주의를 비판했다.◎

막스 베버
Max Weber | 1864~1920년

-자본주의의 정신을 명확히 한 근대 지성의 대표자

엄격한 어머니의 영향

사회학, 국민경제학을 중심으로 폭넓은 문화적 · 역사적 연구 업적을 쌓은 막스 베버는 1864년 독일의 에르푸르트에서 태어났다.

아버지는 국회의 국민당 대의사(代議士; 국회의원에 해당—역자)가 될 정도로 유력한 정치가였는데, 정치가, 저널리스트, 역사학자와도 친교가 있었던 반면, 창조성이라든가 미적 생활에는 별로 관심이 없었다.

이에 반해 어머니는 프로테스탄트 중에서도 매우 엄격한 칼뱅파의 가정에서 태어났기 때문에, 정열과 욕망을 억제하는 것을 중요시하고, 특히 성적인 억제를 중시하여 아들에게 아버지 못지않은 영향을 미쳤다.

베버의 《프로테스탄티즘의 윤리와 자본주의 정신》에서 볼 수 있듯이, 노사(勞使)를 불문하고 자본주의의 발전에 공헌한 사람들의 윤리관의 평가는, 그의 어머니의 칼뱅이즘적 생활신조에 크게 영향을 받은 것으로 보여진다.

베버는 정통 고전교육을 받은 다음, 1882년에 하이델베르크대학 법학부에 입학하며, 그 후 스트라스부르와 괴팅겐의 각 대학에서 공부했다. 그 사이에 그는 예비장교로서 군에서 복무한 뒤 학구의 길로 돌아왔다. 그는 법학에서 국민경제학과 역사 연구로 시야를 넓혔다. 그리고 고대 로마 농업사에 관한 저작에 의해, 1892년에 베를린대학에서 법학을 가르치게 되었다. 또 그 해에 복음파의 리버럴한 여성해방운동 이론가로, 후에 베버의 전기도 쓴, 아버지 쪽 혈통의 6촌에 해당하는 마리안느 슈니체르(Marianne Schnitzer)와 결혼했다.

1894년, 그는 독일 서남부에 있는 프라이부르크대학에 국민경제학 교수로 초빙되었다. 또 1897년에는 역사학파 경제학의 태두인 카를 크니스(Karl Knies)의 후임으로 하이델베르크대학에 부임했는데, 신경질환에 시달리다 이듬해에 정교수의 지위를 떠났다(그는 이 해부터 휴강과 사표 제출을 반복하고, 1903년에 최종적으로 휴직했다).

그러나 베버는 곧 병에서 회복되어 정신적 전환점을 맞았다. 그는 영국, 이탈리아 등 유럽 각지와 미국을 여행했다. 그 동안에 활동영역은 학문론(學問論), 잡지 편집, 학회 창립 등으로 순식간에 확대되었다.

좀바르트(Werner Sombart, 1863~1941) | 독일의 경제학자이자 사회학자로, 부유한 지주의 아들로 태어나 베를린대학교에서 경제학을 공부하고, 이탈리아의 피사대학에 유학하여 농촌문제에 흥미를 가져 농업경제에 관심을 기울였다. G. 슈몰러, K. 마르크스, W. 딜타이 등의 영향을 받았으며, 1917년에 모교인 베를린대학교 교수를 거쳐, 1931년에는 베를린상과대학 명예교수가 되었다.
1904년부터 베버와 함께 《사회과학 및 사회정책 잡지》를 편집하면서 《슈몰러 연보》의 윤리적 사회정책학파를 비판하며, 사회정책에서의 과학성 확립을 주장했다. 말년에는 나치즘의 등장과 함께 우경화의 경향을 띠었고, 몰이론적(沒理論的)인 역사학파를 비판하고, 이론과 역사의 종합을 시도하여 '경제체제'의 개념을 확립하기도 하였다. 저서로는 《근대 자본주의》와 《세 개의 국민경제학》 등이 있다.

1903년에 그는 경제사회학자인 좀바르트 등과 함께 《사회과학 및 사회정책 잡지》라는 제목의 잡지를 발행했다. 1914년부터 1918년에 걸친 제1차 세계대전에서는 예비장교로서 군의 병원 관리에 종사했고, 자가용 승용차를 질주하며 임무를 완수했다. 패전 후인 1918년에 그는 빈대학에서 사회학을 강의하고, 또 1919년에는 뮌헨대학에 부임했는데, 그 다음해에 그 곳에서 사망했다.

그는 평생 엄격한 생활을 견뎌왔던 사람으로, 감각과 정서의 즐거움도 사양했다. 문학에서는 쉴러, 니체, 입센 등의 작품을 좋아했고, 음악에도 조예가 깊어 《음악사회학》을 쓸 정도였다. 그러나 그는 디오니소스적인 정열가가 아니라 아폴론적 이성의 소유자였다고 일컬어진다.

베버 이론의 특색

베버는 종교, 경제, 문화 등 각 방면의 사회현상에 몰두했는데, 인간의 사회생활을 경제적 요인에 의해

쉴러(Friedrich von Schiller, 1759~1805) | 18세기 독일의 뛰어난 극작가, 시인, 문학이론가로, 대표작으로는 〈군도〉(1781), 〈발렌슈타인〉(1800), 〈마리아 스튜아르트〉(1801), 〈빌헬름 텔〉(1804) 등의 희곡이 있다.

입센(Henrik Ibsen, 1828~1906) | 노르웨이의 대표적 극작가로, 부유한 상인의 아들로 태어났으나, 어려서 부친이 파산하는 바람에 파란만장하게 살았다. 그는 고국인 노르웨이에 싫증을 느껴 독일과 이탈리아, 그리스 등지를 여행하며 고미술에 접했으며, 이 과정에서 1866년에 목사 브랑을 주인공으로 전개되는 대작 〈브랑〉을 발표하여 유명해졌다. 그 후로도 여러 작품을 발표하여 호평을 받았으며, 사회의 부조리를 파헤치는 사회극을 쓰기 시작하여 〈사회의 기둥〉과 〈인형의 집〉 등을 발표하였는데, 특히 〈인형의 집〉은 '아내나 어머니이기 이전에 한 사람의 인간으로서 살겠다'는 새로운 유형의 여성인 노라가 각성해 가는 과정을 짜임새 있게 그려내고 있다. 그로 인해 여성해방운동에 큰 영향을 끼쳤으며, 명실상부한 근대극의 1인자로 평가받았다. 그 외에도 〈유령〉, 〈민중의 적〉, 〈바다에서 온 부인〉, 〈보르크만〉 등 많은 작품이 있다.

규정한 마르크스의 입장을 "일면적이다"라고 비판하고, "윤리적, 정치적으로 행동하는 자의 자유로운 결정이 중요하다"라고 했다. 그리고 사회적 행위를 다루는 데 있어서, 어디까지나 개인의 동기의 의미를 이해하는 방법을 활용하고, 그것을 자연과학과 마찬가지로 인과적으로 설명하는 인식론적인 이해와 양립시키려고 했다. 그리고 이것을 '이해사회학'이라고 이름 붙였다.

또 사회학적 인식으로부터 실천적 규범을 도출해 내려고 한 구스타프 쉬몰러 등의 윤리적 경제학에 대해, '가치자유'라는 입장을 명확히 했다. 또한 어떠한 사회과학의 명제라도 무엇인가의 가치판단을 전제로 하지 않으면 안 된다는 것을 학자는 자각하고, 가치판단을 의식적으로 자기억제해야 한다는 입장이었다.

구스타프 쉬몰러(Gustav von Schmoller, 1838~1917) | 독일의 경제학자로, 튀빙겐대학을 졸업한 후, 베를린대학 등의 교수를 역임하였고, 프로이센의 상원의원이 되어 정치인으로도 활약하였다. 1872년에는 사회정책학회를 창립하여 지도적 역할을 담당하였으며, 중세 독일 경제사와 프로이센의 행정 및 재정 연구에 많은 업적을 남겼다. 고전파 경제학을 비판하며 역사적 방법을 주장하고, 경제학에 윤리학적 관념을 도입하여 사회정책의 필요성을 강조하는 신역사학파의 창시자로 일컬어진다.

가치자유(Wertfreiheit=value free) | '가치중립' 혹은 '몰가치'와 같은 의미로, 사회과학에서 실천적으로나 윤리적으로나 가치판단을 배제해야 한다는 방법론을 말한다. 막스 베버가 《사회과학방법론》에서, 사회과학 연구는 '대상의 선택'과 '연구방법'으로 나뉘는데, 대상의 선택에는 연구자의 가치판단이 개입할 수밖에 없지만, 연구방법에서는 연구자의 가치가 개입되지 말아야 한다고 주장하였다. 그렇게 할 때에만 대상 선택에서의 자신의 자의성이 객관성을 확보할 수 있다는 것이다. 가치관련 및 가치판단과 대립되는 개념이다.

프로테스탄트의 직업윤리

베버의 최대 업적 중 하나라고 지칭되는 것은 《프로테스탄티즘의 윤리와 자본주의 정신》(1904년)이다. 그는 이 책에서 서구 현대 자본주의의 개성을 그 정신(금욕적 직업윤리)의 이해를 통해 밝히려고 했다. 특히 금욕 일변도의 프로테스탄트 경제윤리가 초기의 산업자본주의의 기초이며, 이 세상의 부를 증대시키는 '의도하지 못한 결과'를 낳고, 또 근대 자본주의 아래에서 그것이 '자본주의 정신'으로 질적 변화를 했다는 것을 규명했다.

즉 프로테스탄트의 현세에서의 금욕적인 종교적 에너지가 뜻밖에도 현실적인 경제적 활동을 촉진시키는 힘으로 전환한다는 것이다. 이 견해는, 경제는 영리욕이며 역사를 통하여 발전한다는 기존의 자본주의 이해에 정면으로 대항하는 것이었다.

그런데 같은 프로테스탄트라도 칼뱅파의 움직임이 특별히 주목을 받았다. 그것도 대종가(大宗家)격인 주네브와 스코틀랜드에서가 아니라, 잉글랜드와 미국 식민지에 뿌리를 내린 그들의 움직임에 베버는 특히 주목했다.

원래 칼뱅파의 견해에 따르면, 신에 의한 구제는 각 개인이 선택할 수 있는 것이 아니다. 구하고 구하지 않는 것은 신의 의지이다. 신자에게 가능한 것은, 신앙을 가지면서 오로지 자신의 직업에 전력을 기울이고, 이것에 의해 신의 영광을 찬양하는 신앙을 점점 더 깊게 하는 것이다. 신자는 생활할 때에도 일을 할 때에도, 결코 한가롭게 힘을 쏟아서는 안 되며, 항상 금욕적으로 노력하지 않으면 안 된다. 그리고 무엇보다 중요한 것은, 항상 신을 찬양하고 기도하는 것이다. 다른 한편, 설교사의 임무는 신자의 불순한 쾌락 추구와 감각의 즐거움을 추방하는 데에 있다. 그리고 신이 준 최대의 하사품인 시간을 낭비해서는 안 된다. 또 신자는 노동의 성과를 제멋대로 누려서는 안 된다. 신은 그러한 것을 인정하지 않으신다고 주장했다.

베버에 따르면, 이 칼뱅파의 신학은 자본의 축적을 가져다 주었다. 그 예상치 못한 결과가 자본주의 사회의 발전이었다. 이 윤리는 신학으로부터 분리되게 되며, 곧 출현한 근대 자본주의에 적합한 자동적이고 세속적인 힘이 되었다.

진지한 종교적 금욕의 노력이 역설적으로 자본주의를 발전시키는 것으로 되었다고 말하는 베버에 대해, "아니야, 그렇지만은 않아. 왕공(王公)과 상류시민들의 사치스러운 소비욕과 전쟁이 자본주의를 발전시킨 측면도 있다"라고 말하는, 예전의 절친한 친구 좀바르트 등의 반대의견도 있다.

확대된 종교사회학

베버는 그 후, 자신의 관심영역을 근대 자본주의에 관련된 경제와 종교에 그치지 않고, 예술, 정치, 법률, 민족학에까지 확대시켰다. 《법사회학》에서는 지배의 본연의 모습에 주목하여, '합리적 지배', '전통적 지배', 그리고 '카리스마적 지배'의 세 가지 유형을 논했다. 그 중에서도 그가 말하는 '카리스마적 지배'는 20세기 후반 이래 일종의 유행어가 되었다. 원래 카리스마라는 것은, 기적을 일으키고 예언을 하는 천부적인 소질을 말한다. 그런데 베버에 의하면, 자신들의 지도자에게 카리스마적 권위를 인정한 자는, 말하자면 선택받은 자가 되는 반면, 카리스마를 가진 자는 선택받은 자의 의식, 행정, 법률 등을 모조리 정하게 된다.

그런데 베버는 일찍이 종교사회학에 몰두하여, 세계 종교의 비교사회학을 만들어내려고 하였다. 그래서 《유교와 도교》, 《힌두교와 불교》, 《고대 유대교》 등을 저술했다. 그 후에는, 이슬람교와 원시 그리스도교를 추가할 예정이었지만, 1920년에 세상을 떠났기 때문에 그 의도는 실현되지 못했다.

베버는 이들 종교를 다루는 데 있어, '합리화'와 '탈마술화(脫魔術化)'라는 말을 사용했다. 예를 들면 중국의 종교도덕이 '주술의 정원' 안에 잠들어 있는 한편, 고대 유대교에서는 동방적인 마법과 의식에 대립했던 준엄한 고대 이스라엘의 윤리 예언자가 등장했다. 베버는 마찬가지로 그리스도교에서도, 가톨릭은 주물성(呪物性)을 가졌다고 했지만, 프로테스탄트는 고대 유대교나 원시 그리스도교에서 보이는 '탈마술화'라는 사상 축 위에 있다고 보았다.

일반적으로 베버는 동양을 합리성을 결여하고 후진적인 것이라고 보았다. 중국이 '마술의 정원'이라면, 인도는 현세 부정의 명상종교에로 침체하고 있다는 부정적인 평가를 했다. 일본인에 대해서는 상업도덕이 갖추어져 있지 않다고 비판했는데, 일본 불교의 윤리적 가치는 인정했다. 특히 정토진종에 관심을 가져, "이 종파에서는 아미타불에 대한 신앙 깊은 귀의(歸依)만 의미가 있다고 하여, 모든 것이 자력(自力)에 의한 구제를 거부하는 한에 있어서 서구의 프로테스탄티즘과 비교된다"라는 독자적인 견해를 보였다.

또 베버는 정치학자로서도 활동

정토진종(淨土眞宗) | 일본 불교의 한 유파로, 법연(法然)을 종조(宗祖)로 하는 유파인 정토종에서 분리되어 친란(親鸞)을 종조로 하는 유파를 가리킨다.

하여, 《프랑크푸르트 신문》에 정치평론을 기고하고, 국제 정세 속에서 어떻게 독일이 국민적 권력국가로서 살아 남을 것인가를 논했다. 그 점에서 그는 아버지의 정치적 경향을 이어받았는데, 그와 동시에 권력국가의 성격을 가진 독일의 개량 또는 종결을 바라고 있었다고도 전해지고 있다. 여하튼 그는 정치에는 열심이어서, 제1차 세계대전 후의 강화조약 체결에서는 대표단의 일원으로 활동했다.

또 그는 《직업으로서의 학문》, 《직업으로서의 정치》 등의 저작을 통하여 공정해야 할 학자 및 정치가의 자세를 보여주었다.

베버는 근대 자본주의 이래의 현대인의 운명을 직시했다. 어떤 의미에서는 신의 죽음을 선언한 니체와의 친근성이 느껴진다. 특히 그의 역사관은 재인식되고 있다. 그것은, 한편에서는 그가 아폴론적 이성만이 아니라, 니체가 주장한 비합리인 주신(酒神)인 디오니소스적인 마력을 최후에는 인정했기 때문이라고도 말해지고 있다.

블라디미르 일리이치 레닌

Vladimir Ilich Lenin | 1870~1924년

-혁명의 원동력이 된 투쟁의 지도자

모든 권력은 소비에트로

레닌의 본명은 블라디미르 일리이치 울리야노프(Vladimir Ilich Ulyanov)이며, 러시아 남부의 심비르스크에서 세습귀족(선조 대대로 지위를 물려받는 귀족으로 일대귀족보다 격이 높다)의 가문에서 태어났다. 귀족이라고는 하지만 가정은 결코 부유하지 않았다. 그러나 아버지가 열성적인 교육자였기 때문에, 형제와 함께 충분한 교육을 받았다.

그러한 교육환경 속에서, 레닌은 유년기부터 비범한 재능을 보여 신동이라고 불린 적도 적지 않았다. 예를 들면 심비르스크 고전중고등학교에 입학한 것은 겨우 9살 때로, 전 학년에서 모든 과목에서 수석을 차지했다고 한다.

이와 관련하여, 많은 전설적 지도자들은 이와 같은 과장된 사실이 붙여지는 경우가 있지만, 레닌이 신동이었다는 것은 사실인 것 같다.

레닌은 1887년에 이 학교를 졸업하고, 아버지의 모교이기도 한 카산대학에 진학했는데, 이 해에 상트페테르부르크대학에 다니고 있던 형이 러시아 황제 알렉산드르 3세의 암살을 기도했다고 하여 체포되어 교수

알렉산드르 3세(Aleksandr III, 1845~94) | 러시아의 마지막 왕조인 로마노프 왕조(1613~1917)의 황제 중에서 가장 보수적인 황제로, 형인 니콜라이가 요절하자 황태자가 되었고, 아버지인 알렉산드르 2세가 암살되자 1881년에 즉위하여 피살된 1894년까지 재위하였다. 지주를 보호하는 정책을 취하여 지주토지은행을 창설하였고, 경찰권 강화, 대학 자치제의 박탈 등 자유주의적 조치를 대폭 제한하였으며, 반유대법을 실시하여 유대인을 학살하고 대러시아화 정책 등 반동적인 정책을 실행하였다. 또 독일과 오스트리아의 황제와 함께 3제동맹(三帝同盟)을 맺었으나 독일과의 관계가 악화되자 러시아-프랑스 동맹을 맺었다. 이로 인해 프랑스 자본이 유입되어 산업화가 진행되자 시베리아 철도를 착공하였으며, 러시아에서 산업 프롤레타리아가 양성되어 노동운동이 싹트기 시작했다.

형에 처해진 것에 강한 충격을 받았다.

레닌이 혁명에 관심을 기울이게 된 것은 이 사건이 계기가 되었다고 알려져 있으며, 그는 입학 직후부터 학생운동에 가담했다. 그러나 그로부터 고작 몇 개월 후에 레닌은 형과 마찬가지로 체포되어 퇴학당하게 된다. 분노한 아버지는 레닌에게 근신을 명령하게 되고, 이 때부터 할아버지의 집에서 생활하게 된다.

그러나 이 근신 기간에 그는 혁명가로서의 길을 걷기로 결심했다는 사실로부터 알 수 있듯이, 아버지의 생각은 엉뚱하게 빗나가게 된다.

근신 중에 레닌은 체르니셰프스키의 《무엇을 할 것인가》와 마르크스의 《자본론》을 읽고, 유럽의 혁명사상에 경도되어 마르크스주의자가 되었다.

근신이 풀린 후, 그는 상트페테르부르크대학의 국가시험을 독학으로 치렀다. 이 시험에 합격하면 학사의 자격을 얻을 수 있었는데, 대단히 어렵기로 유명했다.

그러나 신동으로 불렸던 레닌에게는 그것도 장해가 되지 못하여, 거의 만점에 가까운 성적을 올렸다. 그에게는 학생운동이라는 전과가 있었기 때문에, 학사자격을 수여할 것인가에 대해 학내에서 꽤 논의가 있었지만, 시험관의 강한 추천에 의해 전과는 묻지 않기로 하여, 제1급 법학사의 학위 취득에 성공했다.

체르니셰프스키(Nikolay Gavrilovich Chernyshevsky, 1828~89) | 목사의 아들로 태어나, 페테르부르크대학 문학부를 졸업하였다. 문인이자 사상가로서 알렉산드르 3세 치하의 러시아 혁명세력의 지도자였다. 1862년 투옥된 뒤 20여 년간 시베리아로 유배되었으나, 유배에서 풀려나 고향으로 돌아와 곧 사망하였다.
많은 저작을 남겼는데, 대표작으로는 감옥에서 쓴 《무엇을 할 것인가》(1863), 평론 《현실에 대한 예술의 미학적 관계》(1855) 등이 있다.

1892년, 레닌은 체스 동아리의 친구가 볼가 강의 인근 도시에서 경영하는 법률사무소의 변호사보로 근무하게 되었는데, 그 다음해에는 사무소를 그만두고 상트페테르부르크(당시의 수도)로 이사했기 때문에, 사무소에서 담당했던 사건은 고작 2건이었다고 한다.

레닌이 상트페테르부르크로 이사한 이유는, 마르크스주의 서클에 가입하기 위해서였다. 그는 거기에서 활발하게 활동을 시작하여, 1894년에 발표된 《인민의 벗은 누구인가?》로 일약 주목을 받게 된다.

그 다음해에 그는 페테르부르크 노동자계급 해방투쟁동맹의 설립에 가담했다고 하여 체포되고, 15개월 동안 감옥생활을 한 후 1897년에 시베리아에 유형되었다.

레닌은 시베리아에서, 그를 따라온 동지인 크루프스카야와 결혼한다. 또 《러시아 자본주의의 발달》(1899년)을 집필했다.

1900년에 형기를 마친 그는, 관헌을 피하기 위해 '레닌'으로 이름을 바꿔 출국한다. 제1차 혁명(1905년) 때 일시 귀국했지만, 그로부터 십

크루프스카야(Nadezhda Konstanti-novna Krupskaya, 1869~1939) | 상트페테르부르크 출생으로 여자 전문학교 재학 중에 마르크스주의 혁명운동에 참가하다 퇴학당하였다. 야학에서 노동자 교육활동을 하다가 1896년 체포되어 시베리아로 유배되었으며, 유배지에서 레닌과 결혼하였다.

형기를 마치고 1901년에 해외로 망명하여 교육학을 연구하였으며, 1917년에 러시아로 돌아가 11월혁명에 참여하였다. 혁명 후 교육인민위원부에서 사회주의 건설을 위한 소련의 교육정책 수립을 위해 노력했다. 저서로는 《국민교육과 민주주의》(1915), 《레닌에 대한 회상》(1957), 《교육학 전집》(전11권, 1957~1963) 등이 있다.

수 년 동안이나 러시아로 돌아오지 못하고 국외에서 혁명을 지도하게 된다.

우선 레닌은 《이스크라》(불꽃)라는 신문을 창간했으며, 1902년에 발표된 《무엇을 할 것인가》 등에 의해 사회주의자들의 단결을 촉구했다.

레닌의 사상에 의하면, 혁명을 일으키는 것은 훈련된 직업혁명가들이며, 그들이 프롤레타리아를 대신하는 것에 의해서만 사회주의 혁명은 달성된다는 것이었다.

그러나 동지인 마르토프는, 부르주아와의 공존을 지향해야 한다고 주장했다. 레닌파는 '다수파'였기 때문에 '볼셰비키'라고 불렸는데, 마르토프의 사상은 '소수파'를 의미하는 '멘셰비키'라고 불리며, 양

마르토프(Juliu Martov, 1873~1923) | 터키 출생으로 본명은 Yulii Osipovich Tsederbaum이다. 상트페테르부르크대학에 재학 중 혁명운동에 참가하여 레닌을 알게 되었다. 시베리아로 유배된 뒤 스위스로 망명하여 레닌 등과 함께 러시아 사회민주당의 기관지인 《이스크라》를 편집하였다. 그러나 1903년 러시아 사회민주노동당 제2차 대회에서 레닌과 대립하면서 멘셰비키의 지도자가 되었다. 1917년 러시아혁명 때는 레닌의 볼셰비키와 협력하였으나, 다시 결별하여 1920년에 해외로 추방당하였으며 독일에서 사망하였다. 저서로는 《러시아 사회민주노동당사》(1926) 등이 있다.

자는 격렬히 대립했다.

사회주의 세력은 1905년에 제1차 러시아혁명을 일으켰지만 실패했다. 이로써 볼세비키와 멘셰비키는 완전히 결별되고, 레닌도 지지자를 잃어 곤경에 처해졌다. 이 때 그는 《유물론과 경험비판론》(1909년 발표)을 집필하였다.

1912년에 레닌은 프라하에서 협의회를 열고, 사회민주노동당의 재건이라는 형태로 마침내 자신의 당을 만들어냈다.

1914년에 시작된 제1차 세계대전에 대해 레닌은, "이 전쟁은 프롤레타리아가 부르주아의 이익을 지키기 위해 적군으로 나뉘어 싸우고 있는 어처구니없는 전쟁이며, 이것을 지지하는 사회주의자와는 일절 협력하지 않는다. 그리고 이 전쟁은 내란(혁명)으로 전화할 것이므로, 그렇게 되었을 때에는 우리의 당이 권력을 장악한다"라고 주장했다.

그리고 이 생각을 이론적으로 무장하기 위해 《자본주의 최고의 단계로서의 제국주의(제국주의론)》를 발표했다.

전쟁 말기의 러시아에 사회주의로 전환할 기회가 찾아왔다고 본 레닌은, 1919년에 독일군 참모본부의 공작도 있고 해서 러시아로 귀국했다. 그는 잠복하면서 《국가와 혁명》을 집필하고, 11월혁명을 지도하여, 먼저 러시아 황제(차르)의 정부를 무너뜨린 케렌스키 임시정부를 타도했다. 때는 바야흐로 1917년 11월 7일이었다. 그 후 개최된 제2회 소비에트('평의회, 회의'라는 의미로, 노동조합 조직에 가깝다) 대회에서 최고지도자의 지위에 해당하는 인민위원회의 의장에 취임했다.

동지들 가운데는 마르토프의 사상을 좇아, 부르주아가 결성한 임시정부에 협력하여 혁명을 발전시키려는 생각을 가지고 있던 자도 있었

케렌스키 임시정부 | 1917년 3월, 로마노프 왕조의 마지막 황제 니콜라이 2세의 실정과 왕비 알렉산드르의 전횡, 그리고 제1차 세계 대전에 염증을 느낀 러시아 국민의 불만이 고조된 상태에서 상트페테르부르크 노동자의 파업이 도화선이 되어 3월혁명이 발생하고 차르 체제가 무너진다. 이 혁명으로 러시아 의회인 두마는 임시정부 수립을 선포하는데, 케렌스키는 이 때 법무장관으로 입각하였다가 그 해 7월혁명으로 총리 겸 러시아군 총사령관에 취임하여 임시정부를 이끌게 된다. 그러나 그는 혁명을 제대로 완수하지 못하고 결국 11월 러시아혁명으로 레닌이 이끄는 볼셰비키에 의해 권좌에서 쫓겨나 여장을 한 채 탈출한다. 권력을 되찾기 위해 노력했으나 결국 실패하고 프랑스로 망명하였으며, 1940년에는 미국으로 건너가 회고록을 집필하다 생을 마쳤다.

다. 그러나 레닌은 '4월 테제'에 의해 그 방침을 기각하고, '모든 권력을 소비에트로'가 새로운 방침이 되었다.

1922년 이래 그는 자주 뇌경색이 발작하게 되어, 결국 1924년에 사망했다.

그의 유해는 모스크바의 붉은 광장에 있는 레닌 묘에 지금도 여전히 안치되어 공개되고 있다.

프롤레타리아 독재

레닌주의는, 1889년에 파리에서 창립된 제2인터내셔널에서 제안된 사회주의의 이론적 교의라는 이론과, 혁명투쟁이라는 실천의 통일을 시도한 것이다. 그리고 자신이 저지른 과오를 자기비판하는 것에 의해서만 전진할 수 있다고 했다.

레닌에 따르면, 독점적 자본주의와 금융자본의 지배에 의해 발생한

제국주의가, 사회주의 혁명의 방아쇠가 된다고 한다. 또 그는 혁명을 성공시키기 위해서는 프롤레타리아의 독재가 필요하다고 했다.

이 생각에 대해서는 "이것은 부르주아에 대한 억압에 불과한 것은 아닌가"라는 비판도 있지만, 레닌은 그에 대해, "대중(프롤레타리아)이 다수자인 이상 그들에 의한 독재는 민주주의를 의미한다"라고 반론했다.

나아가 레닌은, 프롤레타리아의 독재에 성공하고 그것을 유지하기 위해서는 협동조합을 통하여 농민을 사회주의의 길로 인도하지 않으면 안 된다(훗날 집단농장 콜호즈와 소포즈가 이 사상으로 탄생했다)고 말하고 있다. 이것은 레닌주의의 가장 중요한 사상 중 하나이다.

현재에도 해결하지 못하고 있는 민족문제에 대해서 레닌은, "프롤레타리아 혁명으로만 해결이 가능하다"라고 주장하고 있다. 그리고 그 해결방법으로서, 그는 "지배민족과 피지배민족 쌍방을 혁명적 국제주의에 의해 교육한다"라고 쓰고 있다.

4월 테제

레닌의 사상을 고찰하는 데에서 '4월 테제'는 빼놓을 수 없는 것이다. 이것은 당초 '현재의 혁명에서 프롤레타리아의 임무에 대하여'라는 제목으로 기관지인 《프라우다》에 발표된 것인데, 그 핵심 내용은 다음과 같다.

(1) 제1차 세계대전의 즉시 중단.
(2) 부르주아 민주주의 혁명(3월혁명)으로부터 사회주의 혁명으로 나아간다.

(3) 소비에트가 정치의 주도권을 쥐어야 한다.

(4) 대토지소유제도의 폐지.

(5) 은행의 소비에트 관리와 철저한 생산 배분.

(6) 볼셰비키 대회의 소집.

(7) 제3인터내셔널의 창설.

이것이 발표되었을 때, 간부 중에서 찬성한 사람은 단 한 명뿐이었다고 전해진다. 그러나 이 방침은 곧 볼셰비키의 기본방침이 되어, 사회주의자들에게 11월혁명으로 나아가는 원동력을 부여하게 되었다.◎

칼 구스타프 융

Carl Gustav Jung | 1875~1961년

－외향성과 내향성을 구분한 분석심리학의 아버지

젊은 시절

정신과 의사, 심리요법사, 그리고 문화심리학자로서 다채로운 활동을 했던 칼 구스타프 융은, 1875년에 스위스의 보덴 호반의 케스빌에서 태어났다. 아버지는 목사, 어머니는 바젤의 명문 가문의 딸이었다. 융이 4살 때, 가족은 바젤 근교로 이사하여 거기에서 어린 융은 영재교육을 받았다. 아버지는 그에게 라틴어를 가르치고, 어머니는 갖가지 종교 전설이 담긴 그림책을 읽어주었다. 융은 특히 인도교(힌두교—역자)의 신들의 모습에 흥미를 가지고 있었다고 한다.

융은 의학을 공부한 후 정신병 치료에 관심을 갖게 되며, 또 칸트, 괴테, 니체의 저작 등 문학과 철학의 연구에 몰두했다.

1900년, 25살 때에 융은 브로이어가 원장으로 있던 취리히의 부르크헬츠리 정신병원에서 먼저 조수로서, 이어서 의사로서 근무했다. 그리고 1902년에 박사학위 논문으로, 〈이른바 심령적 현상의 심리학과 병리학〉을 발표했다. 이것은 영매와 강령술 등의 심령현상을 분석한 것인데, 그 안에 이미 무의식의 정신적 내용의 자립성 등 훗날의 독자적 사상이 드러나 있다고 한다.

또 융은 1907년, 마음의 병에 대한 정신분석적 해석의 성과로서 《조발성(早發性) 인지증의 심리학》을 출간했다. 이 책은 일견 무의미한 신경증인 강박관념과 공포증상에 의미가 있는 것과 마찬가지로, 정신병자의 단편적이고 지리멸렬한 말과 생각에도 의미가 있다는 것을 증명했다.

예를 들면, 50년 동안 입원하고 있던 어떤 여성 환자는 항상 신발을 꿰매는 신발 수선공과 같은 손놀림을 오랫동안 계속하고 있었는데, 그가 죽은 뒤 그 행위는 발병 전에 그를 버린, 옛날 애인이 신발공장에서 하던 동작을 흉내내고 있었다는 것이 판명되었다. 이 책은 프로이트에게 보내졌는데, 크게 칭찬을 받았다.

1903년에 융은 엠마 라우센 바하와 결혼했는데, 엠마는 1930년에 사망했다.

프로이트와의 만남과 결별

융은 프로이트의 《꿈 판단》을 읽고, 무의식의 세계를 해명한 그 업적에 감탄했다. 1907년에 빈에서 만났을 때부터 두 사람의 협력관계는 밀접해졌고, 융의 제창에 따라 오스트리아의 찰츠부르크에서 개최된 제1회 국제정신분석학회에서 정점에 달했다. 그 후, 융은 이 학회의 회장이 되었다. 또 두 사람은 1909년에 미국의 클라크대학에 초청받아 강연을 했다.

그러나 프로이트가 융에 대해, "자네는 결코 나의 성(性) 이론을 버리지 말아주게"라고 간원했음에도 불구하고, 융이 인간의 꿈 등 무의식 속에서 활동하는 것으로서, 에로스 외에 신화창조 등의 신화적 요소를

추가함으로써 두 사람의 관계
는 험악해졌다. 융은 1934년
에 다음과 같이 말하고 있다.

"사견에 따르면, 정신의학
의 최대의 결함은, 유대인의
카테고리를 손쉽게 그리스도

▶ 1909년 미국의 클라크대학에서 열린 심리학회에 참석
한 프로이트(왼쪽)와 융(오른쪽)이 함께한 모습.

교를 믿는 게르만인에게 적용한 것이다. 그리고 게르만인의 창조적인
예감으로 가득 찬 영혼의 기초를, 아이들처럼 저속한 소택지였다고 설
명한 것이다. 이와 같은 중상모략은 프로이트로부터 생겨났다. 프로이
트와 그 문하인들은 게르만인의 영혼을 알지 못했던 것이다."

이와 같은 학설상의 차이는 물론이거니와 또 두 사람의 결별의 원인
은 융이 프로이트의 부부애가 결핍된 생활(그는 아내보다 아내의 동생에게
더 깊은 애정을 보이고 있었다)을, 서로에게 꿈 판단을 했을 때에 암시했는
데, 그 때의 지적이 정확히 프로이트의 급소를 찔렀기 때문이었다고 전
해지고 있다.

결국 1913년에 두 사람의 개인적 신뢰관계는 사라졌다.

거장(巨匠)의 시대

융은 1909년에 부르크헬츠리 정신병원을 사직하고, 또 취리히대학에
서의 강사도 그만두었다. 그에게는 외면적 파란 없이, 1961년에 사망하
기까지 환자의 치료와 저작활동에 전념하면서 취리히를 중심으로 생활

했다. 그는 자신의 이론을 분석적 혹은 콤플렉스 심리학이라고 부르고, 독자적인 심층심리의 해명에 힘을 기울였다.

그 중심이 되는 것이, 의식의 창조적 모체가 되는 무의식이다(《자아와 무의식의 관계》, 1928년).

또 융은 개인적 무의식과 집단적 무의식을 구별하여, 후자는 그 내용으로서 인간의 집단 고유의 반응방식과 표상방식을 가지고 있으며, 이것을 원형(原形; 아르케타입archetype)이라고 명명했다. 이 무의식의 두 형식은 서로 관련되어 있는데, 그 에너지를 융은 '리비도(libido)'라고 했다.

원형은 큰 감정적 의미를 가지고 있으며, 인간의 전형적인 경험일 뿐만 아니라 우주적 의미마저 느껴지는 고도의 경험이라고 한 융은, 모든 인간은 적어도 때로는 인생을 원형 그대로의 모습으로 경험한다고 말하고 있다.

예를 들면, 셰익스피어 극에서 보이는 왕과 왕비, 햄릿, 클레오파트라, 리처드 3세 등은 인간 이상의 것, 신화적이고 원형적인 의미를 가진 존재라는 것을 관객들에게 느끼게 한다. 바그너 극의 등장인물, 예컨대 지그프리트에 있어서도 마찬가지라고 할 수 있다.

융은 또 이성에 대한 인간의 경험을 기초로 하고 있는 원형적인 이미지로서 아니무스와 아니마를 들고, 전자가 여성의 마음속에 숨어 있는 남성의 모습, 후자가 남성의 마음속에 숨어 있는 여성의 모습이라고 말한다. 융은 어쩐지 아니무스보다 아니마를 중시하고 있는 것 같다. 그리고 아니마는 에로틱하고 매혹적일 뿐만 아니라, 옛날부터 전해져오는 지혜를 갖추고 있는 이미지라고 생각된다. 그 대표자가 영국의 작가 헨리 라이더 해거드 경의 소설 《동굴의 여왕》의 여 주인공인 아샤이다.

이 소설에 의하면, 영국의 학자들은 고생 끝에 도착한 아프리카의 비경의 동굴 속에서 2천 년이나 오랫동안 살아온 절세의 미녀인 아샤와 만난다. 그는 사랑하는 남자를 2천년 동안 기다려오면서, 그와 만날 때까지 죽는 것을 승낙하지 않았다. 영국의 학자들은 몸에 실오라기 하나 걸치지 않고 불길에 휩싸여 서 있는 아름다운 아샤의 모습에 넋을 잃었다.

미국의 작가 헨리 밀러는, 아샤를 "트로이의 헬레나보다 아름다운 불멸의 모습"이라고 절찬했는데, 융도 《동굴의 여왕》과 같은 작품이 널리 읽히고 있는 것은, "여성적인 아니마가 이 형상의 힘 속에 뭔가 초자연적인 것이 있음에 틀림없다는 것을 보여주고 있기 때문이다"라고 말하고 있다. 융은 아니무스의 대표자로서 테너 가수와 복싱 챔피언 등 남성적인 생활방식을 취하고 있는 사람들을 예로 들고 있다.

그런데 융에 따르면, 집단적 무의식의 원형이라고 한다면, 만다라도

헨리 라이더 해거드(Henry Rider Haggard, 1856~1925) | 영국의 대표적인 모험소설 작가로, 어려서부터 고전 모험 이야기에 심취했으며 죽음에 대한 예감에 사로잡혀 어린 시절을 보냈다. 1875년에는 나탈의 부총독인 헨리 벌러 경 밑에서 들어가 아프리카를 여행하면서 원주민들과 접하게 된다.

그 후 다시 1877년에는 테오필러스 셰프스톤 경을 따라 대영제국에 합병된 보어 트란스발에 가 아프리카에 관련된 글을 써서 런던의 잡지에 기고하였으며, 영국에 돌아와 법률을 공부했다.

아프리카 등 세계 오지와 미지의 세계, 고대 세계 등에 관한 작품을 썼으며, 대표작으로 《동굴의 여왕》(1887년. 원제는 'she'이다), 《마이와의 복수》, 《여왕의 귀환》 등이 있다.

헨리 밀러(Henry Valentine Miller, 1891~1980) | 미국의 소설가로 성을 주제로 반문명적 소설을 썼다. 파리에서의 자신의 경험을 바탕으로 쓴 《북회귀선》(1934)이 대표작이며, 그 외에도 《남회귀선》(1939), 《장미빛 십자가》(1949), 《넥서스》(1960) 등 많은 작품이 있다.

만다라(曼茶(陀)羅, mandala) | 불교 중에서도 특히 밀교에서 중요시되는 수행도구이다. 부처가 깨달은 진리를 한 장의 그림으로 형상화한 것인데, 신성한 단(壇)에 부처와 보살을 배치한 그림으로 우주 삼라만상을, 내적으로는 마음속에서의 의식의 흐름을 표현한 것이라고 한다. 어원은 '본질(manda)을 소유(la)한 것'이라는 산스크리트어에서 유래하였다. 굳이 번역을 하자면 윤원구족(輪圓具足)인데, 이는 개개의 살[輻]이 바퀴축이 되어 둥근 수레바퀴[圓輪]를 이루듯이, 모든 법이 완벽하게 갖추어져 모자람이 없다는 의미이다.
원형과 나선형, 정사각형 등의 형태가 있는데, 둥근 원 안에는 삼라만상의 다섯 가지 요소인 땅, 물, 불, 바람, 하늘을 상징하는 다섯 가지 색(백청황적녹)이 기하학적으로 잘 표현되어 있다.

그 중 하나이다. 불교의 만다라는 갖가지 부처, 보살, 신들을 망라하여 표현하고, 원형 또는 사각형의 깨달음의 세계를 표현한 그림이나 문양이다. 융은 원 안에는 평온이, 원 밖에는 죽음의 공포가 나타나 있는 티벳의 옛날 만다라를 보고, 통합실어증 환자가 좋아해서 그리는 원형 그림과 너무나도 비슷하다는 데에 감탄했다.

또 인도에 갔을 때, 노파가 사원 현관의 탁자에서 분필로 직경 10미터 정도 되는 만다라 모양의 그림을 그리고 있는 것을 보고, 스위스에 있는 자신의 환자가 그리는 그림과 참으로 비슷하다는 것을 깨달았다. 그리고 이것이야말로 보편적 무의식의 원형(原形)이라고 생각했다.

만다라를 그리거나 감상하는 것은 마음을 평정시키는 작용을 한다고 알려져 있다. 그래서 융은 UFO(날아다니는 원반을 말하는 것으로, 미확인 비행물체를 가리킨다)도 지구 밖의 별에서 온 초고속의 우주선이 아니라, 인간의 무의식이 만들어낸 일종의 만다라라고 했다.

다음으로 융은, 이 집단적 무의식의 연구를 발판으로 하여 꿈의 상징적 표현을 밝혀냈다.

또 신화, 동화, 종교 및 예술에서의 상징적 표현에 몰두했다. 또 연금술의 실태에도 융은 다가가고 있었다.

연금술은 원래 전(前)과학적인 미신으로서, 즉 열등한 금속을 황금으로 변화시키는 것을 목표로 하는, 믿기 힘든 비법의 불가사의한 집적이라고 간주되어 왔다.

그러나 자연과학의 진보로 연금술은 둘로 나뉘어, 한편은 화학이라는 학문이 되었지만, 다른 한편은 일종의 종교철학으로 변했다. 후자의 연금술사는 작업을 통하여, 융과 그 환자들의 생활체험과 마찬가지로, 영적인 과정, 통합과 개성화의 길을 걷고, 자신들의 내면의 심리적 발전을 지향하고 있다고 융은 기술하고 있다.

다음으로 그의 성격학(性格學)은, 네 가지의 심리학적 기초기능(사고, 감정, 감각, 직관)에 의하여 규정되고 있다. 이들 기초기능은 외향적, 내향적이라는 두 형식 하에서 전형적인 성격 형성을 향하여 결부되어 간다.

융에 따르면, 무의식의 의식화는 개인에 있어서는 개성화의 과정에 의해 이루어지지만, 그 때 자아는 점차 개인적 무의식(억압당한 욕망의 꿈틀거림)과 원형(原形)을 초월하여 '자기 자신에게, 즉 마음의 중심에까지 다가간다'고 한다. 이 개성화는 융이 주창하는 심리요법의 중심이 되는 것으로, 정신분석과는 다르다.

이러한 융의 이론 중에서도, 특히 '외향적', '내향적'이라는 말은 일반 사회에서도 일상어가 될 정도까지 보급되었다. 그 특징적인 현상을 보면, 내향성의 사람은 병적으로 되면 강박증상을 나타내는데, 그 증상은 권력이라는 견지에서 이해된다. 강박증의 특징은, 자기 자신 속의 것이든 외적 세계의 것이든 모든 것을 계통화 하여 자신의 완전한 통제 하에 두고 싶어 한다. 주체의 힘은 최고이며, 객체에 대한 의존은 가능한

한 감소시킨다. 이 상태의 극단적인 것이 통합실어증이다.

다른 한편, 극단적인 외향성은 그 정도로 병적이지는 않지만, 울병(鬱病)과 조병(躁病)으로 되는 경우가 있다. 그러나 이상을 일으켜도 통합실어증과 같은 심각한 장해로는 되지 않으며, 병이 발작하면 그 때마다 회복된다. 그 반면, 통합실어증 환자는 정신병원의 만성적 입원자가 되는 경향이 강하다.

외향성의 경우도, 극단적인 경우에는 절대 안심해서는 안 된다고 한다. 명확히 확실한 사실에만 흥미를 가지고 있는 극단적으로 외향적인 사람이 돌연 불합리한 관념에 매달리는 경우가 있기 때문이다. 과학자가 열성적인 심령론자나 원리주의자로 되는 경우도 있는가 하면, 지성이 넘치는 지식인이 보잘것없는 여배우에게 빠져버리는 경우도 있다.

융은 이처럼 꿈과 예술의 분석을 배경으로, 현대인의 심리를 교묘하게 해명하려고 노력했다.

그리고 융을 이해하기 위해서는, 그의 사후에 출판된 자서전인 《회상, 꿈 그리고 사상》(1962년 발행)이 중요하다.

요제프 스탈린

Iosif Vissarionovich Stalin : 1879~1953년

-마르크스주의를 이용한 독재자

사회주의 지배의 강화

스탈린은 러시아 제국, 현재의 그루지아 공화국의 고리(Gori)에서 구두 수선공의 아들로 태어났다. 본명은 요제프 비사리오노비치 주가슈빌리라고 한다. 부모는 러시아어도 말할 줄 모르는 하층민으로, 스탈린의 형제가 모두 일찍 죽어서 실제로는 그가 외아들이었는데도, 아버지는 술에 취하여 그를 채찍으로 때린 적도 있었다고 한다. 어려서부터 총명했던 스탈린은 교회 학교에서 러시아어를 배운 후, 14살이 되자 장학생으로 티플리스(지금의 트빌리시)에 있는 신학교에 진학했다.

스탈린이 성직자가 되는 것은 어머니의 꿈이었기 때문에, 어머니는 이 진학을 매우 기뻐했다. 그러나 그는 학교에서 금서로 되어 있는 마르크스의 저서 등을 읽고 마르크스주의에 경도되었다. 졸업을 얼마 앞두었을 때 퇴학처분을 받자 어머니는 크게 슬퍼했다.

퇴학당한 스탈린은 1901년에 사회민주노동당 티플리스 위원회의 일원이 되어 지하활동을 하면서 혁명가를 꿈꾸는데, 그 다음해에는 체포되어 1년 동안 감옥에서 생활한 뒤 레닌과 마찬가지로 시베리아에 유형되었다.

그러나 스탈린은 레닌과 달리, 거기에서 순순히 형기를 마칠 심산이 아니었다. 그는 1904년에 시베리아를 탈출하여, 1905년의 제1차 러시아혁명을 카프카스(코카서스)에서 맞이했다. 그 후 스탈린은 체포, 유형, 그리고 탈주라는 우여곡절을 10년 동안 6번 이상 반복했다.

그 동안에 레닌과 알게 된 스탈린은, 1912년에 중앙위원에 임명되자, 1913년에 레닌의 권유로 〈마르크스주의와 민족문제〉라는 논문을 집필했다.

1917년의 3월혁명으로 간신히 해방된 스탈린은 상트페테르부르크로 가서 《프라우다》의 편집에 종사하면서, 레닌이 돌아오기를 기다렸다. 그는 부르주아가 주체인 케렌스키 임시정부의 존재를 용인할 생각이었지만, 레닌이 '4월 테제'(267쪽 참조)를 발표하자 자신의 생각을 철회하고 레닌의 사상을 지지했다.

그 후에 일어난 11월혁명에서 스탈린에게 주어진 역할은 미미한 것이었다. 그러나 그는 혁명 후에 더욱 더 실력을 발휘하게 된다.

우선, 혁명 후에 민족문제인민위원부장 외에 당과 정부, 나아가서는 군의 요직에 취임하여, 혁명 후의 제 문제를 끈기 있는 태도로 차례차례 해결하여 높은 평가를 받았다. 그 결과, 1919년에 당 중앙위원회의 정치국원에 선출되고, 국가관리인민위원부장에 취임했다. 그는 자신이야말로 레닌의 후계자라고 주장하며, 1922년에는 당서기장에 취임하여 전권을 장악하기에 이른다.

당시 이미 병상에 있던 레닌은, 스탈린의 지도력과 인격에 의문을 가져, 실은 그를 경질하려고 생각하고 있었다. 레닌이 그와 같은 결론에 도달한 데에는 두 가지 사건이 있었기 때문이다.

하나는, 그의 그루지아에 대한 대응이었다. 혁명 후 레닌은 연방제를 지지하고 있었으며, 마하라제 등 그르지아의 지도자도 그것을 지지하고 있었다. 그러나 스탈린은 레닌의 생각에 따르는 척하면서 마하라제를 숙청했다. '중앙집권을 강화한다'는 자신의 생각을 추진하고 있었다. 레닌은 이와 같은 움직임을 염려하고 있었다.

▶ 레닌과 스탈린이 다정스럽게 담소를 나누는 모습

또 하나는, 레닌의 아내인 크루프스카야에 대한 태도였다. 병상에 있는 레닌을 돌보지 않고 있던 스탈린은, 크루프스카야에게 "레닌에게 정치활동을 시키지 말라"라고 공갈했던 것이다.

이것을 안 레닌은 '사죄할 것인가 절연할 것인가'를 스탈린에게 촉구하는 편지를 씀과 동시에, 스탈린을 파면하고 트로츠키를 서기장으로 지명하는 유서를 남겼다.

그러나 이미 스탈린은 정부 내에서 강고한 기반을 다졌기 때문에, 레닌의 유지(遺志)는 실행될 수 없었다. 반대로 트로츠키는 실각당한 뒤 1928년에 중앙아시아에 유형되고, 그 후 멕시코에서 스탈린의 지시에 의해 암살되었다.

레닌 사후에, 레닌의 사상을 '레닌주의'라고 하여 국민에게 널리 알리고, 프롤레타리아를 위한 이상국가의 건설을 추진하겠다고 호언한 스탈린이었지만, 그 이면에서는 방해가 되는 인물들을 차례차례 숙청해가는 공포정치를 실시했다.

스탈린의 대숙청의 출발 신호가 된 것은 키로프의 암살이다. 키로프는 스탈린의 충실한 부하였는데, 그는 스탈린을 능가하는 뛰어난 재능을 가지고 있었고, 또한 민중에게 인기가 있었기 때문에 당내에서도 차기 지도자로 지목받고 있었다.

그런데 그 키로프가 1934년 12월 1일에 암살되었다. 범인은 레오니드 니콜라예프(Leonid Nikolaev)라는 청년이었는데, 그에게 암살을 지시한 것은 스탈린이라고 알려져 있다.

이 암살 후에 시작된 대숙청으로 살해된 사람의 수는 2천만 명 이상에 달한다고 알려져 있다. 그 가운데 재판에 의해 처형된 수는 100만 명, 예를 들면 군 내부에서는 고급장교 중 실제로 80퍼센트 이상이 반역죄로 의심받아 처형되었다고 한다. 그리고 그 외의 사람은 강제수용소의 가혹한 생활에 의해 점차 목숨을 잃어갔다.

1936년에 스탈린은 헌법을 제정했다. 이것은 볼셰비키 최고의 이론가로 일컬어졌던 부하린과 국제혁명가 라데크 등에 의해 기초된, 이른

키로프(Sergei Mironovich Kirov, 1886~1934) | 키로프(오늘날의 뱌트카) 주(州)의 우르즈움에서 출생하였으며, 1904년 볼셰비키에 입당하여 여러 차례 체포되어 투옥되었다. 1917년의 러시아혁명에서 레닌이 지도하는 볼셰비키가 권력을 장악하자 1921년에 아제르바이잔 공산당 제1서기에 임명되었으며, 1926년 정치국 후보위원에 선출되어 스탈린에 반대하는 당내 우파와 투쟁하였다. 스탈린이 권력을 장악하자 1930년에는 정치국 정위원, 1934년에는 중앙위원회 서기로 승승장구하였다. 그러나 그 해 12월 1일 상트 페테르부르크에서 암살당하여 비참하게 생을 마감했다.

부하린(Nikolai Ivanovich Bukharin, 1888~1938) | 1917년 3월혁명 직후 모스크바의 볼셰비키 지도자가 되었으며 11월혁명 후에는 당 기관지인 《프라우다》의 편집장이 되었다. 제1차 세계대전 중 독일과의 브레스트리토프스크 강화조약를 둘러싸고 레닌과 대립했으며, 스탈린을 도와 트로츠키를 제거하는 데 기여했다. 1927년에는 코민테른 의장에 취임했으나 '우익 반대파'로 스탈린의 주류와 대립하다 실각한 뒤 공직에 복귀했지만, 대숙청 과정에서 1938년에 총살되었다. 저서로는 《사적 유물론》, 《제국주의와 자본축적》 등이 있다.

바 '스탈린 헌법'이라고 일컬어지는 것이다. 가장 민주적인 내용을 가졌다고 알려졌지만, 그것이 실제로 적용되지 않았다는 것은 이러한 대숙청을 보아도 알 수 있을 것이다.

1933년에 나치스 독일이 정권을 장악하고 세력을 확대했는데, 스탈린은 1939년에 독일과 불가침조약을 체결했다. 그는 이 조약을 믿었지만, 독일은 그것을 지키지 않아 1941년 6월의 독소전쟁이 시작되자 서전에서 소련은 크게 패했다. 그럼에도 소련은 약 3년 후에 독일에 승리할 수 있었다.

제2차 세계대전이 끝나기 전인

라데크(Karl Bernhardovich Radek, 1885~?) | 폴란드계 유대인 출신으로 러시아혁명 후에 볼셰비키에 가담하였다. 이후 코민테른 및 러시아 공산당 간부를 지냈고, 독일에 잠입하여 독일공산당을 지도하였으나 실패하여 실각하였다. 1927년에는 트로츠키파로 몰려 러시아 공산당에서 제명되었다. 1930년에 당에 복귀하여 당 기관지인 《이즈베스티야》 주필이 되었지만 다시 체포되어 투옥되었다. 사망 시기는 확실치 않으며, 저서로는 《독일 혁명》, 《코민테른에서의 5년 동안》 등이 있다.

얄타회담 | 제2차 세계대전에서 독일의 패망이 임박한 1945년 2월에 흑해 연안에 있는 소련의 얄타에서, 미국의 루스벨트 대통령, 영국의 처칠 수상, 소련의 스탈린 서기장이 모여 독일의 패전 처리와 사후 관리에 대하여 논의한 회담.

1945년 2월에 이루어진 얄타회담에서, 스탈린은 전후의 국제질서의 회복에 공헌하자고 주장했지만, 전후에는 서방 제국들과의 대립을 강화하고, 또 국내외에서 이른바 사회주의 체제의 강화를 실시했다.

그 후, 독재의 색채를 강화한 스탈린은 1953년 3월에 뇌졸중의 발작으로 쓰러져, 4일 후에 사망했다.

강고한 공동체

스탈린은 '백색 국가의 독재자', '붉은 차르' 등의 별명으로도 불리는 악명 높은 독재자이다. 그를 다른 사상가들과 같은 반열에서 철인(哲人)으로 소개하는 데 의문을 가지는 사람도 있겠지만, 레닌의 권유로 《마르크스주의와 민족문제》를 1913년에 집필한 이래, 수많은 주목할 만한 철학적 저작과 논문을 발표했다.

그 중에서 대표적인 것을 몇 가지 소개한다면, 《레닌주의의 기초》(1924년), 《변증법적 유물론과 사적 유물론》(1938년), 《마르크스주의와 언어학의 제 문제》(1950년), 《소련에서 사회주의의 경제적 제 문제》(1952년) 등을 들 수 있다.

《마르크스주의와 민족문제》에서 스탈린은, "민족이란, 언어, 지역, 경제생활 및 문화의 공통성 가운데에서 나타나는 심리상태로, 이와 같은 공통성을 기초로 하여 생겨난, 역사적으로 구성된 사람들의 강고한 공동체이다"라고 말하고 있다.

이 정의에 대해서는, 유대인(이스라엘에서는 "유대인을 어머니로 하는 자, 또는 유대교도"라고 규정하고 있다)이 민족으로 인정받지 못하고, 복수의 인종을 포함하는 구미 제국에서는 인종이 같고 다른 것에 관계없이 하나의 민족(예를 들어, 영국에 살고 있으면, 흑인이든 백인이든 '영국 민족'이다)이 되어버리는 결점을 포함하고 있지만, 당시로서는 민족을 교묘하게 정의했다고 하여 높은 평가를 얻었다.

또 스탈린은 당시 주류가 되어 있던 '동구의 약소민족은 각각의 주체적 조건에 따라, 민족 자결의 사고방식 하에서 사회주의화의 길을 가야 한다' 라는 생각에 대해, 이것은 부르주아 민족주의적인 사고이며 약소 민족들을 배제하려는 사상이라고 강하게 반발했다.

철학적 유물론

《변증법적 유물론과 사적 유물론》에서, 스탈린은 마르크스주의의 출발점에 대해 다음과 같이 말하고 있다.

"관념론은, 세계는 과학에 의해 절대 인식될 수 없는 '사물'로 충만해 있다고 보고 있지만, 마르크스주의의 철학적 유물론은, 세계는 완전히 인식되고 있다고 생각하며, 경험과 실천에 의해 검증된 자연법칙에 대한 지식은 객관적 진리의 의의를 가지는 확실한 지식이라고 하는 이론이다. 세계에는 인식할 수 없는 사물은 없으며, 현재 인식하지 못한 사물이 있다고 해도, 그것은 장래에 과학과 실천의 힘에 의해 밝혀지고 인식되게 된다."

즉 스탈린은 사람에 의해 인식되지 못한 것은 이 세상에 존재하지 않는다고 주장한 것인데, 인간이 만물을 인식하기 위해서는 만능이 될 필요가 있다. 즉 마르크스주의(스탈린의 사상)에 따르면, 인간은 만능의 신과 대등하게 된다는 것이기도 하다. 이와 같은 오만한 사상이 있었기 때문에 스탈린은 대숙청을 실행했던 것을 아닐까?

그런데 최근 주목받고 있는 것은 스탈린 언어학으로, 이것은 1950년의 《마르크스주의와 언어학의 제 문제》 등에서 스탈린이 밝힌 견해다. 그 골자는, 언어가 상부구조는 아니며 단지 기계와 같은 것이라는 주장으로, "언어는 기계와 마찬가지로 계급성이 없고, 자본주의이든 사회주의이든 똑같이 봉사한다"라고 말하여, 그 현실주의적 견해는 완고한 마르크스주의자들을 놀라게 했다.◎

레온 트로츠키
Leon Trotskii 1879~1940년

-세계혁명을 꿈꾼 웅변가

암살에의 길

'트로츠키'라는 이름의 신좌익 폭력집단은 유명한데, 그 원조인 트로츠키의 본명은 레흐 다비도비치 브론슈타인〔Leib(Lev) Davidovich Bronstein〕이라고 하며, 지금의 우크라이나 공화국 남부 헤르손 지방의 유대인 농민의 집안에서 태어났다. 농민이라고 해도 광대한 토지를 소유하여, 소작농을 부리는 유복한 가정이었다.

처음으로 마르크스주의에 접한 것은, 니콜라예프에 있는 실업계 학교에 재학 중이던 1896년이었다. 마르크스의 사고방식에 공감한 그는 공산주의운동 서클에 가입했는데, 1898년에 관헌에 체포된다.

이리하여 오데사에서 2년 동안 감옥생활을 한 후 시베리아로 유형당한 트로츠키는, 그 곳에서 마르크스주의를 본격적으로 배우고, 1902년에 탈출한다. 관헌의 눈을 피하기 위해 '트로츠키'라는 이름을 사용하게 되었다.

덧붙이자면, 이 트로츠키라는 이름은 오데사의 감옥에 있을 때 알았던 간수의 이름이다.

그런데 스위스를 거쳐 런던으로 망명하자, 레닌의 강력한 추천으로 러시아 사회민주노동당의 기관지인 《이스크라(불꽃)》의 집필진에 가담하고, 그 후 급속히 두각을 나타내기 시작한다. 트로츠키에게 있어 레닌은 은인이라고 해도 좋을 인물이었지만, 그는 점차 레닌의 사상에 반발하게 된다.

그리고 1903년에 개최된 러시아 사회민주노동당 제2회 대회에서는 레닌의 볼셰비키와 완전히 대립하여, 멘셰비키 소속을 표명한다. 그 다음해에, 레닌의 사상을 부정하는 내용의 논문 〈우리의 정치적 과제〉(1904년)를 썼다.

1905년에 제1차 러시아혁명이 발발하자, '영구혁명론'을 주장하는 트로츠키는 러시아로 돌아가 페테르부르크 소비에트의 중심적 지도자가 되어 혁명을 지도했다. 그러나 혁명은 실패하고 트로츠키는 체포되었다. 옥중에서 자신의 영구혁명론(세계혁명론)을 정리한 《총괄과 전망》(1906년), 《1905년》(발표는 1922년)의 두 책을 썼다고 알려져 있다.

그 후 시베리아로 종신 유형에 처해진 트로츠키는 다시 탈출에 성공하며, 빈에 망명하여 잡지 《프라우다》를 창간하고, 레닌이 자신의 당을 만드는 것에 반대하는 주장을 전개했다.

곧 제1차 세계대전이 시작되자 프랑스로 옮겨, 거기에서 반전을 주장하지만 곧 국외추방 처분을 받고 뉴욕으로 가게 된다.

러시아에서 1917년 3월혁명에 의해 부르주아 자유주의의 케렌스키 정권이 수립되었다는 것을 알게 되자, 뉴욕을 출발하여 러시아로 귀국한다. '통일사회민주주의자 지구간(地區間) 조직'이라는 중도의 조직을 만들어, 지도자로서 각지에서 연설을 했다. 그의 연설은 자신에 차 있어

노동자들을 강하게 일깨웠다.

그의 인기는 절대적이어서, 곧 레닌도 그를 무시할 수 없게 되었다. 그래서 레닌이 트로츠키를 볼셰비키당에 입당하도록 설득하자, 그도 그 설득을 수용하며, 7월에 개최된 제6회 당대회에서 입당하여 페트로그 라드(페테르부르크를 러시아어 풍으로 개명했다)의 소비에트 의장에 취임했다. 트로츠키는 케렌스키의 임시정부를 부정하는 레닌의 의견을 지지하고, 혁명 실행의 선두에 섰다.

그리고 같은 해 11월에 소비에트가 정권을 장악한 후에는, 외무인민 위원(외무장관)에 취임하고, 독일과 단독 강화조약을 맺어 연합국으로부터 탈퇴하며, 그 후 군사인민위원이 되어 적군(赤軍)의 창설과 강화에 노력했다.

1922년에 레닌이 쓰러지자, 국민은 트로츠키가 후계자 될 것으로 믿어 의심치 않았다. 그러나 그가 원래는 멘셰비키 당이었다는 것을 볼셰비키 당 내의 유력자들은 잊지 않고 있어서, 더더욱 트로츠키가 당 내에서 권력을 장악하기는 여의치 않았다.

트로츠키에게 있어서 최후의 의지처는 레닌의 유언이었다. 분명히 거기에는 스탈린을 배제하라고 기록되어 있었다(279쪽 참조). 그러나 이미 스탈린의 힘은 압도적으로 강해져서, 그 유언은 묵살되어 버렸다.

트로츠키는 1925년에 군사인민위원에서 해임되고, 그 다음해에 당 정치국으로부터도 추방되었으며, 또한 1929년에는 소련으로부터도 추방되고 말았다.

그에 앞서, 트로츠키는 《문학과 혁명》(1923년), 《젊은 날의 레닌》(1925년) 등을 썼다. 또 《나의 생애》(1930년), 《러시아혁명사》(1932년), 《배반당한 혁명)(1937년) 등을 집필했다. 그러나 이들 저술에는 소련 체제에 대한 강한 비판이 포함되어 있다. 그래서 분노한 스탈린의 명령에 따라 트로츠키는 '소비에트 연방의 반역자', '인민의 적'으로 간주되어 그의 모든 공적이 말살되었다.

제4인터내셔널의 창립에 진력했던 트로츠키는, 스탈린의 압력에 의해 노르웨이 정부로부터도 국외추방 처분을 받고 1937년에 멕시코로 건너갔다.

제4인터내셔널 | 제1차 세계대전으로 제2인터내셔널이 해체된 이후 레닌의 주도하에, 프롤레타리아 독재를 통한 사회주의 혁명을 지향하는 제3인터내셔널('공산주의 인터내셔널' 혹은 '코민테른'이라고도 한다)이 결성되었다. 그러나 레닌 사후 스탈린의 전횡이 계속되자 트로츠키는 영구혁명론에 입각한 새로운 국제 공산주의운동을 추진하기 위해 1938년에 미국과 유럽 각국의 트로츠키주의자들을 결집하여 제4인터내셔널을 결성한 뒤 스탈린의 제3인터내셔널에 맞섰다. 하지만 1940년에 스탈린이 보낸 자객에 의해 지도자인 트로츠키가 암살된 이후 쇠퇴하였다.
그 후 뚜렷한 활동은 없었으나, 오늘날도 프랑스에서는 대통령 선거에서 5% 정도의 득표력을 보이고 있다.

그러나 그는 멕시코에서 1940년 8월 20일에 암살자에게 습격을 받고 사망했다. 서재에 쓰러져 있던 트로츠키의 손에는 '스탈린'이라는 제목의 원고가 남아 있었다고 한다.

영구혁명론과 일국사회주의

트로츠키는 러시아혁명에서 '영구혁명론'을 지지했는데, 스탈린은 '일국사회주의'를 주창했다. 이 사상의 차이가 정권투쟁에서 스탈린을 승리로 이끈 계기가 되었다고 한다.

영구혁명론은, 1850년에 마르크스가 공산주의자동맹에게 호소했던 말에서 유래하는데, 사상적으로는 트로츠키의 독자적인 혁명론을 가리킨다.

트로츠키에 따르면, 농민이 인구의 대다수를 차지하는 러시아와 같은 농업국에서는, 프롤레타리아가 정권을 장악하지 않는 한 부르주아 민주주의혁명조차 달성할 수 없고, 또 이 경우 부르주아 민주주의혁명은 단지 통과점이며, 그것을 돌파하여 프롤레타리아 혁명, 즉 사회주의 혁명으로 나아가지 않으면 안 된다.

그렇지만 러시아에서 프롤레타리아 혁명이 성공할 것인가 여부는, 서구 제국에서 프롤레타리아 혁명의 성공 여부에 달려 있다.

결국 러시아혁명의 성공은 영구혁명의 제1보이며, 이 혁명을 타국에 파급시켜 서구 제국에까지 혁명을 추진하지 않으면, 러시아혁명은 성공했다고 할 수 없다. 이것이 트로츠키의 이론이다.

당의 간부들에게는, 트로츠키의 사고방식이 너무나도 위험도가 높다고 판단되었다. 이제 막 혁명에 성공했을 뿐인 러시아에서는, 솔직히 말해 자국의 것만도 벅찬 상황이었다. 혁명을 타국에서 추진할 여력 따위는 없어서, 그러한 것을 하려면 러시아의 기반이 흔들릴 가능성도 있었다.

그러한 때에 스탈린이 주창한 것이 '일국사회주의'였다. 혁명은 자국에서만 완결한다는 것이다. 그 사상이 옳은지 그른지의 여부는 별도로 하고, 위험도가 적은 스탈린의 사고방식이 소비에트의 당 간부와 관료들에게 지지를 받은 것은 당연했다고 할 수 있을 것이다.

과도적인 체제

트로츠키에 의한 이 영구혁명론과 함께 '소련국가론'을 지지하는 사상을 '트로츠키즘'이라고 한다.

'소련국가론'은, 스탈린과의 투쟁 가운데에서 인식되어, 《배반당한 혁명》에 기록되어 있는 사상이다.

그것에 따르면, 소비에트 체제는 아직 자본주의와 사회주의의 중간에 있는 상태로, 이른바 과도적 체제여서 도처에 모순을 안고 있다.

그 모순이란, 예를 들면 산업과 농업은 국유화되었지만 그것이 프롤레타리아의 것으로 되었다고 할 수는 없으며, 관료들에 의해 지배되며, 이전보다 더욱 전제적이고 억압적으로 되고 있다는 것이다.

그는 소비에트가 진정한 사회주의로 이행하기 위해서는, 관료정부를 전복시키지 않으면 안 된다고 주장했다.

이와 같은 트로츠키즘은 제3인터내셔널에 의해 반혁명의 낙인이 찍혔는데, 1956년에 후르시초프가 스탈린을 비판하자, 세계 각지에서 트로츠키즘이 옳다는 것을 주장하는 좌익운동가가 나타났다.

일본에서도 그 파급효과로 인해, 특히 1970년대 트로츠키주의자라고 불리는 신좌익 학생들이 학원을 점거하는 등 폭력을 저질렀던 적이 있다. 사상의 힘은 놀라운 것이다. Ⓞ

제3인터내셔널 | 코민테른(Comintern)이라고도 하며, 공산주의 인터내셔널을 말한다. 1889년 7월 프랑스혁명 100주년을 기념하여 엥겔스의 주도하에 설립된 제2인터내셔널이 제1차 세계대전으로 인해 붕괴되자, 1919년에 레닌의 주도로 세계 각국 노동운동 내의 좌파가 모여 모스크바에서 결성하였다. 마르크스-레닌주의를 기초로 프롤레타리아 독재를 통한 사회주의 혁명을 추구하였으며, 각국 공산당에 지부를 설치하는 중앙집권적 조직체계를 가졌다. 그러나 스탈린이 권력투쟁 과정에서 대다수의 중요 지도자들을 숙청함으로써 제7차 대회를 끝으로 1943년에 해체되었다.

마르틴 하이데거
Martin Heidegger | 1889~1976년

─존재와 시간을 생각한 20세기 최대의 철학자

젊은 시절

20세기 최대의 철학자라고 일컬어지는 마르틴 하이데거는, 1889년에 독일 바덴 주의 보덴 호수 근처에 있는 메르키르히라는 작은 도시에서 태어났다. 아버지는 나무통을 만드는 직인의 우두머리로, 성 마르틴 사원의 잡무를 보았다고 한다.

하이데거는 콘스탄츠와 프라이부르크의 김나지움을 거쳐 프라이부르크대학에 입학하여 처음에 신학을 배우기 시작했는데, 숙고 끝에 최종적으로는 철학의 길로 나아가게 되었다. 그 후에 이 곳에서 그는 나중에는 이반하게 되는 현상학의 태두 후설, 그리고 신칸트학파인 리케르트의 영향을 깊게 받았다.

1916년에 후설이 프라이부르크

리케르트(Heinrich Rickert, 1863~
1936) | 폴란드 그단스크 출생의 독일의 철학자로, W. 빈델반트와 함께 신칸트학파인 서남(西南) 독일학파(바덴학파)의 대표자이다. 학적(學的)인 철학의 성립을 강조하여, 독단적 실증주의나 생의 철학에 기초한 세계관 철학에 반대하였다. 특히 대상의 세계를 자연의 세계와 문화의 세계로 구분하고, 후자에 대한 인식의 논리적 구조를 해명하는 데 집중하였다. 막스 베버에게 많은 영향을 주었으며, 저서로는 《인식의 대상》, 《문화과학과 자연과학》, 《철학의 근본문제》 등이 있다.

대학에 부임하자, 하이데거는 그의 조수가 되며, 프로테스탄트인 엘프리데와 결혼했다. 이것은 그가 결정적으로 가톨릭 신학으로부터 이반하게 했다고 알려져 있다. 1919년부터는 사강사가 되었는데, 이미 1923년에는 마르부르크대학 원외교수로 초빙되었다. 마르부르크에서는, 하이데거에 의한 존재론의 강의가 학생들 사이에서 호평을 받았다. 또 여기에서 17살이나 젊은 한나 아렌트라는 여성과 만나 비밀리에 사랑하게 되었다.

아렌트는 후에 저명한 정치학자가 되었다. 그러나 1933년에 유대계라는 것 때문에 미국으로 망명했다. 한편 하이데거는 같은 해 프라이부르크대학의 학장이 되어 나치에 우호적인 모습을 보이게 된다. 이리하여 두 사람은 완전히 대립하는 입장에 서게 되었지만, 두 사람의 애정은 그가 세상을 떠난 1975년까지 계속되었다고 한다.

한나 아렌트(Hanna Arendt, 1906~75) | 유대인의 외동딸로 태어나 어려서부터 왕성한 지적 호기심을 보였고 유대인으로서 강한 자의식을 지녔는데, 이는 그의 삶과 사상에 큰 영향을 미쳤다고 한다. 마르부르크대학에 진학하여 철학·신학·그리스어 등을 공부하던 중, 17세 연상이며 이미 결혼한 상태였던 스승 마르틴 하이데거와 사랑에 빠진다. 결국 이들의 사랑은 오래 지속되지 못했으나, 훗날 하이데거는 아렌트가 없었다면 자신의 대표작인 《존재와 시간》을 쓸 수 없었을 것이라고 회고할 정도로 두 사람의 애정은 각별하였다. 그 후 1928년에는 야스퍼스의 지도하에 아우구스티누스의 사랑의 개념에 대한 논문으로 박사학위를 받았다. 1929년 철학자 귄터 슈테른과 결혼하였다. 1933년에는 유대인이라는 이유로 게슈타포에게 체포되었다가 석방된 뒤 프랑스를 거쳐, 1941년에 미국의 뉴욕에 건너가 강의와 집필활동을 하며 살았다.
그는 전체주의와 폭력에 대해 통렬하게 비판하며 이에 대해 뛰어난 학문적 업적을 남겨 오늘날도 인정을 받고 있다. 저서로는 나치스에 대해 연구한 《전체주의의 기원》(1951), 《폭력의 세기》, 《인간의 조건》, 《어두운 시대의 사람들》 등 다수가 있다.

그런데 하이데거는 1927년에 주저(主著)인 《존재와 시간》을 발표하여 돌연 유럽 철학계의 저명인사가 되었다. 또 다음해에 후설의 후임으로 프라이부르크대학 철학 교수에 취임하며, 그 후 베를린대학에 초빙된 적도 있었지만 그것을 거절하고 죽을 때까지 프라이부르크대학에 머물게 된다.

나치에 우호적인 학장 취임 연설

그가 1933년에 나치 체제 하에 있는 프라이부르크대학 학장에 취임하고, 또한 나치의 정책을 긍정하는 듯한 취임 연설을 한 것은 물의를 일으켰다. 하이데거는 그 연설에서 대학생에게 근로 봉사와 방위 봉사, 그리고 학문 봉사에 전념하라고 주장했다. 마치 제2차 세계대전 당시 일본 군부의 슬로건 그대로인데, 이 나치 옹호 발언은 특히 전후에 하이데거에 대한 비판을 강화시켰다.

하이데거는 이리하여 학장에 취임하지만 다음해 4월에는 사임하고, 그 후에는 고독한 학구생활을 보냈다. 전후에는 한때 나치에 협력했다는 이유로 대학에서 추방되어, 잠시 프라이부르크 근처의 산속 오두막에서 사색의 생활을 한 적도 있었다. 추방 해제 이후에 프라이부르크대학에 돌아와 강의와 강연을 했다.

나치 협력에 대한 비난이 거셌던 것은 물론이려니와, 영미의 분석철학 등 그의 사상에 대립하는 새로운 움직임이 일어난 것도 그에 대한 평가를 인색하게 만들었다. 그러나 그는 86세로 사망할 때까지 시종일관 사색과 저술 활동을 계속했다.

주저 이외의 그의 초기 저작으로는 《칸트와 형이상학의 문제》, 《형이상학이란 무엇인가》(둘 다 1929년)가 있다.

　주저인 《존재와 시간》을 포함하여 초기의 하이데거는 '다자인 (dasein; 현존재─역자)', 즉 인간의 실존적 분석에 집중했다. 그러나 후기의 하이데거는 소크라테스 이전 철학자들의 새로운 이해에 의존하는 독자적인 기본적 존재론을 전개하게 되었다. 후기의 주요 작품으로는, 《숲속의 길》(1950년), 《형이상학 입문》(1953년), 《니체》(1961년), 《현상학과 신학》(1970년) 등을 들 수 있다.

존재와 시간

　하이데거의 주저인 《존재와 시간》은, 제1차 세계대전 직후 사람들이 한창 불안과 위기의식에 떨고 있을 때 등장했다. 그는 이 책에서 '존재'의 의미를 물으려고 했는데, 그와 같은 물음은 모든 존재자 중에서도 현존재에서만 나타난다고 했다. 그래서 그는 이러한 인간존재에 대해 상세히 분석하고 있다.

　그에 따르면, 세속에서 살고 있는 인간은 본래의 자기를 잃어버리고 있다. 예를 들면, 같은 말로 하더라도 사람들은 유명인의 가십이나 타인의 소문, 유행하는 말 등 곧 잊혀져버리는 화제에만 집중하고 있다. 그러나 이와 같은 말은 본연의 모습과는 거리가 멀다.

　원래 말에 의한 전달이란, 말이 명시하는 것, 말해지고 있는 내용에 듣는 사람을 관여시키는 도리를 말한다. 하지만 사람들이 일상적으로 하고 있는 말은 내용이 없는, 근본을 상실한 단순한 수다에 지나지 않는다. 이러한 수다로는 말의 명시성이 흐려지고 오히려 닫혀버린다. 단순한 소문에서부터 시작하여, 참으로 필요할 때 마음대로 이용할 수 있는 것이 아닌 이러한 수다 속에서는 애매함이 말의 진정함을 잃게 한다. 이리하여 인간의 본연의 모습, 즉 현존재의 가능성은 질식당한다.

그러나 이러한 수다에 재미있어 하는 인간은, 그리하여 강한 불안을 자신의 속에 품고 있다. 불안과 공포란 무엇인가? 공포는 무엇인가가 있는 분명한 대상, 세계의 속에서 출현하는 어떤 존재자에 대해 품는 것이지만, 불안에는 그러한 분명한 대상은 없다. 불안의 대상은 정말로 막연하다. 하지만 불안에 사로잡힌 현존재는 타자로부터 떨어져 고독해지기 때문에, 오히려 본래적으로 실존하도록 유도되어 간다. 불안은 현존재에게 자기 자신으로 세상에 존재할 수 있는지 없는지를 생각하게 한다. 그래서 현존재는 궁극적으로 자기 자신의 본연의 모습을 선택할 자유를 가지고 있다.

사람은 이러한 불안이 야기한 무서움을 참고 걱정하면서 살고 있는 것이다. 어떻든 본질적으로 사람이 불안한 상태로 되는 것은, 인간이 죽음에 구애되는 존재이기 때문이다. '사람은 언젠가는 반드시 죽는다' 라고 말할 때에도, 그 사람은 '당장 자신은 죽으면 안 돼' 라고 생각하고 있을 것이다. 이리하여 사람은 죽는 것을 은폐하고, 불안으로부터 도피하려고 한다.

그러나 죽음에 구애받는 존재, 즉 사람은 죽음을 가능성으로서 분명히 의식하듯이 죽음에 구애되지 않을 수 없다. 이 때문에 사람은 타인과의 관계로부터 분리되게 되며, 본래의 자기 자신일 가능성이 생겨난다.

또 하이데거는, 사람이 죄 의식에 떠는 존재이기도 하다고 주장하여, 그리스도교와 유사한 모습을 보였다.

하이데거는 《존재와 시간》에서, 이와 같은 현존재의 분석을 통하여 존재에 대한 의미를 분명히 하려고 했다.

이어서 그는 시간의 문제를 고찰했다. 인간의 역사를 더듬어봄으로써, 그는 인간 존재의 시간과의 관계인 '시간성'을 고찰했는데, 그것을 근원까지 추구하지 않고서 《존재와 시간》 제1권을 마쳐버렸기 때문에, 그는 시간성의 문제를 제2권에서 다시 추구할 예정이었지만 제2권은 결국 발표되지 못했다. 이것은 사물은 단편으로 끝나도 좋다는, 그의 낭만주의의 발로라고 생각하는 사람도 있다.

말년의 하이데거

《존재와 시간》 이후의 그의 저작을 보면, 서구 사상사의 제 연구에서는 철학적인 전통과는 대립하는 자신의 입장을 정당화하려고 했다. 또 이와 관련하여 언어, 문학, 예술 일반, 그리고 학문과 기술이 존재의 명시 및 변용의 계기가 된다고 했다.

1961년에 72세의 하이데거는 대작인 《니체》를 간행했다. 니체는 《차라투스트라는 이렇게 말했다》에서 "신은 죽었다"라고 선언했는데, 하이데거는 이 말 가운데에서 초감성적인 세계의 부정, 나아가서는 형이상학에 대한 반항을 간파한 것이다. 니체가 신 대신 제시한 것은 권력에 대한 의지이며, 그 구체적인 표현이 '초인'이었다.

그에 대해서 하이데거는, 니체는 이것에 의해 형이상학의 완성자가 되며, 인간을 주관으로 하고 세계를 대상화하는 시도를 철저하게 했다고 주장했다.

하이데거는 말년에 접어들면서 표현이 점차 시적 · 문학적으로 되어갔다. 다루는 대상도 순수한 철학이론뿐만 아니라 문학 작품에까지 미치며, 특히 횔더린과 릴케의 시를 단서로 하여 사색을 전개했다. 또 현대를 어떻게 진단할 것인가에 대해서, 많은 저술에서 그 견해를 분명히 했다.

특히 근대 기술에 대한 비판은 날카로워, 농업이나 공업 등 근대 기술은 모두 자연을 착취하며, 인간에게 유용한 것으로서 자원을 '수탈'하는 것에서 성립하고 있다. 이와 같이 수탈하게 된 인간은, 결코 진정한 자기 자신과 만나지 못한다. 현대의 위기는 결코 기계와 기구의 사용에 의해 처음 생겨난 것이 아니라, 인간의 본질 그 자체와 관련되어 있다고 하여, 인간 중심의 생활방식을 비판했다.

예를 들면, 《헤벨 가(家)의 벗》(1960년)이라는, 시인 헤벨을 찬양한 에세이에서 다음과 같이 말하고 있다.

"인간은 원자력 에너지에 의해 살 수 있는 게 아니라, 반대로 멸망해 갈 뿐이다. 설령 원자력 에너지가 평화적 목적으로만 사용된다고 해도, 평화적 이용이 인간의 모든 목표 설정과 사명을 규정하게 되면, 인간은 자신의 본질을 잃지 않으면 안 된다."

헤벨(Johann Peter Hebel, 1760~1826) | 스위스에서 태어난 독일의 시인으로, 어려서 부모를 여의고 교회에서 양육되었다. 교사를 거쳐 1819년에 주교가 되었다. 작품으로는 자연과 농촌의 목가적 풍경을 잘 묘사하여 독일 방언문학의 백미로 꼽히는 《알레만 방언시집》(1803)과 유머 넘치는 일화집 《라인의 가정 친구의 보물상자》(1811) 등이 있다.

이미 약 50년 전에 원자력발전소의 이와 같은 물질적·정신적 위험성을 예견하고 있었던 것이다.

하이데거의 사상은 그가 세상을 떠난 뒤에도 철학뿐만 아니라 교육학, 정신병리학, 그리고 미학과 문학 연구 등 많은 부문에서 국제적인 영향을 미쳤다. 火

장 폴 사르트르
Jean Paul Sartre | 1905~80년

-실존주의의 실천적 리더

제3세계의 대변자

20세기를 대표하는 프랑스의 철학자 사르트르는, 1905년에 파리에서 태어났다. 2살 때 아버지를 잃고 어머니의 친정에서 자라게 되었는데, 3살 때 오른쪽 눈을 실명했다. 사르트르의 사진을 보면 그가 극도의 사시라는 것을 알 수 있는데, 그 이유는 이 실명에 의한 것이다.

파리의 고등사범학교를 졸업한 뒤, 1929년부터 몇몇 고등학교에서 철학을 가르치고 있던 무렵 시몬느 드 보봐르와 만나 계약 결혼이라는 전혀 새로운 형태의 관계를 맺었다.

시몬느 드 보봐르 (Simone de Beauvoir, 1908~86) | 프랑스의 작가로 사르트르와 평생 계약결혼 상태를 유지했으며, 여성문제와 노인문제 등을 다루었다. 대표작으로는 《제2의 성》, 《노년》, 《위기의 여자》 등 많은 작품이 있으며, 지식인 문제를 다룬 그의 다섯 번째 소설 《레 망다렝(*Les Mandarins*)》으로 1954년에 콩쿠르상을 수상했다.

1933년부터 3~4년에 걸쳐 독일에 유학한 사르트르는 거기에서 후설의 현상학에 대한 조예를 깊게 함과 동시에, 《구토》(1938년), 《벽》(1939년) 등의 소설을 발표하여 세간에 널리 이름을 알리게 되었다.

제2차 세계대전에 동원된 그는, 1940년에 독일군의 포로가 되어 수용소에서 하이데거의 사상에 접하게 된다. 그는 이 수용소에서의 하이데거와의 만남에 대해, "독일군 장교가 '뭔가 원하는 것이 있습니까?' 라고 묻기에 '하이데거'라고 답했다. 그러자 그는 며칠 뒤에 《존재와 시간》을 가지고 왔다"라고 쓰고 있다.

다음해에 수용소를 나온 사르트르는 파리로 돌아가 교단에 있으면서 레지스탕스 활동에 참가한다. 1943년에 《존재와 무(無)》를 발표하자, 철학서로서는 폭발적인 판매를 기록했다.

이와 관련하여, 당시 프랑스는 독일의 점령하에 있었기 때문에, 책을 출판하기 위해서는 군의 검열을 받아야 했다. 군은 사르트르가 반권위주의적 사상의 소유자라는 것을 알아차리지 못하여 《존재와 무》의 출판에 이어 희곡 〈파리〉의 상연도 허가했다.

제2차 세계대전이 종결되자 교단을 떠날 것을 결심하고, 그 후로는 집필 활동에 전념하게 된다. 《레 탕 모데른(Les Temps Modernes; 현대)》지(誌)를 창간하여 편집장으로서 실존주의자의 입장을 명확히 한 사르트르의 이름은 일약 유명해져 여론에 커다란 영향을 미치는 사상가가 되었다.

미소 양 대국 사이의 대립관계가 명확해지자, 사르트르는 중도적 입장을 모색하여 '혁명적 민주연합'이라는 정치단체를 창설하는데, 대중적인 기반을 갖지 못했기 때문에 이내 붕괴되어 버렸다.

그 후 사르트르는 공산당에 접근하는데, 1956년에 일어난 헝가리 사건을 목격하고, 공산주의에 환멸을 느껴 공산당과 절연한다.

헝가리 사건 | 1953년, 30여 간 소련을 철권통치하던 스탈린이 사망하고 흐루시초프가 권력을 잡자, 1956년 소련 공산당 제20차 대회에서 스탈린에 대한 비판이 제기되고 격하 운동이 전개되었다. 그러자 소련의 영향력하에 있던 동유럽의 각국에서도 반스탈린주의 운동이 거세게 일어났다.

이러한 시대적 추세에 따라 그 해 6월에는 폴란드에서 폭동이 일어나 개혁파 공산주의자 인 고무우카가 공산당 제1서기에 선출되었다. 하지만 헝가리에서는 '소(小)스탈린'이라 불 리던 라코시가 민중의 개혁 요구를 완강히 거부하자, 10월 23일에 학생, 지식인, 노동자 등 시민이 대규모 시위를 벌여 무력 충돌이 발생했다.

결국 라코시 정부는 시위대의 요구에 굴복하여 개혁파인 너지를 수상으로 지명하면서 소 련에 군사적 지원을 요청하였다. 그러자 시위는 더욱 격화되었고, 정부는 공산당 일당독재 를 폐지하고 복수정당제를 채택하고 연립정권을 수립하였다. 동시에 바르샤바조약기구 탈 퇴를 선언했다.

그러자 소련은 탱크를 앞세우고 10만여 명의 대규모 무장병력을 투입하여 헝가리를 점령 하였다. 이 과정에서 7천여 명이 사망하고 수만 명이 부상하는 참극이 발생했다. 소련은 강경파인 라코시와 개혁파인 너지 세력을 모두 제거한 뒤 중도파인 카다르를 내세워 정권 을 맡겼으며, 너지는 소련으로 연행한 뒤 처형하였다.

사르트르는 마르크스 사상을 왜곡한 것은 스탈린이라고 생각하여, 마르크스주의를 활성화시키는 것을 목표로 했다.

그 목적을 위해, 베트남 전쟁 등의 지역 분쟁에서는 해방전선 측을 지지하는 입장을 명확히 하여 제3세계의 대변자가 되려고 노력했다. 사 르트르는 소련에 대해서는 시종 회의적인 태도였는데, 1968년에 있었 던 소련의 체코슬로바키아 침공에 대해서도 강한 비판을 가했다.

1964년에는 '노벨문학상을 수여하겠다'고 타진을 받았지만, "어떤 인간도 살아 있으면서 신격화될 수는 없다"라고 말하며 수상을 거부했 다. 그 대응에 대해 프랑스 시민은 실망과 환영이라는 양 극단의 태도를 보였다고 한다.

하지만 1973년에 왼쪽 눈의 시력이 약해지자, 사르트르는 드러난 행동을 삼가게 되며, 1980년에 사망했다. 장례에는 수만 명의 시민이 참가하여, 그 행렬은 수 킬로미터에 달했다고 한다.

즉자적 존재와 대자적 존재

사르트르를 소개하는 데에서 《존재와 무》에 대해 언급하지 않고서는 불가능할 것이다.

이 책에서 그는, "모든 의식은 뭔가에 대한 의식이다"라는 것을 반복하여 언급한다. 나아가서는 "그 의식은 자기 이외의 무엇인가에 대한 의식이다"라고도 말하고 있다.

우선 사르트르는 인간을 '의식하는 존재'라고 말하고 있다. 그리고 그 의식이란, '무엇인가'에 대한 의식이며, 자기 자신에 대한 의식을 나타내는 것은 아니라는 것이다.

예를 들면, 당신이 회사의 동료를 좋아하게 되었다고 하자. 그 경우 당신은 '○○ 씨가 좋다'라고 생각한다. 즉 이 때의 '의식'은 '○○ 씨'에 대한 의식이라는 것이며, 더구나 '○○ 씨'와 당신은 동일 인물은 아니다.

그러나 '○○ 씨가 좋다'라고 생각할 때에는 반드시 '내가'라는 주어가 붙어 다니게 된다. 눈 앞에 있는 꽃을 보고 '아름답다'라는 감상을 가졌을 때에도, 그것은 누가 '아름답다'고 생각하고 있는가 생각해주었으면 한다. 평소의 생활에서 이와 같은 의식은 일어나지 않고 지나치게 된다. 그러나 자기 자신이라는 주어가 존재하지 않는 의식이란 있을 수 없다는 것을 알 수 있다.

즉 '무엇인가를 의식한다'라는 데에는 의식하는 것과 의식되는 것의 완전한 차이가 존재한다. 그리고 사르트르는 이것에 대해 "의식은 대자적으로 존재하며, 그것 이외에는 즉자적으로 존재하고 있다"라고 말하고 있다.

그렇다면 즉자적 존재와 대자적 존재란 무엇을 가리키는가? 자신의 의식이라는 것은 어떠한 것인가? 이 용어를 처음으로 사용한 사람은 헤겔이다. 그에 따르면, 즉자란 '직접적인 자기의 상태'를 나타내며, 대자란 '자기를 자기로서 자각한 상태'를 나타낸다고 한다.

그것을 구체적으로 소개하면 다음과 같다. 예를 들면, 막 태어난 갓난아이는 이미 개성적인 존재이다. 이것을 '즉자적 존재'라고 한다. 그러나 그 유아 자신은 자신이 개성적인 존재라는 것을 인식하지 못한다. 자신이 '즉자적 존재'라는 것을 알기 위해서는, 유아는 우선 자기 자신으로부터 벗어나 다른 존재와 관계하지 않으면 안 된다.

자신과 다른 것—예를 들면, 동물이나 부모 등과 접촉하고, 또는 자신의 생각이나 감각과 다른 것에 접촉함으로써 비로소 자신이 개성적인 존재(자신은 다른 동물과는 다르다. 자신의 생각은 다른 사람과 다르다)라는 것을 알 수 있는 것이다. 이것을 '대자적 존재'라고 한다.

사르트르의 사상은 헤겔의 견해와 약간 다르다. 그에 따르면, 의식은 다른 존재와 나란히 이야기되어야 하는 것이 아니라, 자기를 초월한 대상을 가리킨다. 또 즉자적 존재란 '그것이 있는 것 그 자체이다'라고 하여, 사물의 존재라고 주장하고, 대자적 존재는 '그것이 있는 것 그 자체가 아니라, 그것이 없는 것 자체'이며, 의식의 존재를 가리킨다.

그리고 의식은 항상 자기가 문제가 되는 존재이기도 하다. 즉 의식이라는 것은 대상을 의식하면서 항상 반성적으로 자기를 인식하고 있다. 또 의식에는 결여(缺如)가 존재하고, 그 결여를 채우기 위하여 끊임없이 자신이 존재할 가능성을 미래를 향하여 만들어내는 것이라고 주장하고 있다.

실존이 본질에 우선한다

사르트르의 철학적 사상은, 후설의 현상학(선입관을 배제하고 의식에 직접적으로 나타나는 현상을 직관하고, 그 본질인 순수 의식을 분석하는 학문)과 하이데거의 형이상학(현상을 초월하여, 그 배후에 있는 사물의 본질과 존재의 근본 원리 등을 직감에 의해 탐구하려고 하는 학문), 그리고 마르크스의 사회이론(변증법적 유물론을 사회에 적용하여 사회를 그 물질적 토대로부터 역사적으로 파악하려는 이론)을 '실존주의'로 통일하려고 한 것이다.

사르트르는 《실존주의란 무엇인가?》에서 실존과 본질을 이해하기 쉽게 해설하기 위해, 종이칼을 예로 들고 있다.

그는 우선 종이칼을 만드는 직인의 머릿속에는 '종이칼이란 어떠한 것인가' 라는 개념이 있고, 종이칼이란 그 개념을 이용하여 만들어지는 물건이라고 했다.

이리하여 만들어진 종이칼에는 일정한 용도가 주어져 있는데, 우리는 그 용도도 알지 못하고서 직인이 종이칼을 만든다는 식으로 생각할 수는 없다.

즉, 종이칼의 제조방법과 종이칼의 사용방법이라는 실제의 본연의 모습인 '실존'은, 종이칼이라는 본질에 앞선다고 말할 수 있다는 결론에 도달하는 것이다.

실존이 본질에 앞선다는 것은 옳다. 왜냐하면 인간은 우선 최초에 실존하여 활동하고, 그 후에 인간의 본질이 무엇인가가 정의되게 되어 있기 때문이다.

　그러나 사르트르는 말한다. 실존주의에서 인간을 정의하는 것은 불가능하다. 그것은 인간이 최초에는 진짜 인간은 아니기 때문이다. 인간은 존재하고 있지만, 그것은 본래의 인간이 아니라 살아가는 가운데 비로소 인간이 되는 것이다. 처음부터 인간의 본성을 고안한 신 따위는 존재하지 않는 이상, 인간은 스스로 만드는 것 이외의 아무것도 아니라고 주장하고 있다. 즉, 인간이란 사전에 '이것이다' 하고 정해진 존재가 아니라, 항상 자신의 책임하에 결정하고 그에 따라 자기 자신을 설계하도록 요구받고 있는 존재인 것이다.◎

클로드 레비-스트로스
Claude Lévi-Strauss | 1908~91년

-서양 중심주의를 부정한 사회인류학자

실존주의 비판

인류학자이며 '구조주의의 아버지'라고도 불리는 사람이 레비-스트로스이다. 벨기에의 수도 브뤼셀의 유대인 가정에서 태어난 그는, 파리에서 성장하여 1927년에 파리대학에 진학하며, 거기에서 철학과 법학을 공부했다.

대학 졸업 이후에는 리세에서 철학 교사로 근무했는데, 1934년에 브라질로 건너가 상파울루대학 사회학과 교수에 취임하여 인디오 사회의 현지 조사를 실시했다.

그 후 일시 귀국하지만, 당시의 프랑스는 독일의 점령하에 있었기 때문에, 그것을 싫어하여 미국으로 건너가 1941년부터 뉴욕의 사회연구신학원에서 교수로 재직했다. 이때 레비-스트로스는 이 학원에서 언어학자 로만 야콥슨과 운명적인 만남을 가져, 인류학에 구조주의 사상을 도입하는 계기가 되었다.

제2차 세계대전 후에 귀국하자, 그는 파리 인류학박물관의 부관장에 취임하며, 1949년에 첫 저작인 《친족의 기본 구조》를 발표했다.

1959년에는 콜레주 드 프랑스 (248쪽 참조)에서 사회인류학 강좌의 초대(初代) 교수가 되며, 《오늘날의 토테미즘》, 《야생의 사고》(둘 다 1962년), 《신화의 논리》(전4권, 1964~71년) 등을 발표했다. 그리하여 구조주의자로서의 지위를 확고히 했다.

구조주의란, 사회와 문화의 현상에도 언어구조와 동일한 분석방법을 사용하려는 학문적 입장을 나타

로만 야콥슨(Roman Jakobson, 1896~1982) | 모스크바에서 출생하였으며, 체코슬로바키아에 이주한 뒤 1939년에 나치스를 피해 미국으로 귀화하였다. 20세기의 가장 위대한 언어학자의 한 사람으로, 모스크바와 프라하에서 언어학회를 결성하고 프라하학파의 창시자가 되었다. 프라하대학교와 하버드대학교, MIT 등에서 교수로 근무했다. 그는 일반언어학·운율학·슬라브언어학·언어심리학·정보이론 등 다방면에 걸쳐 연구하였으며, 언어학과 인접과학의 통합을 시도하였다. 저서로 《음성분석 서설─판별적 특징과 그 관련량(關聯量)》(1952, M. 할레, G. 판트와의 공저) 등이 있다.

내고 있다. 레비-스트로스는 우선 미개사회의 친족관계의 연구에 이 언어학적 구조론을 도입하여 구조인류학을 제창했다. 그는 자신의 이론대로 미개사회에서 복잡한 친족 조직의 분석에 성공하여, 그 이론이 옳다는 것을 인정받게 되었다.

단, 레비-스트로스가 사용한 방법에 대해 '너무 추상적이다' 라든가 '휴머니즘에 반한다' 라고 비판하는 사람도 있다. 이것은 사르트르 등이 제창한 서양 중심적인 사고를 그가 해체했기 때문이라고도 할 수 있다.

레비-스트로스는 1962년에 발표한 《야생의 사고》를 통해 그러한 비판자들에게 반격을 가했다. 특히 사르트르의 실존주의를 통렬히 비판했다. 그 결과, 레비-스트로스가 제창한 구조주의는 실존주의보다 우수하다고 생각되게 되어 일세를 풍미하게 된다.

하지만 그 자신은 구조주의 붐에도 냉정하게 대응하여, 그 때까지와

마찬가지로 연구와 집필 활동을 계속했다. 또 연구의 방향을 친족관계에서 신화로 옮겨, 미개사회에 전해지는 신화가 서구 문명에서의 과학에 비해 결코 열등한 것이 아니라는 점을 발표하자 커다란 반향을 불러일으켜, 다시 구조주의 붐은 확대되게 된다.

레비-스트로스는 1973년에 프랑스 한림원의 회원이 되자, 적극적으로 세계 각국으로 나아가 강연을 하게 된다.

덧붙이자면, 레비-스트로스의 철자는 'Lévi-Strauss'이다. 그것에 대해 청바지 메이커인 '리바이스'의 철자는 'Levi-Strauss'로 매우 비슷하다. 그도 그럴 것이, 리바이스의 창업자는 레비-스트로스와 혈연관계이기 때문이다.

구조는 다른 체계로 변형할 수 있다

레비-스트로스에 따르면, '구조'란 요소와 요소 사이의 관계로 이루어진 전체를 가리키며, 이 관계는 변형의 과정을 거치면서도 보편의 특성을 유지한다고 한다.

그리고 어떤 모델에 '구조'라는 이름을 붙이기 위해서는, 다음과 같은 세 가지 조건을 충족시킬 필요가 있다고 지적한다.

1. 모델이, 같은 패턴을 가진 하나의 변환군(變換群)에 속해 있고, 그 결과 그것들의 변환의 집합체가 모델의 일군(一群)을 구성하는 경우.
2. 모델의 요소 중 한 가지에 무엇인가 변화가 일어난 경우에도, 그 패턴에 따라 어떻게 변환될 것인가를 예견할 수 있는 경우.

3. 모델이, 관찰된 모든 사상(事象)이 고려된 형태로 만들어지고 있는
   경우.

레비-스트로스는 '구조는 요소와 요소 간의 관계'라고 말하는데,
'체계'라는 것 또한 마찬가지의 관계로 이루어진 전체를 말한다. 이것
에 관해서 그는 다음과 같이 기술하고 있다.

"체계라는 것은 균형 상태에 있으며, 변형할 수 없고, 무리하게 변형
시키려고 손을 가하면 균형이 깨져버린다. 그에 대해 구조는, 이 균형
상태에 무엇인가의 변화가 가해질 경우 다른 체계로 변형될 수 있다."

즉, 체계란 요소와 요소를 연결하는 관계의 전체이며, 그것이 다른
형태로 변환될 때에도 변하지 않는 성질을 가진 구조를 말한다. 또 구조
는 체계가 변환할 때에 표출하는 것이며, 따라서 하나하나의 체계에 보
편의 구조라는 것은 존재하지 않게 된다.

야생의 사고

레비-스트로스는 《친족의 기본 구조》에서 집단 사이의 한 쪽이 여성
을 보내면, 다른 쪽이 그에 대한 답례로서 여성을 보낸다는 '호혜적 교
환'이 친족의 기본적 구조라고 주장했다.

이 발상의 근원이 된 것은 '인세스트 터부(Incest Taboo; 근친상간)'의
사고방식이다.

비개의 민족 중에는 사촌을 '교차사촌'과 '병행사촌'으로 구별하는

경우가 많다(서구 여러 나라에는 이 '교차사촌'이나 '평행사촌'에 적합한 말은 거의 존재하지 않는다).

교차사촌은, 이성의 형제 자매의 자식, 즉 부모끼리가 이성으로, 예를 들면 아버지의 자매의 아들, 혹은 어머니의 남자 형제의 자식을 가리킨다.

그에 대해 평행사촌이란, 동성의 형제 자매의 자식, 혹은 어머니 자매의 자식을 가리킨다.

이와 같이 정의를 하는 민족에서는, 평행사촌과 부계(父系)의 교차사촌의 혼인을 인세스트 터부로 하고 있는 경우가 많이 보이지만, 모계(母系)의 교차사촌과의 혼인은 오히려 장려되고 있다.

그 이유로서, 그 때까지 1) 혈연이 가까운 자와 결혼하면 유전적으로 악영향이 있다, 2) 혈연이 가까운 자는 어릴 때부터 알고 있기 때문에 결혼을 하기 어렵다는 두 가지 점이 거론되어 왔다.

그러나 1)에서는 부계의 교차사촌과 모계의 교차사촌에게는 혈연의 가까움은 동등하여, 모계의 교차사촌과의 결혼만이 장려되는 이유를 설명할 수 없으며, 2)에서는 어릴 적 친구와 결혼하는 예가 많다는 점과 작은 집단 내에서 혼인이 쉽게 성립하는 이유를 설명할 수 없다.

즉, 지금까지 생각되어 왔던 이유만으로 친족의 구조를 설명하는 것은 불가능하다고 레비-스트로스는 생각한 것이다. 그는 우선 이렇게 생각했다.

'대다수의 민족·부족에서는 근친자와의 결혼을 금지하고 있다. 이 것은 곧 근친자 이외의 사람이라면 누구라도 결혼해도 좋다는 것임과

동시에, 근친자를 다른 집단에게 증여하지 않을 수 없다는 것이다.'

또 '교차사촌혼'은, 두 개의 집단 사이에서 여성의 한정 교환이 이루어진 것에 불과하지만, '모계 평행사촌혼'의 경우에는 여성이 집단 안에서 순환하는 '일반 교환'이 이루어지게 된다.

즉 여성의 교환(순환)이라는 사회적 시스템을 유지해가는 데에서는, '모계 평행사촌혼'보다도 '교차사촌혼' 쪽이 우월하다고 결론지었던 것이다.

이것은 미개사회의 집단을 관찰하고 연구하여 도출된 이론이었다. 모든 친족구조에 적용하려고 한 레비-스트로스의 이 논리가 서구 국가의 사람들에게 큰 충격을 주었다는 것은 상상하기 어렵지 않다. 왜냐하면 앞에서 서술한대로 '서양 중심주의적' 사고가 일반화되어 있었기 때문이다.

그러나 레비-스트로스는, 인간의 생활양식의 근저에는 보편적이고 무의식적인 활동이 있다고 생각하고, 그것이 관습과 제도를 만들어내는 원천이 되고 있다고 주장함과 동시에, '야생의 사고'라는 개념을 제시하여 서양 중심주의적 사고를 완전히 부정했다.

'야생의 사고'란, 근대 사회에서의 '재배사고(栽培思考)'와 반대되는 개념으로, 감성과 이성만으로 구성되는 사고를 가리킨다. 미개사회에 전해지는 신화적 사고가 그 좋은 예이다. '재배사고'와 비교하여 열등한 사고라는 평가를 받고 있었지만, 레비-스트로스는 신화적 사고는 서양의 과학적 사고와 동등하게 다루어져야 하며, 오히려 '야생의 사고'가 우수하다고 주장했다.

그런데 레비-스트로스의 저서 가운데 가장 유명한 것은 《슬픈 열대》 (1955년)이다. 이것은 남아메리카의 원주민 사이에서 생활했던 저자의 체험에 기초하고 있으며, 현장 조사가 낳은 걸작이라고 일컬어진다. 또 같은 육식 요리라도 '삶은 것'은 대중적이지만 '구운 것'은 귀족적이라는 것 등을 서술한 〈요리의 삼각형〉(1967년, 《아르크(Arc)》지)도 흥미 깊은 논문으로 주목받고 있다.◙

미셸 푸코
Michel Paul Foucault | 1926~84년

– 마르크스주의와 실존주의로부터의 출구를 탐색한 안내자

공백에 눈을 돌리다

레비-스트로스와 함께 '구조주의'의 대표적 사상가로 알려진 사람이 푸코이다. 그 자신은 "나를 구조주의자라고 부르지 말아 달라!"고 항상 말했지만, 그가 구조주의자라는 것은 많은 사람의 일치된 견해이다. 그는 1926년에 프랑스의 프와티에의 부유한 의사의 아들로 태어났다.

1943년에 바칼로레아(대학 입학 자격시험)에 합격하여 문학부에 입학을 원했지만, 아버지는 가업인 병원을 물려받으라며 의학부에 진학할 것을 강하게 권유했다. 결국 어머니가 아버지를 설득해 주었기 때문에 그는 문학부에 입학하게 되었다.

대학 교수가 되기를 원했던 푸코는, 1945년에 고등사범학교(Ecole Normale Supérieure)에 지원했지만 불합격한다. 그러나 그 다음해에는 합격하여 이 학교에서 철학을 전공한다.

재학 중에 그는 두 번에 걸쳐 자살 미수 사건을 일으켰다. 첫 번째는 1948년으로, 동성애자였던 푸코가 그것을 고민하여 자살을 기도했다고 한다. 두 번째는 1950년으로, 대학 교원 자격시험에 실패한 것이 원인

알튀세르(Louis Althusser, 1918~90) | 알제리 출생의 정통 마르크스주의자로, 파리의 에콜 노르말(고등사범학교)에서, 유명한 과학철학자이자 구조주의의 창시자인 바슐라르(Gaston Bachelard)에게 헤겔 철학을 배웠다. 1948년에는 프랑스 공산당에 입당하였으며, 자신의 이론에 근거하여 계급투쟁을 실천하였다. 이로 인해 프랑스 공산당 내에서 당의 프롤레타리아 독재 개념의 포기와 혁명 전략 및 조직 원칙에 대한 비판이 대대적으로 전개되었다. 대표작으로는 《되살아나는 마르크스(Pour Marx)》(1965), 《자본론을 읽는다(Lire le Capital)》(1965, 제자 발리바르와 공저), 《레닌과 철학(Lenine et la philosophie)》(1969) 등이 있다.

이었다.

극심한 우울증 상태에 빠진 푸코를 도운 것은 당시 고등사범학교의 교수였던 알튀세르였다. 그는 정신분석을 함으로써 푸코를 실의의 구렁텅이로부터 구제해내는 데 성공했다.

이 경험이 푸코에게 준 영향은 대단히 커서, 1951년에 대학 교원 자격시험에 합격한 뒤에는, 릴대학에서 정신의학의 이론과 임상의 연구에 종사하게 된다.

덧붙이자면, 푸코를 구한 알튀세르는 1980년에 아내를 살해했는데, 당시 심신 상실상태에 있었다고 하여 책임을 묻지는 않았다.

그 후에 푸코는 스웨덴의 웁살라대학을 거쳐 폴란드의 바르샤바대학에 재직하며, 거기에서 《광기의 역사》(간행된 것은 1961년)를 탈고하고, 1960년에 클레르몽–페랑대학의 교수가 된다.

1966년에 튀니지의 튀니스대학을 거쳐 파리대학의 철학 교수에 취임한 푸코는 《말과 사물─인문과학의 고고학》을 발표했다. 당시 프랑스를 비롯한 서구 제국은 구조주의 붐이 한창이었기 때문에, 이 책은 철학서로서는 이례적으로 많이 팔려 푸코의 이름을 세계에 널리 알리게 되었다.

그 후, 학생운동과 5월혁명(둘 다 1968년)을 목격하고서 인간 본연의 모습에 대한 분석의 중요성에 눈뜨게 되었다고 알려져 있다.

1970년에, 프랑스의 최고학부인 콜레주 드 프랑스의 교수에 취임한 푸코는, 《감옥의 탄생》(1975년), 《성(性)의 역사》(1976~86년)를 발표하여, 철학계뿐 아니라 많은 일반 시민의 사상에 커다란 영향을 미쳤다.

푸코는 1984년에 《쾌락의 활용》, 《자기에의 배려》(미완)를 연달아 집필한 직후 사망했다. 직접적인 사인은 패혈증이었는데, 그 원인이 사실은 에이즈 감염에 있었다는 것은 당시 공표되지 않았다.

현재성에의 질문

그의 작품의 구성은 종종 역사서와 유사하다고 말해진다. 그러나 푸코와 역사학자의 처리방식은 전혀 다르다.

역사학자들은 방대한 양의 사료를 모아, 역사의 기원과 인과관계를 조사하고, 그 중에서 하나의 법칙을 찾아내려고 노력한다.

그러나 푸코의 처리방식은, 사료와 사료 사이에 감추어져 볼 수 없었지만, 사람들이 무의식적으로 따르고 있는 규칙을 횡단적(橫斷的)으로 추적하여, 거기에 있는 특유한 '구조'를 드러내려고 한다.

예를 들면, 푸코의 첫 번째 주요 저작으로 알려진 《광기의 역사》는, 광기가 어째서 사료로 언급되어 오지 않았는가라는 문제를 제기하며, 서양 사회가 광기를 피하여 지나가고, 그리고 전에는 심령에 의한 것이라고 간주된 광기가 정신병이라고 말해지게 된 이유에 대해 이야기하고 있다. 즉, 푸코는 역사학자들이 결코 눈을 돌리려고 하지 않은 '공백'에 눈을 돌렸던 것이다.

푸코는 공백에 눈을 돌리기 위해서는 '현재성'에의 질문이 필요불가결하다고도 말하고 있다.

현재성이란, 시간적인 현재를 가리키는 것이 아니라, 지금 옳다고 생각되고 있는 사회적 규범과 상식을 말하는 것으로, 그것에 질문을 함으로써 사회적 규범과 상식이 우연의 산물로서 생겨난 것임과 동시에 보편적이지는 않다는 것을 깨닫게 된다. 즉 이른바 상식으로부터 벗어난다는 것을 의미한다. 결국 상식으로부터 벗어나지 않으면 '공백'에 눈은 돌아가지 않는다는 것이다.

이와 관련하여 그는 《지식의 고고학》에서, 이 접근방법을 니체의 계보학의 영향을 받아 고안해냈다는 것을 명확히 하고 있다.

에피스테메

폭발적으로 판매된 제2의 주저(主著)인 《말과 사물 — 인문과학의 고고학》에서, 그는 먼저 '에피스테메(인식계)'라는 사고를 제시했다.

에피스테메란 영어의 science에 해당하는 그리스어로, 원래는 어떤 사상(事象)이 일어날 것인가 아닌가 하는 애매한 부분을 배제한 엄밀한 '지(知)'를 의미했지만, 푸코는 이 말보다 어떤 시대의 사회와 학문, 지식 등에 영향을 미치는 '지(知)의 총체'를 가리켰다.

그는 중세 이후의 서양에는 1) 중세와 르네상스의 에피스테메, 2) 17세기 말 이래의 고전주의적 시대의 에피스테메, 3) 19세기 초부터의 근대 에피스테메의 세 단계의 에피스테메가 존재했다고 지적한다.

각각의 단계를 나아가기 위해서는 새로운 에피스테메가 낡은 에피스테메를 파괴하지 않으면 안 된다. 즉, 인간의 사회와 학문, 지식은 시대에 따라 완전히 변한다는 것이다.

또 푸코는 인간의 한계가 분명해지고 있는 현대에도 새로운 에피스테메에 의해 현재의 에피스테메가 파괴될 필요가 있다(니힐리즘)고 주장한다.

이것은 곧 인간의 죽음을 예고하는 것이기도 하다. 푸코에 따르면, 인간도 최근의 발명에 불과하며, 그것은 에피스테메의 일부에 불과한 것이다.

그리고 이 '인간의 죽음'에 대한 예고는, 커다란 논쟁을 불러일으키게 된다.

사르트르는 인간의 본질을 고안한 신은 존재하지 않는다고 하여, 신이 죽은(전통적인 기성의 질서와 가치를 부정했다) 뒤에 인간이 그 자리를 차지한다고 했다.

그러나 푸코는, 사르트르 자신도 "인간은 신을 탄생시키려고 하여, 자기 자신을 잃어버린다"고 말하고 있듯이, 인간이 신의 자리를 대체한다는 것은 허무한 시도이며, "신의 죽음과 인간의 죽음은 동시적인 것이며, 신의 죽음은 인간의 죽음 그 자체를 의미한다"라고 말하고 있다. 이것은 니체의 "신의 죽음은 인간의 죽음에 의해 완결된다"는 말을 근거로 한 것일 터이다.

푸코의 제3의 주요 저작이라고 할 수 있는 《감옥의 탄생》에서, 그는 표면적으로는 "과연 투옥은 고문보다도 인간적인 형벌일까"라는 점을 말하고 있지만, 그 내면에는 권력이 개인의 육체와 정신을 순종시키기 위한 방법을 논하고 있다.

푸코에 따르면, 권력이 인간의 육체와 정신을 지배한다는 사상이 생겨난 것은 17세기부터 18세기에 걸쳐서이며, 19세기에 들어서면 그것은 군대로 모습을 바꾸어 일반시민에게 응용되게 된다.

또 학교와 병원, 공장에도 똑같은 시스템이 사용되게 되어, 학생과 종업원들의 육체와 정신을 지배하게 되었다고 지적한다.

순종하는 육체와 정신을 만들어내기 위한 요소로는, 1) 세부적인 규칙, 2) 공간 배치의 기술, 3) 시간 배치의 기술 등이 있으며, 벤담이 많은 사람의 고통을 완화시키려고 고안한 감옥조직인 '팬옵티콘'(165쪽 참조)을 이와 같은 사회 시스템에 사용된 것이라고 하였다.

학생과 종업원(혹은 죄수)은 항상 감시자가 보고 있는 것은 아닌가 하고 의식하기 때문에, 권력은 매우 효율적으로 영향력을 발휘할 수 있다. 더욱이 그 의식은 정신의 내면에까지 미쳐, 감시당하는 자 중에서 제2의 감시자가 생겨나는 자기 감시 시스템을 만들어내는 것이다.

덧붙이자면 이것은 현대의 학교와 직업 환경에도 관련되어 있다고 할 수 있을 것이다.◉

찾아 보기